ECON Historischer Kriminalroman

Die Herausgeberin

Doris Mendlewitsch, Jahrgang 1957, studierte Politische Wissenschaft, Englisch und Geschichte. Sie lebt in Düsseldorf und ist als freie Texterin in der Werbung sowie als Autorin und Lektorin tätig. Im ECON Taschenbuch Verlag hat sie herausgegeben »Von Ladies, Leichen und Ganoven. Kriminalgeschichten aus dem 19. Jahrhundert« und »Von Mönchen, Mägden und Gesindel. Mittelalterliche Kriminalgeschichten« sowie »Götter, Sklaven und Orakel. Antike Mordgeschichten«.

Doris Mendlewitsch präsentiert:

MORDE HINTER KLOSTERMAUERN

Historische Kriminalgeschichten

ECON Taschenbuch Verlag

Veröffentlicht im ECON Taschenbuch Verlag
Originalausgabe
© 1996 by ECON Verlag GmbH, Düsseldorf
Umschlaggestaltung: INIT GmbH, Bielefeld
Titelabbildung: Picture Book of Devils, Dover Public, New York, 1971
Gesetzt aus der Bodoni
Satz: ECON Verlag
Druck und Bindearbeiten: Ebner Ulm
Printed in Germany
ISBN 3-25133-3

INHALT

BRUDER ALBUS ODER DER BEGINN DER NEUEN ZEIT

Mit drei kurzen Rufen kletterte der Gartenrotschwanz auf die Bruchsteinmauer des Stiftsgartens und hüpfte in eine Ritze. Seine helle Stirn leuchtete noch einmal zwischen den Weinranken auf, bevor er vollkommen verschwand. Albus strich sich über seinen kurzen, schlohweißen Haarschopf, der ihm wie die Borsten eines Pferdestriegels vom Kopf abstand. Er dankte Petrus für die heranziehenden Quellwolken, die die grellen Sonnenstrahlen daran hindern würden, seine Haut zu verbrennen. Wegen der fahlen Farbe seiner Haut nannte man ihn unter den Bauern bis weit über die Stadtmauern hinaus nur den »weißen Mönch«; und in den Wirtshäusern erzählten sich die Knechte hinter vorgehaltener Hand Geschichten, welche Sünden wohl seine Mutter begangen hatte, daß sie ein Kind mit dem wächsernen Antlitz einer Leiche und den roten Augen eines Frettchens empfing.

Albus stampfte an den Schalottenbeeten vorbei zur Mauer des Gartens. Aus der Kapelle drang der Chorgesang der

Kanonissinnen. Alfridus, der vierte Bischof zu Hildesheim, hatte das Stift vor Jahren erbauen lassen, in dem dann 52 geweihte Jungfrauen von seiner hochwohllöblichen Schwester Gerswith in der Gottesfurcht und im Spitzenklöppeln unterwiesen worden waren. Im Gebiet der Äbtissin lagen etliche Höfe und Kotten, die für ihre Gerste und ihren Weizen weithin gelobt wurden. Das weiße Brot, das sie daraus buken, brachte dem Stift nicht nur Ruhm, sondern auch etliche harte Goldtaler ein. In der Reichsstadt Essen, in der die Äbtissin mit ihren Damen residierte, trieb die Kaufmannschaft Handel mit fernen Landen bis jenseits des Ozeans. Das Handwerk blühte, und die kriegerischen Zeiten vermehrten besonders den Wohlstand der Büchsenmacher, die die bedeutendste unter den Gilden bildeten, beträchtlich. Es gab in der Stadt etliche Laufschmiede für die Gewehrläufe; mehrere Bereiter fertigten mit ihren Gesellen die benötigten Schrauben, Gewinde und Visiere, und allenthalben bewunderte man die Essener Schloßmacher wegen ihrer starken Federn für die Gewehrschlösser. Nicht zuletzt fertigte eine stattliche Anzahl Ladenmacher die Holzschäfte der Waffen.

Albus sah hinüber zum Kirchturm. Wie er jüngst gehört hatte, bezahlten die Geldsäcke neuerdings ihre Gesellen angeblich nach dem Glockenschlag von St. Gertrud. Der verstorbene Gildemeister Johann Lütgendorp sollte sogar ausgerechnet haben, wie lange die Herstellung eines Gewehrlaufes dauerte, und jeden Abend nachgezählt haben, ob seine Leute auch das Quantum erfüllt hatten. Albus bekreuzigte sich und bat um Friede für Lütgendorps Asche, denn kaum mehr war von ihm nach seinem Unfall mit dem flüssigen Eisen in seiner Schmiede übriggeblieben.

Albus rückte ein paar Stangen auf dem Beet mit den Bohnen zurecht und prüfte den Mulch aus Rinde und zerdrückten Pferdeäpfeln, mit dem er die Erde vor dem Austrocknen schützte. Die Aprilsonne brannte nun seit zwei

8

Wochen schon ungewöhnlich heiß auf die Saat und die jungen Pflanzen. Der Dung zerfiel klebrig zwischen seinen Fingerspitzen und erfüllte seine Aufgabe sicherlich noch bis zum morgigen Abend. Vielleicht brachten die Wolken ja nun auch endlich etwas Regen. Die Päonien streckten bereits ihre dunkelroten Kugeln durchs Blattwerk, obwohl Pfingsten noch einige Wochen entfernt lag. Seine Bienen schwärmten wie toll im Blütenmeer der Kirsche.

Der Schattenstrich der Sonnenuhr näherte sich der Stunde, zu der die Sonne hinter den Wiesenhügeln untergehen würde. Es war Zeit, die kleine Tür in der Mauer des Stiftsgartens zu öffnen, damit der Gesandte aus Rom ebenso unbemerkt wieder zurückkehren konnte, wie er am frühen Morgen verschwunden war.

Albus zog den schweren Eisenschlüssel aus seiner Kutte, drehte ihn im Schloß herum und drückte die Holztür einen Spaltbreit auf. Dann ließ er sich auf der kleinen Steinbank in der Nähe nieder, sorgsam darauf bedacht, nicht ins Sonnenlicht zu geraten. Er faltete die Hände vor dem Bauch und schloß die Augen und glich so bis aufs Haar dem Bild des heiligen Hieronymus, das der Beichtvater der Kanonissinnen im Claustrum aufgehängt hatte. Doch statt mit einem gottesfürchtigen Gebet beschäftigte sich Albus in seinen Gedanken mit dem Rezept für eine neue Tinktur, das ihm ein Gast der Äbtissin vor einigen Wochen anvertraut hatte. Der Reisende hatte Ende März fast eine Woche im Gästehaus des Stifts Herberge genommen. Ein Niederrheiner namens Hendrik von Kleve, ein weitgefahrener Mann, der viel gesehen und mehr gehört hatte, als man auf dem Marktplatz aussprechen durfte. Des Tags war er oft hinaus in die Stadt gegangen, um mit Johann Lütgendorp, dem Gildemeister der Büchsenmacher, zu unterhandeln, von dem er, wie Albus zu Ohren kam, im Auftrag der abtrünnigen protestantischen Provinzen der Niederlande eine große Zahl von Gewehren zum Kampf gegen die Spanier erwerben wollte.

Des Abends, wenn die Stiftsdamen in der Kapelle das Komplet gebetet und sich zur Ruhe begeben hatten, war er einige Male zu Albus ins Gärtnerhaus gekommen, um sich einen Sud aus frischen Farnwedeln zubereiten zu lassen, der gegen das Gliederreißen half, unter dem er bei feuchter Witterung litt. Während die Farnsprossen in einem eisernen Topf auf der Feuerstelle köchelten, hatte Albus mit Freude festgestellt, daß der Reisende nicht nur die Kräuterrezepte der Hildegard von Bingen kannte, sondern auch noch eine Fülle unbekannter Mischungen, die ihm die Seefahrer aus dem fernen Orient mitgebracht hatten. So behauptete er, ein Extrakt aus der Cimuga-Wurzel und einer Handvoll Dattelkerne verhelfe außerordentlich rasch zu einer neuen Haarpracht, wenn er mehrere Male am Tag auf die kahle Kopfhaut gerieben würde. Bruder Albus hatte sofort den Bürgermeister der Stadt und einige seiner Ratsherren vor Augen, aber auch etliche Gildemeister. Sie würden ihm gewiß den einen oder anderen Dukaten für ein solches Mittel zustecken, so wie sie es bisher schon heimlich taten, um von ihm einen Trank zu erhalten, der ihnen half, ihren Weibern – und, wie Albus vermutete, auch ihren Mägden – ihre Manneskraft zu beweisen. Nur war es Albus trotz aller Versuche bisher noch nicht gelungen, in den Besitz von Datteln zu gelangen.

Neue Hoffnung hatte Albus dann gestern geschöpft, als dieser Jesuit aus Rom eingetroffen und im Stift Quartier genommen hatte. Ohne Zweifel führte ein so erfahrener Mann auch das eine oder andere seltene Kraut mit sich, um sich auf seiner beschwerlichen Reise vor allerlei Gebrechen zu schützen, und es mochte gut sein, daß auch Datteln darunter waren.

Bislang allerdings hatte Albus noch keine Gelegenheit gefunden, mit dem steifen, schwarzgekleideten Mann zu sprechen, denn gleich nach seiner Ankunft hatte der Gast sich in eine der Zellen zurückgezogen, die man auf Befehl der

Äbtissin für ihn in aller Eile hergerichtet hatte. Sein Pferd, so sagten die Stallburschen, sei am Ende seiner Kräfte gewesen und werde sicherlich einige Tage brauchen, bis es sich wieder von dem scharfen Ritt erholt hatte. Auf den Höhen der Ruhr, ganz in der Nähe des Klosters zu Werden, in dem Albus aufgewachsen war, habe der Gesandte vor einer Räuberrotte fliehen müssen, die ihm dort im Wald aufgelauert hatte. Angeblich mehr als ein Dutzend schwerbewaffneter Strauchdiebe seien es gewesen. Obwohl Albus ahnte, daß die Geschichte beim Erzählen unter dem Gesinde ein ums andere Mal erschrecklicher geworden war, neigte er doch dazu, ihnen im Grunde Glauben zu schenken. In letzter Zeit tauchten immer wieder Berichte von marodierenden Wegelagerern auf, ehemalige Landsknechte ohne Sold und Arbeit und entlaufene Hörige, die sich in den Wäldern zusammentaten und Reisende beraubten. Einige behaupteten sogar, daß eine der Banden von einem Weibsbild in Beinkleidern angeführt werde.

Seit der Gesandte im Stift weilte, kannte der Klatsch unter den Stiftsdamen und dem Gesinde keine Grenzen, zumal dieser seltsame Jesuit gleich heute in aller Herrgottsfrühe, noch vor dem ersten Hahnenschrei, heimlich durch das Gartentor nach draußen geschlüpft war.

»Und halte deine Zunge zurück, Albus«, hatte die Äbtissin ihn noch gemahnt, als sie ihn gestern nacht in seinem Gartenhaus aufsuchte, um ihn zu instruieren. Albus konnte sich nicht daran erinnern, daß sich die edle Dame jemals zuvor ohne Begleitung in den Wirtschaftsgarten begeben hatte. Er fragte sich, welch wichtige Bewandtnis wohl vorlag, daß sie zu so später Stunde ganz allein in sein bescheidenes Refugium eintrat. Natürlich war ihm der unruhige Blick der Äbtissin aufgefallen, als sie ihn anwies, das Gartentor am Morgen und dann wieder bei Sonnenuntergang zu öffnen, damit der Gesandte das Stift ungesehen verlassen konnte.

Ihre Hände flatterten dabei wie die Flügel einer jungen Amsel, und ihre Stimme war leise, aber voller Nachdruck gewesen. Bei jedem anderen Weib hätte Albus vermutet, daß es von Schrecken und Furcht getrieben würde. Doch wovor konnte die Äbtissin, die über das Stift mit seinen Kanonissinnen, die Stadt und die Herrschaft entlang der Ruhr bis hinein ins Bergische gebot, wovor sollte eine Dame aus fürstlichem Geschlecht Angst haben?

* * *

Bruder Albus hörte das leise Rascheln, das die Sandalen von Bruder Scriptor, dem Bibliothekar des Stifts, auf den trockenen Unkräutern verursachten, die er am Vormittag ausgerissen und auf die Wege gestreut hatte, um sie in der Sonne dörren zu lassen.

»Man sagt, du hättest einen Blick auf unseren Gast werfen können, als er heute morgen das Stift verließ?« Bruder Scriptor setzte sich neben Albus auf die Bank. Wie gewöhnlich verströmte er einen kräftigen Geruch, von dem Albus vermutete, daß er durch schlechte Säfte in seinem Körper erzeugt wurde, die vom ständigen Umgang mit Tinte und Pergament herrührten.

Albus öffnete die Augen. Die Sonne stand jetzt schon halb hinter der Mauer, die Wolken lauerten immer noch über dem Steeler Berg, Spatzen tummelten sich im Staub der Gartenwege. Bruder Scriptor war ein kräftiger Mann von Ende dreißig, doch sein dunkles Haar war schon schütter und hing ihm über den Kragen seiner Kutte. Auch er wäre ein guter Kunde für die Haartinktur, überlegte Albus.

»Was ich gesehen habe, war eine dunkle Gestalt, die zum Gartentor hinauseilte!« meinte Albus und stachelte damit Scriptors Neugier natürlich nur um so heftiger an.

»Sicher reist er in geheimer Mission«, sagte der Bibliothekar nach einer Weile und dämpfte dabei unwillkürlich die Stimme. »Es gibt viel Geraune in letzter Zeit. Die Mägde am

Brunnen kommen kaum noch mit dem Schwätzen nach. Selbst unsere ehrwürdigen Fräulein tuscheln, daß die Spanier die abtrünnigen niederländischen Geusen trotz ihrer großen Flotte nicht unterwerfen können.«

Albus wiegte bedenklich den Kopf, wohl wissend, daß er so den Bruder Scriptor dazu brachte, mehr von den Gerüchten zu verraten, die in der Stadt umliefen.

»Unter den Büchsenmachern in der Stadt zählt man immer mehr Protestanten«, flüsterte Scriptor weiter. »Man sagt, sie treiben Handel mit den Wassergeusen, und viele wundern sich, daß unsere Äbtissin dieses Ketzergesindel einfach gewähren läßt. Und nicht nur das, sondern auch daß sie dem Abgesandten der Oranier, diesem Hendrik von Kleve, kürzlich noch Quartier gewährte. Ohne Zweifel war es ein Zeichen des Herrn, daß dieser blatternnarbige Johann Lütgendorp an seinem eigenen Eisen verbrannt ist, nachdem der Niederländer abgereist war.«

»Die Wege des Herrn sind unergründlich«, sagte Albus, der den Tod des Gildemeisters eher auf das gefährliche Gußeisen und die Eile, mit der er an der Esse hantierte, zurückführte.

Bruder Scriptor ließ einen tiefen Seufzer hören und bekreuzigte sich. »Wie man munkelt, macht Arndt Kropp sich Hoffnung, neuer Gildemeister zu werden«, fuhr er dann fort. »Er hat die größte Laufschmiede, und wenn er Lütgendorps Gret ehelicht, wie er es überall erzählt, wird er auch noch Herr über dessen Büchsenmacherei. Dann ist es gar keine Frage, wen die Gilde bei ihrer Versammlung zum neuen Meister wählen wird. Andere behaupten, daß die Gret den Altgesellen ihres Mannes heiraten will, den Pitter Lyppen.« Scriptor senkte die Stimme. »Dem soll sie schon zugetan gewesen sein, als der Johann noch gelebt hat. So hat es mir jedenfalls der Jakob Bussenmester erzählt. Der Bussenmester war darüber hinaus voll des Lobes wegen des Tees, den du seiner Frau vor ein paar Wochen gemischt hast, und bittet dich, ihm bei Gelegenheit doch noch etwas davon zu bringen, damit seinem Weib weiterhin geholfen wird.«

Albus blinzelte. Jakob Bussenmester prüfte im Auftrag des Stadtrates die Gewehre, versah die Schlösser mit einem amtlichen Stempelzeichen, ohne das sie nicht verkauft werden durften, und kassierte die Büchsensteuer. Der Tee, um den er bei einem seiner Besuche im Stift gebeten hatte, war eine Mixtur aus Johanniskraut und Teufelskralle, die Albus ihm für seine Frau mitgegeben hatte. Sie litt unter düsteren Stimmungen und Träumen und war, wie Bussenmester klagte, manchmal tagelang nicht in der Lage, das Haus zu führen.

»Es ist ein Geheimnis um diesen Gesandten«, murmelte Scriptor, um das Gespräch wieder zu der Sache zurückzubringen, die ihm offensichtlich am meisten am Herzen lag. »Was meinst du, ob er vielleicht gekommen ist, um uns von dem neuen Kalender Kunde zu geben, den Rom letzten Herbst eingeführt hat? Als ich ihn gestern nach dem Gebet in der Kapelle traf, hat er mich angewiesen, die Chroniken des März und des April für ihn bereitzuhalten, weil er einen genauen Blick hineinzuwerfen wünsche.«

Albus zuckte mit den Schultern. Papst Gregor XIII. hatte im Oktober 1582 bestimmt, daß fortan der 21. März eines jeden Jahres, wenn die Sonne den Fixpunkt am Himmelsgewölbe überschritt, als Frühlingsbeginn zu gelten hatte. Mit einem Blick auf seine Obstbäume meinte Albus: »Der Wille des Herrn läßt alles zu seiner Zeit wachsen und gedeihen. Er schickt uns den Lenz und den Sommer, den Herbst und den Winter. Er befiehlt der Sonne, das Jahr zu teilen und den Tag von der Nacht zu scheiden. Es ist also sicher ein weiser Entschluß, den Kalender nach den Regeln des Herrn zu führen.«

Neben ihm stieß Scriptor zischend die Luft aus und kratzte sich verlegen am Kopf, weil er sich wieder einmal nicht sicher war, ob in der demutsvollen Stimme von Bruder Albus nicht ein wenig ketzerischer Spott mitklang.

»Kein Wunder, daß sie dich nicht in den Orden aufgenommen haben, obwohl du die Klosterschule besuchen durftest«, meinte er. »Du willst doch nicht sagen, daß der Lauf der Natur keine Fügung des Herrn ist?«

Albus schloß wieder die Augen und zog es vor zu schweigen. Aber der Bibliothekar war fest entschlossen, das Thema nicht aufzugeben: »Wie ich erfahren habe, sollen die Schreiber des Erzbischofs zu Köln schon der päpstlichen Weisung gefolgt sein, zehn Tage hinzuzufügen, und also für heute den 24. April schreiben. Doch in der Chronik unseres Stiftes, die ich führe, schreiben wir am heutigen Tag den 14. des Monats im Jahre des Herrn 1583. Ich habe übrigens auf Weisung unserer Äbtissin noch nicht eingetragen, daß gestern der Jesuitenpater aus Rom eingetroffen ist, obwohl er nun schon bereits den zweiten Tag in unseren Mauern weilt. Was wohl daraus werden mag?«

Albus schwieg, weil er selbst keine Antwort darauf wußte.

»Und wenn er jetzt anordnet, daß wir Gregors Kalender führen sollen, wie soll ich die zehn Tage verzeichnen, die es doch gar nicht gibt?« sinnierte Scriptor.

Albus seufzte. »Meinst du, der Dinkel auf den Feldern wird dadurch schneller wachsen, wenn du jetzt Gregors Kalender einträgst?«

Scriptor legte die Stirn in Falten, dachte einige Zeit nach und meinte schließlich: »Der Herr wird es wissen, wann die Zeit gekommen ist, das Korn reifen zu lassen. Doch ist es nicht an uns, dem Volk durch einen Kalender zu verkünden, wann sie die Feste des Herrn zu feiern haben?«

Albus hob vielsagend die Hände. Er hatte kein Gelübde abgelegt, und daß der Bruder Scriptor über all diese Dinge mit ihm sprach, hatte sich zwar im Lauf der Jahre eingebürgert, doch blieb es durchaus ungewöhnlich. Vielleicht vertraute Scriptor ihm mitunter seine zweifelnden Überlegungen deshalb an, weil Albus kein Mönch war und er deshalb nicht fürchten mußte, daß sein Prior von seinen Gedanken erfuhr. Wenn man Albus seinerzeit, als er darum bat, Novize zu werden, in den Benediktinerorden aufgenommen hätte, wer weiß, ob Bruder Scriptor nicht seine Zunge oftmals gehütet hätte. Doch der Abt des Klosters zu Werden, auf dessen Stufen man Albus in einer windigen Herbstnacht des Jahres 1548 gefunden hatte und in dessen Mauern er aufgewachsen war, war nach langem Zögern zu dem Entschluß gekommen, Albus nicht in die Gemeinschaft der Brüder aufzunehmen, sondern ihn als Gärtner auszubilden.

Neben ihm erhob sich der Bruder Scriptor und murmelte, daß er ganz gewiß in der Stiftsbibliothek eine Antwort auf die Frage nach der Bedeutung eines Kalenders finden würde.

* * *

Die Sonne verschwand hinter den Grashügeln und tauchte den Horizont in Blut und Purpur, als Albus durch das Tor in der Stiftsmauer trat, um nach dem Gesandten Ausschau zu halten. Der Abendwind strich durchs Kraut. Weiter hinten erhoben sich die dunklen Umrisse des Bernewäldchens. Albus konnte sein Unbehagen über die seltsame Weisung der Äbtissin nicht verhehlen. Es war nicht gut, in die Pläne der Fürsten und Bischöfe einbezogen zu werden. Wie leicht konnte das einen den Hals kosten.

Nach einer Weile entdeckte er unter den Bäumen eine Gestalt. Die letzten Strahlen verwandelten die Wiese in ein rotwogendes Meer und schmerzten seine Augen. Schon den ganzen Tag juckte und brannte sein Gesicht, wie stets, wenn er sich zu lange dem Licht aussetzte. Auf dem schmalen Weg zwischen den Gärten und den kleinen Feldstücken näherte sich von Borbeck her der Wanderer.

Albus trat zurück in den Schatten der Stiftsmauer, die hier zugleich auch die Stadtmauer bildete, und wartete, bis der Gesandte über den Saumpfad zum Tor kam. Dieser zuckte unmerklich zurück, als er in das bleiche Gesicht von Albus blickte und den Blick aus dessen roten Augen auf sich ruhen fühlte.

»Verzeiht, wenn ich Euch erschreckt habe!« Albus spürte die Abneigung des Gesandten. Die schwarzen Augen des Jesuiten musterten streng und mißbilligend die roten Flecken auf Stirn und Wangen, von denen manche sich im Sommer entzündeten und zu nässen begannen. Albus versuchte reglos, der Musterung standzuhalten.

»Ich habe auf meinen Reisen schon viel von dir erzählen hören«, sagte der Gesandte schließlich. »Das Bauernvolk nennt dich nur den weißen Mönch.«

»Es ist nicht ihre Schuld, wenn sie nicht wissen, daß ich keinem Orden angehöre«, erklärte Albus vorsichtig.

»Du sorgst also für den Garten des Stifts?«

Albus nickte. »Für den Garten des Stifts und den Garten der gnädigen Äbtissin.«

»Und was hat es mit den Geschichten auf sich, die ich über deine Kräuter und Tinkturen gehört habe? Du versorgst anscheinend die ganze Stadt.« Der Blick des Gesandten wanderte zu Albus' Gartenhaus. »Willst du mir nicht einmal zeigen, mit welchen Pflanzen und Stoffen du hier hantierst?«

In Albus' Kate herrschte kühles Dämmerlicht. Der Gesandte blieb einen Moment auf der Schwelle stehen und warf einen schnellen Blick in den Raum, bevor er eintrat. Ein grober Holztisch, zwei strohgeflochtene Stühle, an der Wand ein Gestell voll mit getrockneten Kräutern, Behältnisse für Samen und Blumenzwiebeln, in den Ecken Weidenkörbe und allerlei Gerät. Der Boden bestand aus gestampftem Lehm und war mit Torf bestreut. Im Hintergrund eine Bettstatt mit einem Strohsack.

Tagsüber drang kaum ein Sonnenstrahl durch die Decken, mit denen der Gärtner das Fenster verhängt hatte. »Verzeiht«, sagte Albus und entzündete einen Wachsstumpf. »Doch das Sonnenlicht verbrennt mir die Haut und wirft mich ins Fieber.« Der Gesandte ließ sich auf dem Hocker vor dem Tisch mit den Gerätschaften sinken, die Albus brauchte, um aus den Kräutern, Wurzeln und Blättern seine Tees und Säfte zu bereiten. »Dein Ruf reicht bis zu den Alpen. Ein Gärtner, der Latein spricht und Bücher liest.«

Albus musterte die hagere Gestalt schweigend, denn er hatte mehr als einmal erfahren, daß es nicht immer gut war, für klug gehalten zu werden. Der Gesandte trug schwarzes Haar und hatte scharfe Gesichtszüge, seine spitze Nase stach wie eine Messerklinge zwischen den dunklen Augen hervor. Mit dünnen Fingern zupfte er einige Blätter von einem Kräuterbündel, das Albus zum Trocknen an einen Dachsparren gehängt hatte, und musterte sie kurz, ehe er sie zwischen den Fingerkuppen zerrieb und daran schnupperte. »*Verbena officinalis, hypericum perforatum, arnica montana*«, stellte er fest. »Du züchtest interessante Gewächse, Albus.«

»Venuskraut und Johannisblut lassen sich gut auf dem Markt verkaufen.«

Der Gesandte ließ Albus nicht aus den Augen.

»Die jungen Weiber glauben, daß es Ehen schmiedet und einen untreuen Galan fesseln kann«, sagte Albus.

»Und du, was glaubst du?« Die Stimme des Gesandten klang lauernd.

»Ich meine, das eine hilft gegen Bettnässen, das andere lindert die Schmerzen bei schwerem Stuhlgang.«

Der Gesandte lächelte mit schmalen Lippen. »Du machst deinem Ruf alle Ehre, Albus«, sagte er. »Man spricht allenthalben davon, daß du einen scharfen Geist und eine noch schärfere Zunge besitzt. Ich bin sicher, wir werden noch miteinander zu tun haben!« Er stand auf und ging zur Tür. »Aber zuerst wollen wir dem Calvinistenpack unter den Büchsenmachern eine Lektion erteilen, ehe wir uns mit dir befassen!«

* * *

Die Dämmerung legte ein samtblaues Tuch über den Garten. Die Narzissen schlossen die Kelche, und aus dem Rosenbusch ertönte der Gesang einer Nachtigall. Die Mauern waren noch warm vom Sonnenlicht. Albus beobachtete von seinem Platz neben dem Fenster der Propstei die letzten Bienen, die summend zu ihren Stöcken auf der anderen Seite zurückkehrten und vor den Schlupflöchern hin- und hertanzten, bis sie in den dunklen Höhlen verschwanden. Er lauschte reglos auf die Gesprächsfetzen, die aus dem Stift zu ihm in den Garten drangen, dem leisen Wispern der Äbtissin und der unduldsamen Stimme des Gesandten. Zunächst hatte Albus Sorge, bemerkt zu werden, doch dann siegte seine Neugierde und der Drang, den Dingen auf den Grund zu gehen. Albus drückte sich eng an der Wand der Propstei entlang, bis er durch das Fenster einen vorsichtigen Blick ins Innere werfen konnte.

Die Äbtissin kniete auf dem Boden. Zu ihrem langen schwarzen Mantel trug sie einen Stirnreif, von dem ein Schleier herabhing. Der Gesandte stand vor ihr. Albus zog den Kopf zurück.

»Glaubt Ihr etwa, Eure Privilegien interessieren uns? Die heilige Inquisition läßt sich weder von gekrönten Häuptern noch von Talaren beeindrucken.« Die Stimme des Abgesandten klang plötzlich scharf. »Die Societas Jesu untersteht allein dem General. Selbst der Heilige Vater hat unseren Orden als Schirm und Schwert der Kirche anerkennen müssen.« Es entstand eine Pause, dann flüsterte die Äbtissin etwas, das Albus nicht zu verstehen vermochte.

»Ihr werdet also unseren Ratschlägen unverzüglich Folge leisten, Schwester.« Wieder war es keine Frage, sondern ein Befehl. »Die Büchsenmacher dieser Stadt beliefern die holländischen Renegaten mit Waffen. Wir haben Beweise

19

dafür. Und das Geständnis eines ihrer Kommissäre. Soll ich Euch die Einzelheiten des Verhörs schildern? Dieser Ketzer aus Kleve wußte Bemerkenswertes von Eurer Gastfreundschaft zu erzählen, und morgen werde ich hier in Euren Chroniken sicher den Beweis finden, daß Ihr ihn im März beherbergt habt. Auch hat mir die Witwe des Johann Lütgendorp heute bezeugt, daß Ihr offenbar von den Geschäften gewußt habt, wegen derer er gekommen war. Sie hat sich zuerst dumm gestellt, mich zu beschwichtigen versucht und behauptet, nie etwas gewußt zu haben über die Geschäfte, die ihr Mann mit dem Niederländer unter Eurer Obhut gemacht hat. Doch als ich ihr klarmachte, welche Folgen ihre Lügen haben, hat sie endlich ihr Herz erleichtert und mir die Wahrheit gestanden.« Stoff raschelte. »Das ist der Vertrag, den Lütgendorp mit den Holländern abgeschlossen hat. Für 14 090 Taler haben die Essener Schmiede Büchsen an das Regiment des Wilhelm von Nassau geliefert. Niemals könnt Ihr mir weismachen, das sei Euch verborgen geblieben! Wir haben den begründeten Verdacht, daß Ihr und Eure Amtsvorgängerinnen nicht nur diese Geschäfte geduldet, sondern daß Ihr sie heimlich gefördert und Euch daran bereichert habt! Rom erwartet mehr als Eure volle Unterstützung beim Kampf gegen diese Lutheraner und Calvinisten. Wir erwarten Gehorsam. Andernfalls werden wir dem Papst eine würdige Nachfolgerin vorschlagen. Wir haben schon Kaiser und Kardinäle exkommuniziert! Meint Ihr, eine Äbtissin bereite uns da Kopfzerbrechen?«

Wieder erfolgte ein Moment der Stille. »Wir werden Euch also unverzüglich einen Jesuitenpater als Euren persönlichen Beichtvater und als Lehrer für Eure Kanonissinnen senden. Ihr werdet augenblicklich die Geschäfte der Büchsenmacher unterbinden. Zudem führt Ihr endlich den neuen Kalender ein, den Papst Gregor für alle katholischen Länder angeordnet hat. Egal, was diese protestantischen Pfeffersäcke in Eurer Stadt dazu sagen. Ihr werdet sehen: Wer die Zeit beherrscht, beherrscht die Geschichte. Wir werden diesen sogenannten Reformisten zeigen, was eine wirkliche Revolution ist. Notfalls mit spanischen Truppen und dem Scharfrichter.«

Albus hörte das Murmeln der Äbtissin. Er verstand nur so viel, daß sie sich in den Jahren ihres Amtes keiner Schuld bewußt geworden sei und es bisher auch keinen Grund gegeben habe, an der Ehrbarkeit der Büchsenmacher und ihrer Gilde zu zweifeln. Albus mußte dabei aber auch an die reichlichen Spenden der Büchsenmacher denken, von denen ihm Bruder Scriptor erzählt hatte. Hohe Summen, die dem Stift zum Erwerb von Reliquien und Folianten dienen sollten.

Der Jesuitengesandte lachte auf, als die Äbtissin verstummte. »Rom wird nicht zögern, Euch Eures Amtes zu entheben, sobald ich dem Heiligen Vater berichte, was ich hier vorgefunden habe!« zischte er. »Und er wird seine Entscheidung um so schneller treffen, wenn ich ihm von den dreisten Ausflüchten berichte, mit denen Ihr Eure Fehler noch zu rechtfertigen sucht!« Er machte eine Pause. »Anders wäre es allerdings, wenn ich dem Papst melden könnte, daß Ihr bloß zu schwach wart, die Verfehlungen Euer Vorgängerin zu richten und Euer Amt in unserem Sinn zu führen. Wenn ich versichern könnte, daß Ihr Euch unseren Weisungen nicht widersetzt und alles unternehmt, um die Büchsenmacher in ihre Schranken zu weisen.«

Albus lauschte angestrengt, doch die Äbtissin schwieg lange Zeit. Schließlich vernahm er ihre hastig geflüsterte Bitte um Verzeihung und Vergebung.

»Nun gut«, murmelte der Gesandte. »Wir wollen zunächst noch einmal Nachsicht haben. Auch die Witwe des Lütgendorp hat sich verständig gezeigt. Ich werde dafür sorgen, daß sie die buhlerische Schwäche für ihren Altgesellen aufgibt und daß sie den Arndt Kropp zu Pfingsten ehelicht. Der Kropp ist gottesfürchtig und ein weitsichtiger Mann, der die

Verhältnisse richtig einzuschätzen weiß. Er wird dafür sorgen, daß die Büchsenmacher die Geschäfte mit den Niederländern aufstecken und fortan den Herzog von Alba beliefern. Bis zur nächsten Gildeversammlung ist alles geregelt; ich werde mich persönlich darum kümmern.«

Albus fröstelte. Drinnen in der Propstei waren schnelle Schritte zu hören. Albus gelang es gerade noch, sich um die Ecke zurückzuziehen, ehe der Kopf des Gesandten im Fenster auftauchte.

»Und was Euren Gärtner angeht«, hörte Albus ihn sagen, »man spricht schon allerorten davon, daß dieser Weißschopf sich mit dem Mischen von Elixieren abgibt, die einem gottesfürchtigen Menschen nicht zukommen. Ein Findelbalg, den die Mönche im Kloster zu Werden großgezogen haben, weil sie glaubten, der Herr habe ihnen mit dem Kretin eine Prüfung auferlegen wollen.« Seine Stimme klang verächtlich. »Sogar in die Lateinschule haben sie das Frettchen gesteckt. Könnt Ihr mir sagen, was Euch dazu bewogen hat, den Albino im Stift aufzunehmen?«

»Der alte Gärtner war gebrechlich geworden.« Die Stimme der Äbtissin war jetzt auf einmal klar und kräftig. »Außerdem hat es meine Vorgängerin für ihre Christenpflicht gehalten, ihm ein Obdach zu geben.«

»Eure Vorgängerin!« Der Gesandte spuckte die Worte heraus, und Albus' Gedanken wanderten zurück zu der hochgewachsenen Elisabeth von Manderscheidt-Blankenheim, die über das Stift geboten hatte, als er zum Gehilfen des alten Gärtners wurde. Kein Wunder, daß der Gesandte sich über sie erregte, denn sie hatte nicht nur ihr Gelübde gebrochen, indem sie es mit einem von diesen Calvinisten trieb, sondern war schließlich sogar aus dem Stift ausgetreten, um ihn zu heiraten.

»Albus ist ein guter Gärtner, mir sind noch nie Klagen vorgebracht worden!« beteuerte die Äbtissin.

»Freilich«, spottete der Gesandte. »Wenn man nur hört, was

man hören will, dann ist das ein Leichtes. Mir ist allerdings zu Ohren gekommen, daß Ihr Euch von ihm gar nicht selten ebenfalls ein Tränklein mischen laßt – ich frag' mich nur, für was?«

Albus mußte über soviel Boshaftigkeit in der Stimme des Mannes den Kopf schütteln. Was konnte daran schlimm sein, daß er der Äbtissin und ihren Stiftsdamen im feuchten Herbst einen Sud von Aloe gegen den Husten bereitete oder mit Wacholdertee das Fieber bekämpfte, wenn die Kanonissinnen mit tropfenden Nasen und verquollenen Augen darniederlagen?

»Ihr werdet diese Hexengeburt aus dem Stift entfernen«, tönte die Stimme des Gesandten laut durch den Garten. »In seinen Augen lauert das Fegefeuer, seine Zunge ist gespalten, und ich kann Pech und Schwefel an seinen Händen riechen. Ihr werdet noch dankbar sein, daß wir Eure Glaubenskraft gefestigt und Euch wieder auf den Weg Roms gebracht haben.«

* * *

Der Mond stand hoch am Himmel, im Garten zirpten die Heimchen, und Albus genoß den kühlen Hauch des Nachtwindes auf seiner Haut. Im Stift war es still, und vom Viehofertor klang der laute Ruf der Stadtwache herüber, mit der sie die Bürger daran erinnerte, sorgsam mit dem Feuer umzugehen. Seit dem Gespräch des Gesandten mit der Äbtissin grübelte Albus darüber nach, welche Folgen der Besuch des Schwarzrocks für die edle Dame und ihn haben konnte. Noch nie hatte er einem Jesuiten getraut. Der Schwarzrock würde sich auf keinen Fall damit begnügen, die Waffenlieferungen der Büchsenmacher an die Niederländer zu unterbinden und der Äbtissin einen neuen Beichtvater zu schicken. Nein, er würde Rom raten, die Äbtissin abzusetzen und dafür Sorge tragen, daß man Albus aus dem Stift wies – wenn er nicht sogar noch Schlimmeres im Schilde führte. Den Hexenmeister Buttermann hatten sie letztlich schon wegen ein paar Tollkirschenkernen, die man unter seinen Kräutern fand, in der Ruhr bei Steele wie eine Katze ersäuft.

Von seinem Schemel aus, den er sich vor sein Gartenhaus gestellt hatte, ließ Albus den Blick über die Beete für die zahllosen Kräutern und das Gemüse wandern, dessen Wachsen und Gedeihen er nun schon seit Jahren verfolgte. Er erinnerte sich, wie froh er gewesen war, als der alte Gärtner ihn damals bei sich aufnahm, und mit welcher Freude ihn die Worte der Äbtissin erfüllten, als sie ihn nach dem Tod des Alten zu seinem Nachfolger bestimmte.

An der Pforte zum Garten tauchte eine dunkle Gestalt auf. Albus hob den Blick und erschrak. Der Gesandte kam auf leisen Sohlen heran, seine Stiefelschäfte glänzten frisch gewichst im Mondlicht. Er trug ein Wams aus einem feinen Stoff und die Hosen eines Edelmanns. Nur der schmutzige Leinensack, den er in der Hand hielt, paßte nicht zu seiner eleganten Kleidung. Albus erhob sich.

»Du hast den Schlüssel zum Gartentor?« Nichts in der Stimme des Jesuiten erinnerte mehr an die Drohungen, mit denen er noch wenige Stunden zuvor die Äbtissin auf ihr Verfehlungen hingewiesen hatte. »Du wirst mich gleich hinauslassen!«

»Wie der Herr befiehlt!« Albus griff nach dem Schlüssel in seiner Tasche und wollte zum Tor vorausgehen. Doch statt ihm zu folgen, holte der Gesandte aus dem Leinensack ein paar unscheinbare Früchte hervor. »Zuvor sagst du mir vielleicht noch, was du meinst, was das ist?«

Albus betrachtete die knollenförmigen Gebilde. An manchen Stellen durchbrachen zahlreiche Augen die hellbraune Schale. Sein Atem beschleunigte sich. »Eine Wurzel, die unter der Erde wächst«, sagte er behutsam. »Man sagt, die Spanier hätten solche aus der neuen Welt mitgebracht, sie nennen sie Tartuffi.«

Der Gesandte drückte Albus zwei weitere Knollen in die Hand. »Richtig, Albus, *solanum tuberosum* oder auch Erdäpfel genannt. Ich habe sie durch den päpstlichen Gesandten in Holland bekommen. Wilhelm von Oranien läßt sie von seinen Bauern auf die Felder pflanzen. Wenn du mir ein wenig bei meiner Mission behilflich bist, kannst du sie behalten.«

»Ja, Herr?« fragte Albus zögernd.

Der Gesandte lächelte zufrieden. »Sag mir – was erzählt man sich denn so über die Witwe Lütgendorp?«

»Über die Gret? Im Stift? Nichts, Herr.«

»Aber auf dem Markt am Brunnen.« Der Jesuit sah ihn aufmerksam an.

»Nicht mehr als das übliche Weibergeschwätz. Der Altgeselle Lyppen will sie heiraten, aber auch der Arndt Kropp ist bereit, sie zu nehmen, damit die Werkstatt wieder einen Meister hat.«

»Eine Buhlschaft hat sie mit dem Gesellen!« Der Gesandte verzog das Gesicht. In seinen dunklen Pupillen brach sich das Mondlicht. »Gärtner, vielleicht kannst du im Namen des Herrn ein gutes Werk tun. Du kennst dich doch aus mit allen Kräutlein und Tinkturen.« Der Jesuit senkte die Stimme. »Es gibt doch ein paar, die ... sagen wir, die Säfte des Mannes etwas weniger schnell fließen lassen? Du verstehst?«

Albus umklammerte die Kartoffel. War dies eine Prüfung, der der Jesuit ihn unterwarf? Wollte er ihn der Quacksalberei oder, noch schlimmer, der Zauberei bezichtigen? »Ich kann nicht ganz verstehen, was Ihr meint«, sagte er zögernd.

Der Gesandte machte eine herrische Handbewegung. »Ein Tonikum, das den Geist beruhigt und die sündigen Gedanken verfliegen läßt!«

»Baldrian und Hopfen sollen eine solche Ruhe bringen. Auch sagt man im Volk, gestoßene Froschaugen könnten einem Mann die Kraft rauben. Doch das ist ein Irrglaube, denn ich habe in den Folianten unserer Bibliothek nichts über eine solche Wirkung finden können, auch wenn...« Albus stockte. »Doch Ihr wißt besser als ich, was denen geschieht, die man der schwarzen Magie anklagt.«

Der Jesuit seufzte unwillig. »Das Böse ist in der Welt, damit es die Feinde des Heiligen Stuhls vernichtet. Wenn wir ihm aber dabei helfen, die Ketzer der ewigen Verdammnis zu überantworten, so dient es uns zum Guten, nicht wahr? Schwarz und weiß sind eine Frage des richtigen Ufers, und du stehst doch auf unserer Seite, Albus?« Er betonte den Namen so nachdrücklich, daß der Gärtner schwieg.

»Also misch mir jetzt ein solches Tonikum, das einen Mann zur Ruhe bringt, damit er gottesfürchtig seiner Arbeit folgt, und ich lasse dir die Kartoffeln, damit du sie ziehen und vermehren kannst.« Er nestelte ein schmales, abgerissenes Pergament aus der Tasche. »Unsere rechtgläubigen Brüder aus Brabant haben dir die Pflanzordnung für diese Erdknollen aufgeschrieben.« Er reichte Albus den Zettel, der alle Vorsicht vergaß und begierig danach griff. »Ihr Latein ist nicht das beste, aber ich denke, du kommst damit zurecht.«

Albus nahm das Papier und steckte es rasch mit der Handvoll Knollen ein, die der Gesandte noch aus seinem Beutel zerrte. »Und jetzt beeil dich mit dem Trank. Es gilt, bis Pfingsten eine Hochzeit zu stiften!«

Er folgte Albus in seine Hütte und blieb neben der Tür stehen, während der Gärtner ein paar Wachsstümpfe anzündete, die er sich aus den Resten der abgebrannten Kerzen aus der Stiftskapelle schmolz. Im schummerigen Licht suchte Albus geriebenen Baldrian, gab ihn in einen Becher, goß ein paar Schluck Wein hinzu und rieb einige getrocknete Blüten des Hopfens in den Trunk. In alten Büchern hatte er noch Zaubersprüche gelesen, mit denen man die Wirkung des Trankes verstärken konnte, doch er hielt es für besser, in Gegenwart des Gesandten darauf zu verzichten.

»Froschaugen«, sagte der Schwarzgekleidete plötzlich von

der Tür her. »Hast du nicht vielleicht doch getrocknete Froschaugen?«

Albus zögerte. »Gewiß«, murmelte er dann und suchte eine Weile, bis er auf einem Gestell eine Tonschale mit ein paar dunklen, perlenartigen Augen fand. »Man gibt sie besonders dem Vieh ins Futter, wenn es störrisch und wild ist«, versuchte er zu erklären, warum er über das Mittel verfügte, obwohl es doch im Ruf stand, nur von Hexenmeistern benutzt zu werden. Er zerstieß die trockenen Augen in einem Mörser und fügte sie dem Trank hinzu. Ein würziger Geruch erfüllte den Raum, und der Gesandte sog ihn mit geblähten Nasenflügeln ein. »Mehr!« verlangte er.

Widerstrebend gehorchte Albus und fügte zwei weitere Froschaugen dem Trank hinzu. Der Gesandte holte ein Fläschchen aus seiner Tasche, nahm den Becher und leerte die Flüssigkeit aus seinem Fläschchen in den Trank, den Albus gemischt hatte. »Dies ist eine Medizin, die die Wirkung deines Trankes noch verstärken wird«, sagte er.

Sodann goß er die Mixtur aus Albus' Becher zurück in das Glasbehältnis und steckte den Korken auf. Ein zufriedenes Lächeln erschien auf seinem Gesicht. »Jetzt öffne mir das Gartentor und laß es offen, damit ich dich nicht behelligen muß, wenn ich zurückkomme.«

* * *

Der Gartenrotschwanz begrüßte den Morgen von seinem Platz auf der Bruchsteinmauer. Albus verharrte in seiner Arbeit an dem Beet, um die ersten Strahlen der Sonne zu beobachten, wie sie hinter dem Steeler Berg den Himmel rot erschimmern ließen. Aus der Kapelle drang der Chorgesang der Stiftsdamen und vermischte sich mit dem Morgenlied der Vögel. Ein Hahn krähte. Es schien wie an allen anderen Tagen, aber Albus spürte das Unheil, das über dem Stift lag. Er streckte sich und schaute hinüber zum Gartentor. Obwohl er in der Nacht noch lange wachgelegen hatte, hatte er die Rückkehr des Gesandten nicht vernommen. Das trockene Unkraut, das er gestern noch über den Weg gebreitet hatte, war unberührt. Albus fragte sich, wie der Jesuit ins Stift zurückgekehrt war. Er ging hinüber zum Tor und stieß es auf. Ein Schwarm Schmeißfliegen taumelte gegen sein Gesicht. Albus schlug sie mit der Hand weg und stöhnte erschrocken auf, als er den Toten entdeckte, der nur ein paar Fuß vom Tor entfernt neben dem trockenen Weg im Gras lag.

Es war der Jesuit, sein Gesicht war blaß, der Mund verzerrt und sein Blick starr in den Himmel gerichtet. Albus bekreuzigte sich und beugte sich über den Toten. Die Fliegen surrten um den weitaufgerissenen Mund des Toten und krochen über die Augäpfel. Albus' Herz begann zu pochen, zumal im gleichen Augenblick vom anderen Ende des Gartens der Bruder Scriptor herübergeschlurft kam und durch das Tor nach draußen trat.

»Ich habe die Probleme des Kalenders noch in der Nacht studiert… oh…« Der Bruder Scriptor stand neben Albus und starrte gebannt auf den Toten. Das Brevier in seinen Händen zitterte. »Wir müssen den Priester holen«, sagte er schließlich.

Albus schüttelte den Kopf. Ihm gingen das Gespräch des Gesandten mit der Äbtissin und das seltsame Anliegen des Jesuiten vom vergangenen Abend nicht aus den Gedanken.

»Hol zunächst die Äbtissin!« sagte er. »Und sprich zu niemandem von dem, was du hier gesehen habt.«

Scriptor sah Albus verwirrt an. »Aber…«

»Tut, was ich Euch sage.« Albus' Stimme wurde schärfer, als er es eigentlich beabsichtigt hatte. »Dies ist eine Sache, die großes Unheil über uns alle bringen kann.« Scriptor zögerte immer noch. »Geht, alles weitere wird Euch die Äbtissin sagen!« herrschte Albus ihn an. Endlich raffte sich der Bibliothekar auf und eilte davon.

Während er wartete, tastete Albus die Kleidung des Toten ab. Der Stoff war klamm, das Gras um die Leiche herum wies keinerlei Spuren auf. Der Tote mußte schon seit vielen Stunden hier liegen. Albus entdeckte in der Brusttasche den Geleitbrief des Erzbischofs von Köln, in dem stand, daß der päpstliche Gesandte am Tage des Herrn, dem 22. April, in der Domstadt aufgebrochen sei, um das Stift zu Essen und später die Kurkölnischen Besitztümer am Niederrhein aufzusuchen. Neugierig zog Albus das Wams des Gesandten auseinander und öffnete das Leinenhemd, das darunter zum Vorschein kam. Am Körper des Gesandten fand sich keine Wunde oder Verletzung. Den Kaufvertrag zwischen Hendrik von Kleve und Johann Lütgendorp, den der Gesandte gestern der Äbtissin vorgelesen hatte, konnte er nirgends entdecken. Aber in dem Beutel am Gürtel fand er ein Gewehrschloß mit einem Stempel aus drei verschlungenen Ringen und das Glasfläschchen, in das der Gesandte letzte Nacht Albus' Trank gefüllt hatte. Bis auf ein paar klare Tropfen war das Behältnis leer. Albus schnüffelte an dem feuchten Korken, der es verschlossen hatte, und glaubte, das Aroma eines Extraktes von Tollkirsche zu riechen. War das die Flüssigkeit gewesen, die der Gesandte aus dem Fläschchen in Albus' Trank gegossen hatte? Angst beschlich Albus. Die Tollkirsche war ein Gift, mit dem selbst die gelehrtesten Doctoren nur behutsam umgingen und das sie höchstens in ein paar Tropfen, gemischt mit Wein, verabreichten. Albus verbarg das Fläschchen mit zitternden Händen in seiner Kutte. Am besten, er versenkte es in der Abortgrube des Stiftes, ehe es jemand fand und untersuchte. Er betrachtete die großen Pupillen und die schwarzbläuliche Verfärbung der Zunge, dann rollte er den Toten in die Lage zurück, in der er ihn aufgefunden hatte. An den Sohlen seiner Schuhe klebte Kohlenstaub, und in den Nähten entdeckte Albus einige dunkle Metallspäne.

Hinten klappte das Tor zur Propstei, und die Äbtissin kam

mit wehenden Röcken durch den Garten. Albus ging ihr entgegen. »Ich hielt es für besser…«, sagte er, und die Äbtissin nickte nur, nachdem sie einen Blick auf die Leiche geworfen hatte.

»Du hast vollkommen richtig gehandelt«, sagte sie. »Wie kommt er hierher? Man hat mit vorhin gesagt, daß er nicht in seinem Gemach zu finden und sein Bett unberührt war. Das Gesinde beginnt schon zu schwatzen.«

»Das Gesinde hat ein kurzes Gedächtnis«, sagte Albus. Er schaute zu Boden, und dann hob er den Blick, fest entschlossen, der Äbtissin die volle Wahrheit zu sagen, weil er spürte, daß sie sein Handeln sicher richtig würde einschätzen könne. Er zog das Glasfläschchen des Gesandten hervor und berichtete von dem seltsamen Anliegen, mit dem der Gesandte in der vergangen Nacht bei ihm erschienen war. »Ich glaube, er hat Tollkirsche in meinen Trank gemischt«, sagte er. »Und weil er davon sprach, eine Ehe zu stiften, denke ich, daß er etwas mit der Gret plante. Aus irgendeinem Grund jedoch scheint er den Trank aus dem Fläschchen dann selbst zu sich genommen zu haben. Obwohl, er wußte sicher als gelehrter Mann um die Gefährlichkeit der Tollkirsche.« Albus zuckte mit den Achseln. »Was auch immer geschehen ist«, schloß er, »jemand hat die Leiche hierher gebracht.«

Die Äbtissin tupfte sich mit einem Lavendeltuch den Schweiß von der Stirn. Bruder Scriptor kam bedrückt durch den Garten. Sein Blick wanderte beständig zwischen ihr und Albus hin und her. »Welch ein Unglück«, murmelte er. »Die Schande wird über Jahrhunderte in unseren Chroniken zu lesen sein. Ein Gesandter Roms, der in unseren Mauern den Tod gefunden hat! Man wird eine Untersuchung beginnen, und schon bald steht in allen Protokollen, was für eine Schande über das Stift und seine Damen gekommen ist.« Er seufzte schwer. »Was ist dies nur für eine Zeit, die so aus den Fugen geraten ist?«

Albus sah Scriptor verwundert an, weil ihn in diesem Augenblick der Funken eines Gedankens durchzuckte. Dann wandte er seinen Blick der Äbtissin zu. »In der Tat, die Zeit ist aus den Fugen geraten, aber es muß nicht unbedingt ein Unglück sein, daß es so ist!«

* * *

Durchs Fenster des Refektoriums flutete das sanfte Vormittagslicht der Sonne. Bruder Scriptor rutschte unruhig auf seinem Stuhl hin und her, während die Äbtissin scheinbar gelassen, aber mit bleichen Wangen und blutleeren Lippen am Tisch saß. Albus, der nur sehr selten in diesen Raum kam, fühlte sich unbehaglich.

»Es wird eine Untersuchung geben!« sagte die Äbtissin. »Und ich zweifele nicht daran, daß man uns für den Tod des Jesuiten verantwortlich machen wird. Was das bedeutet, wage ich nicht einmal auszusprechen.«

»Ungehorsam gegen Rom«, nickte Scriptor. »Ich werde meine Chroniken schließen müssen, weil der Heilige Vater auf Druck des Jesuitenordens das Stift auflösen und die Ländereien und Güter einziehen wird.«

Albus nickte. »Zumal auch ans Licht kommen wird, welche Geschäfte Ihr mit den Büchsenmachern getrieben habt, wenn bei einer Untersuchung die Chroniken des Stifts kontrolliert werden und man für den März dieses Jahres Scriptors sorgsame Notizen über den Besuch des holländischen Gesandten und der Gastfreundschaft, die Ihr ihm gewährt habt, entdeckt.« Er sah den erschrockenen Blick der Äbtissin und hob die Hand, als sie zu einer Antwort ansetzte. »Habt keine Angst, es war ein Zufall, daß ich gestern mit angehört habe, was der Jesuit mit Euch zu besprechen hatte.«

Scriptor starrte die Äbtissin aufmerksam an. »Es war nicht gut, die Lutheraner gewähren zu lassen, auch wenn die Steuern und Abgaben die Stadtkassen und die Spenden der

Gilden unsere Klingelbeutel füllen«, stieß er hervor. »Hat man ihn deshalb zu uns geschickt? Weil Rom oder der Kaiser den Verdacht hat, daß von hier aus auch Büchsen an die Holländer geliefert werden?«

Albus seufzte innerlich, denn es war nicht das erste Mal, daß Bruder Scriptor sich nach der Decke streckte und sich nach dem richtete, der die größere Macht hatte.

Im Gesicht der Äbtissin regte sich kein Muskel. Sie sah Albus und den Bibliothekar lange an. »Selbst wenn ich den Büchsenmachern ihren Handel mit Wilhelm von Oranien untersagt hätte, hätten sie es sich nicht nehmen lassen, ihm die Gewehre zu verkaufen. Notfalls wären sie heimlich aus der Stadt geschmuggelt worden. Ihr wißt, daß die Gilden stets für sich selbst entscheiden. Genau wie sie seinerzeit festgelegt haben, daß hier kein auswärtiges Eisen geschmiedet und keine fremde Kohle verbrannt werden darf, genauso haben sie beschlossen, ihre Waffen nicht nur an die Spanier zu verkaufen, deren Truppen gegen die Niederländer zu Felde ziehen, sondern auch an die aufständischen Geusen.«

Scriptor schnappte nach Luft, wohl weil er bislang noch nie in solcher Deutlichkeit in die Geschäfte der Gilde und die Politik der Äbtissin eingeweiht worden war.

»Die Büchsenmacher sind gottesgläubige Menschen, auch wenn viele von ihnen zu den Reformierten gehören«, fuhr die Äbtissin fort. »Und sie haben unser Stift immer großzügig bedacht, wenn Ihr Euch erinnern mögt. Wir haben es ihnen zu verdanken, daß wir die Knabenschule errichten konnten. Ist daran also etwas Verwerfliches, wenn wir mit dem Geld, das uns die Lutheraner spenden, ihre Söhne im wahren Glauben unterrichten?«

Albus mußte unwillkürlich lächeln, denn der tote Jesuit hätte nicht anders argumentiert. Dies war die zupackende Art, wegen der er der Äbtissin stets mit Ehrfurcht begegnet war. Auch ihre Entscheidung, ihn damals zum Nachfolger des alten Gärtners zu machen, hatte sie in ähnlicher Weise begründet. »Ein weißer Spatz im eigenen Käfig«, hatte sie gesagt, »ist immer besser als eine Taube auf dem Dache des Nachbarn.«

Ehe Bruder Scriptor in das Jammern verfallen konnte, für das er gerade Atem schöpfte, hob Albus die Hand und sagte in Richtung der Äbtissin: »Es mag eine Lösung geben, die die Untersuchung um den Tod des Gesandten vielleicht zu einem weniger peinlichen Ergebnis kommen läßt oder sie sogar ganz an uns vorübergehen läßt.«

Die Äbtissin sah erstaunt hoch. Scriptor klappte den Mund auf. »Aber...«

Albus zog den Geleitbrief des Gesandten heraus und faltete ihn auseinander. »Wie Ihr seht, hat der Erzbischof zu Köln den Brief bereits nach der neuen Zeitrechnung des Papstes Gregor datiert. Danach hat der Gesandte die Domstadt am 22. April unseres Jahres verlassen. Zu dieser Zeit verlautete die Chronik unseres Bruders Scriptor noch den 12. April, nicht wahr?«

Der Bibliothekar nickte.

»Zwei Tage, nachdem er Köln verlassen hat, ist der Gesandte hier eingetroffen, am 24. April neuer Zeitrechnung«, fuhr Albus fort. »In unserer Chronik schrieben wir an diesem Tag aber noch den 14. April. Gestern, am 15. unserer Rechnung, war der Jesuit in der Stadt bei der Gret Lütgendorp, und Bruder Scriptor hatte seine Ankunft hier im Stift noch nicht verzeichnet. Heute schreibt man in Köln den 26., und hier bei uns würde Bruder Scriptor den 16. des Monats schreiben, nicht wahr?«

Die Äbtissin hatte die Gedanken ihres Gärtners mit hochgezogenen Brauen verfolgt. »Ich glaube zu ahnen, welche Möglichkeit du meinst«, sagte sie langsam. »Du bist offensichtlich nicht nur äußerst begabt im Umgang mit deinen Heilkräutern, sondern auch in anderen Dingen.«

»Nun, es war eigentlich Bruder Scriptor, der mich auf diesen Gedanken gebracht hat, als er sich fragte, wie er die zehn

Tage in der Chronik verzeichnen soll, die Rom in den Kalender eingefügt hat, wenn es sie doch gar nicht gibt.« Albus machte eine Pause. »Ich bin zu dem Schluß gekommen, daß man Tage, die es nicht gibt, auch nicht verzeichnen kann. Würde an einem 13. der neue Kalender eingeführt, so müßte Scriptor gleich den nächsten Tag als den 24. eintragen.«

Scriptor kratzte sich am Kopf, weil ihm diese Lösung offenbar viel zu einfach erschien. »Aber was soll uns dein Geschwätz jetzt helfen?« knurrte er schließlich.

»Es hilft uns, den Besuch des holländischen Gesandten ungeschehen zu machen«, sagte Albus. »Wann war der Hendrik von Kleve bei uns, Scriptor?«

Scriptor legte die Stirn in Falten. »Es muß der 21. März gewesen sein, als er kam, und der 25., an dem er den Heimweg antrat.«

»Und Ihr habt seine Ankunft getreulich am 21. März verzeichnet?«

»Selbstverständlich.«

Albus sah, wie die Äbtissin lächelte, als sie begriff, wohin ihn seine Überlegungen geführt hatten. Mit erhobener Stimme fuhr er an Scriptor gewandt fort: »Nun sagt mir, wenn Ihr am 20. März den Kalender nach der Weisung aus Rom umgestellt hättet, welches Datum hättet Ihr dann am folgenden Tag geschrieben?«

Scriptor schnappte nach Luft, als auch er begriff. »Den 30. März, denn ich hätte die zehn Tage hinzugefügt, die vorgeschrieben sind.« Scriptors Gesicht zeigte eine ungesunde Röte. »Doch ich habe den Kalender nicht am 20. März umgestellt, und deshalb sind auch alle Tage vom 20. bis zum 30. März in meiner Chronik verzeichnet.«

Die Äbtissin fand es an der Zeit einzugreifen. »Aber wenn Ihr Eure Chronik an diesem Tag umgestellt hättet, so wäre es doch so gewesen, wie Albus gesagt hat, nicht wahr? Auf den 20. März wäre sogleich der 30. gefolgt?«

»Gewiß…«, murmelte Scriptor. »Ihr meint, ich soll einfach meine Chronik in der Vergangenheit auf den neuen Kalender umstellen? Ich soll den Eindruck erwecken, ich sei am 20. März dem Spruch aus Rom gefolgt?«

Die Äbtissin nickte.

»Aber ich habe doch die Tage vom 21. bis zum 30. März bereits mit allem, was an ihnen hier geschehen ist, verzeichnet«, begehrte Scriptor noch einmal auf. »Es steht alles in meinem Folium geschrieben: daß am 21. der Geuse eingetroffen ist…«

»Wenn Ihr die Seiten vom 21. bis zum 30. März einfach entfernt, so ist er aber niemals hier bei uns gewesen«, sagte Albus. »Versteht Ihr, Scriptor? Und wenn Rom uns eine neuerliche Untersuchung wegen des Waffenhandels und des Todes des Jesuiten schickt, so findet sich kein Anlaß für einen Verdacht, daß hier mit den Geusen konspiriert worden ist.«

»Die Seiten aus der Chronik entfernen…«, murmelte Scriptor fassungslos.

»Es ist sicher die richtige Entscheidung«, sagte die Äbtissin jetzt. »Auch zu Eurem Besten, Scriptor, denn überlegt nur, welche Fragen man an bei einer Untersuchung an Euch stellen würde, wenn der Besuch der Niederländers in Euren Chroniken aufscheint. Man wird Euch fragen, ob nicht vielleicht auch Ihr mit ihm konspiriert habt!«

»O nein«, stieß Scriptor hervor. Und dann: »Ja, es wird nur zu unser aller Nutzen und dem Nutzen des Stiftes sein, wenn wir so tun, wie Albus es sagt.«

»Und letztlich«, bemerkte die Äbtissin, »ist es doch auch zum Nutzen des Guten, wenn das Stift dadurch hier bestehen bleibt, um den Glauben zu wahren unter all den Lutheranern, nicht wahr?«

Albus lehnte sich zufrieden zurück, als er sah, daß Scriptor wieder einmal von allen Wegen, die sich ihm dartaten, den einfachsten gewählt hatte. Doch dann fuhr der Bibliothekar plötzlich wieder hoch. »Doch wenn ich die Blätter mit den zehn Tagen im März aus der Chronik entferne, um später zu sagen, der Kalender sei an jenem Tage umgestellt, so hätte doch ab dem 30. März der neue Kalender Geltung gehabt und wir schrieben heute den 26. April. Doch in meiner Chronik ist der 14. April der letzte Tag. So fehlen uns also jetzt die zehn Tage in der Chronik…«

»Gewiß«, sagte die Äbtissin. »Noch fehlen die Blätter, mein lieber Scriptor, aber es wird doch möglich sein, sie zu füllen, nicht wahr?«

Albus schöpfte Atem: »Und für den heutigen Tag wäre zu verzeichnen, daß wir den Gesandten am Morgen des 26. April vor unserem Stift gefunden haben und daß er bereits in der Nacht verstorben sein muß. Offensichtlich hat sein Herz die Strapazen der weiten Reise nicht überstanden. Sein Geleitbrief bezeugt, daß er am 22. April von Köln losgereist ist. Drei, vier Tage sind nicht ungewöhnlich für den Weg hierher, so daß jeder, der später von Rom geschickt wird, um den Tod zu untersuchen, am Geleitbrief und unserer neuen Chronik sehen könnte, daß der Gesandte das Zeitliche gesegnet hat, ehe er seinen Fuß in unsere Stadt setzen konnte. Keiner, der dies in den Chroniken so findet, wird noch in der Stadt und beim Gesinde herumfragen, ob es etwas Außergewöhnliches in diesen Tagen bemerkt hat.« Albus zuckte mit den Schultern. »Zudem ist das Volk ohnehin schnell im Vergessen und wird sich schon bald kaum noch an einen Fremden erinnern, der im April hier aufgetaucht sein soll.«

Scriptor kniff die Lippen zusammen. »Gewiß«, preßte er schließlich hervor. »Aber….«

»Sein Pferd werde ich später zum Abdecker bringen«, sagte Albus. »Das ist ein Mann, der keine Fragen stellt. Und am Sonntag verkündet der Pastor die Kalenderänderung den Kaufleuten und Bauern in der Kirche. Wenn überhaupt ein neuer Gesandter aus Rom kommt, um nachzuforschen, was geschehen ist, wird man ihm schon erklären können, daß der Kalender erst bei uns im Stift nach Gregors Befehl geändert wurde und später dann die Stadt und die Dörfer angewiesen worden sind, dem zu folgen. Da wird sich dann auch keiner wundern, daß die Verträge und Geschäfte der Stadt noch bis in den April in den Urkunden nach alter Rechnung datiert worden sind.«

»Aber der Jesuit war gestern bei der Witwe von Johann Lütgendorp«, sagte die Äbtissin. »So einen Besuch wie diesen wird sie sicherlich nicht vergessen…«

Albus zögerte einen Moment. Dann meinte er: »Vergessen wird sie ihn gewiß nicht, doch ich glaube, sie hat vielleicht einen guten Grund, sich nicht daran zu erinnern. Ich werde noch heute mit ihr sprechen, wenn Ihr erlaubt.«

Der Blick der Äbtissin wanderte von Albus zu Bruder Scriptor, dem seine Zweifel noch deutlich ins Gesicht geschrieben standen.

* * *

Die Sonne war hinter düsteren Wolken verschwunden, als Albus am Nachmittag das Stift verließ und über die gepflasterte Straße am Rathaus vorbei zum Hause des Jakob Bussenmester ging. Am Brunnen schwatzten die Mägde über ihren Wassereimern, aus den Werkstätten der Handwerker klangen die Geräusche ihrer Arbeit, und ein paar dürre Hunde wühlten hungrig in den Abfällen hinter den Häusern. Kinder schleppten Feuerholz für die Essen heran; vor dem Wirtshaus lungerten ein paar Burschen herum, die aus den Dörfern zum Markt gekommen waren und nun ihre paar Pfennige gegen ein Glas Branntwein eintauschen wollten. Albus fand den Jakob Bussenmester hinter seinem Haus, wo er gerade eine Lieferung Büchsen prüfte, ob sie auch nach den Regeln der Gilde gefertigt waren, und um sie hernach zu beschießen, wie es sein Eid als städtischer Beamter gebot.

Keine Büchse verließ die Stadt, die nicht auf dem Schloß sein Zeichen trug, drei verschlungene Ringe, die jedem sagten, woher die Büchse stammte und wer sie gefertigt hatte.

»Ich bringe euch den Tee für Euer Weib«, sagte Albus und reichte Bussenmester den kleinen Leinenbeutel.

Bussenmester war ein schwerer, großer Mann in den Vierzigern mit einem dichten roten Bart und roten Locken auf dem Kopf. »Ihr versteht Euch wirklich auf die Kräuter, Albus«, sagte er und drückte ihm einige Münzen in die Hand. »Eure Arznei ist von äußerst angenehmer Wirkung auf mein Weib, auch wenn sie bangt, daß ihr seitdem das Sonnenlicht in den Augen brenne.«

Albus murmelte ein paar lateinische Worte, an die er sich noch aus der Klosterschule erinnerte, und Bussenmester nickte eifrig, obwohl Albus wußte, daß er kein Wort verstanden hatte.

»Lütgendorps Gret soll gestern einen Besucher gehabt haben?« fragte Albus und ließ seine Hand über den glatten, eisernen Lauf einer der Büchsen gleiten, die vor ihm in einem hölzernen Gestell aufgebaut waren.

Bussenmester nickte. »So sagt man. Aber genau weiß es keiner, denn so recht scheint niemand gesehen zu haben, wer zu ihr ins Haus gekommen ist. Und vor allem: niemand hat ihn gehen sehen.« Er grinste. »Böse Zungen sagen, es war der Arndt Kropp, der ihr wieder einmal vergeblich die Ehe angetragen hat.«

»Erzählt man sich nicht auch, daß es ein Jesuit gewesen sein soll, der bei Gret Lütgendorp war?« lächelte Albus bescheiden.

»Ich hab's ja nicht erlebt«, erklärte Bussenmester, »aber mein Weib hat's mir erzählt, daß da ein Schwarzrock bei der Gret in der Stube gewesen sei, mehr nicht. Reden hat die Frau sie beide gehört, aber nichts verstanden, wie die Weiber so sind. Er sei gut einen Stundenschlag bei ihr gewesen.« Bussenmester machte eine Handbewegung. »Heut' morgen wollt' mein Weib sich erkundigen bei der Gret, aber es hat geheißen, daß sie an einem Fieber leidet und mit niemandem sprechen kann.«

Albus verzog keine Miene. »Der Lütgendorp soll den aufständischen Holländern Büchsen verkauft haben?« warf er mit einem Blick auf die Waffen vor sich ein.

Bussenmester kniff ein Auge zu. »Daß es verboten ist, wißt Ihr so gut wie ich.«

»Vieles ist verboten«, sagte Albus nur. »Und die Äbtissin war, wenn ich mich erinnere, stets voll des Lobes über die großzügigen Spenden der Büchsenmacher für das Stift und die Kapelle.«

»Freilich«, sagte Bussenmester unbestimmt. »Und wenn mir ein Büchsenmacher seine Gewehre zum Beschießen bringt, dann sagt er mir nicht, ob er sie an den Herzog Alba oder an den Prinzen von Oranien verkauft.«

»Wenn der Arndt Kropp Gildemeister wird, vielleicht ändert sich dann einiges«, meinte Albus, und Bussenmester nickte zustimmend.

»Der Kropp wird nur Gildemeister, wenn er die Gret heiratet, denn allein ist seine Werkstatt zu klein, um bei den anderen aus der Gilde was auszurichten. Aber wie doch jeder weiß, hat die Gret den Kropp immer wieder abgewiesen, und man sagt, sie wird bestimmt den Pitter Lyppen heiraten. Und der wird dann gewiß als neuer Gildemeister gewählt, weil er genau wie sein toter Meister immer die Sache der Schmiede und ihrer Geschäfte vertreten hat. Was vielen Büchsenmachern, wie man hört, angenehmer wär', als wenn sie unter der Fuchtel des Arndt Kropp stehen würden, der es nur mit den Bischöfen und den Spaniern hält.«

Albus konnte sich ein Lächeln nicht verkneifen. »Aber Euch wird's so oder so recht sein, nicht wahr, Bussenmester, denn egal, an wen die Büchsen verkauft werden, ohne Euren Stempel können sie die Stadt nicht verlassen.«

Draußen, eine Stunde vom Stift entfernt, in der Büchsenmacherei des Lütgendorp in Borbeck, wurden die Läufe für die Gewehre gezogen und gebohrt. Die Gesellen arbeiteten an langen Bänken am Fenster. Auf dem gestampften Lehmboden mischten sich graue Eisenspäne mit dem trockenen Kohlenstaub. In der Esse loderte das Schmiedefeuer, ein Junge zog den Blasebalg. Fauchend fuhr der Luftstrahl in die glühenden Kohlen, Funken stoben. Durch das Feuer herrschte in der Werkstatt eine große Hitze, und Albus trat augenblicklich der Schweiß auf die Stirn. Pitter Lyppen, der Altgeselle, kam ihm entgegen. Er war ein breitschultriger Mann mit kräftigen Oberarmen und zwei Fäusten, die es mit dem Schmiedehammer aufnehmen konnten.

»Ich suche die Gret«, sagte Albus und drückte sich an dem massigen Mann vorbei. Er war schon auf dem halben Weg zur Stiege, die nach oben zu den beiden Stuben führte, als Lyppen ihm von hinten die Hand auf die Schulter legte.

»Was wollt Ihr von ihr, Weißkopf?«

Albus blieb ruhig stehen. »Mich erkundigen, ob sie nicht eines Krauts oder Tranks bedarf, der ihr hilft, den Tod ihres Mannes zu verwinden«, sagte er. »Manche Weiber fallen in die Hitze und reden wirr, wenn ihnen der Gatte stirbt. Und der Jakob Bussenmester sagte mir, daß die Gret gerade jetzt an einem solchen Fieber leidet.«

Lyppens Hand rutschte von Albus' Schulter, und der Gärtner kletterte die Treppe hinauf. In der Stube war niemand, auf dem Tisch stand eine Flasche mit einem Rest Wein, und auf dem Regal sah Albus unter dem Geschirr zwei Becher. Auf dem Boden fand er, halb unter den Schrank gekehrt, noch zwei Scherben eines dritten Bechers. Albus hob eine auf, rieb mit der Fingerspitze vorsichtig darüber und leckte sie ab. Er schmeckte Baldrian und Tollkirsche.

Er fand die Gret in ihrer Schlafkammer auf dem Bett. Sie

schlief und machte gar nicht den Eindruck einer Kranken. Unter ihrem Kissen lugte ein Stück Pergament hervor. Albus zog vorsichtig daran und hielt, wie er erwartet hatte, den Kaufvertrag des Johann Lütgendorp mit Hendrik von Kleve in Händen. Albus räusperte sich, und Gret schreckte hoch. Sie zerrte ihr Hemd vor der Brust zusammen. »Was erlaubt Ihr Euch…«

Albus hob beschwichtigend die Hände. »Habt keine Angst. Was ist geschehen, als der Gesandte zu dir kam?« fragte Albus übergangslos. Die Gret starrte auf das Schreiben in seiner Hand und schlug ihre Hände vors Gesicht.

»Erst hat er mir mit dem Fegefeuer gedroht und, als ich nicht reden wollt', mir das hochnotpeinliche Verhör geschildert und was sie mit den verstockten Ketzerinnen in Gent und Antwerpen gemacht hätten. Schließlich hat er das da aus seiner Tasche gezogen.« Sie deutete auf das Pergament. »Und dazu noch ein Gewehrschloß mit unserem Zeichen, das sie bei diesem Niederländer gefunden hätten.« Die Witwe zerrte das Bettuch noch ein Stück höher.

»Und was habt Ihr ihm geantwortet?« Albus konnte es sich vorstellen, als er ihr ängstliches Gesicht sah.

»Daß das alles die Angelegenheiten meines verstorbenen Johann gewesen seien und ich bei meiner Seligkeit von nichts wüßte. Er hat die Verträge von meinem Mann zu sehen verlangt hat, und ich hab' ihm die Lade aufgeschlossen, wo ich sie drin verwahre. Was sollte ich anderes tun?«

»Er hat also alle Verträge studiert, die Euer Johann mit den Niederländern geschlossen hat? Waren es viele?«

Gret nickte.

»Und weiter?« drängte Albus.

»Er hat gesagt, daß das alles ein Ende haben wird, wenn er erst einmal den Arndt Kropp zum Gildemeister gemacht hat. Daß der gewißlich dafür sorgen würde, daß alle Gewehre an die Spanier und keines mehr an die Holländer geliefert würde. Doch…« Sie verstummte plötzlich.

»Doch Ihr habt ihm gesagt, daß Ihr den Pitter Lyppen heiraten wollt, wie man doch überall schon erzählt, nicht wahr?« meinte Albus.

Die Gret schluckte. »Ja, so war es. Deswegen ist der Jesuit ja noch einmal am Abend gekommen.« Sie rang die Hände und sah Albus voller Angst an.

Von unten klang das Hämmern der Schmiede und das Schleifen und Bohren aus der Büchsenmacherei herauf, aber Albus hörte auch das Knarren der Treppenbohlen. Die Tür hinter Albus schwang auf, und in Grets Augen flackerte es. Er wandte sich um und sah Pitter Lyppen mit hochrotem Kopf im Rahmen stehen. »Der Lump in seinem schwarzen Rock hat kein anderes Schicksal verdient gehabt!« knurrte der kräftige Mann und hob den Büchsenlauf, den er mitgebracht hatte, wie eine Waffe.

»Was meinst du damit, Pitter?« fragte der Gärtner. Als der schwieg, wandte er sich an Gret. Sie schüttelte den Kopf.

»Er hat die Gret in Angst versetzt und sie eine verhexte Person genannt, die keinen Glauben mehr hat. Die Ehe soll sie gebrochen haben mit mir, als der Johann noch gelebt hat! Er hat gesagt, daß es sicher ein Zauber von ihr gewesen ist, der den Johann in seinem Eisen hat verbrennen lassen.« Pitter Lyppens Schläfenadern schwollen an. »Und mich hat er einen Ketzer genannt, weil ich mit dem Johann Büchsen für die Niederländer gemacht habe. Eine Untersuchung hat er angedroht.«

Gret schluchzte. »Er hat gesagt, es gibt nur einen Weg, für all die Sünden zu büßen, die ich begangen hätte – daß ich den Kropp heiraten soll, damit er Gildemeister wird. Und wenn ich noch einen Blick auf den Pitter werfe, so wird er der Inquisition von meinen Verfehlungen berichten.«

Albus begriff, daß der Jesuit mit seiner Intrige den ergebenen Kropp mit der Gret hatte verheiraten wollen, um ihn zum Gildemeister zu machen. Aber weil die Gret dem Pitter Lyppen zugetan war und der Altgeselle damit seinem Plan im Wege stand, hatte er versucht, die beiden auseinander-zubringen. Albus erinnerte sich an den Trank, den der Jesuit von ihm verlangt hatte, und er fröstelte angesichts der Spekulation, die sich plötzlich auftat.

»Ich habe einen zerbrochenen Becher in der Kammer gesehen«, sagte er langsam. »Habt Ihr mit dem Gesandten getrunken?«

Die Gret nickte nur, und es war Pitter Lyppen, der schließlich sprach. »Den Wein, den die Gret ihm angeboten hat, hat er genommen, und einen Trank wollt' er mir geben, der mir helfen sollte, meine ketzerischen Gedanken zu vertreiben und von der Gret abzulassen. Aus einem Glasbehältnis hat er ihn in meinen Becher getan und gemeint, es sei zu meinem Besten, und ich solle keine Furcht haben, denn er habe den Trank eigens von dir, Albus, für mich mischen lassen.«

Albus erstarrte über die Boshaftigkeit im Plan des Jesuiten. Wäre Pitter Lyppen an dem Trank, den der Gesandte mit Tollkirsche versetzt hatte, gestorben, so hätte er gesagt, daß Albus die tödliche Mixtur hergestellt hatte. Damit hätte der Jesuit nicht nur den lästigen Lyppen aus der Welt geschafft, sondern zugleich auch noch erreicht, daß Albus, genau wie er es von der Äbtissin verlangt hatte, aus dem Stift entfernt worden wäre. Albus fuhr sich mit der Hand über die Stirn. So war doch ganz offenbar nicht nur das Gute im Bösen, wie der Jesuit gesagt hatte, sondern auch das Böse im Guten. »Was ist dann geschehen?« fragte er. »Wie ist es gekommen, daß… statt deiner, Pitter, der Jesuit aus deinem Becher getrunken hat?«

Die Gret schluchzte auf. »Ich hab' die Becher vertauscht«, stieß sie hervor. »Ich hab' ihm nicht getraut, denn in seinen Augen war der Teufel. Ich hab' so große Angst um den Pitter gehabt und ihm deswegen den Becher des Jesuiten hingeschoben, als er gerade mal weggeschaut hat. Und kaum hat er dann seinen Becher leergetrunken, da ist er auch schon hingestürzt.«

»Er hat verdient, was er bekommen hat«, sagte Pitter Lyppen und kam bedrohlich näher.

Albus verstand die Angst des Gesellen, weil nun alles entdeckt war. Er hob langsam die Hand, obwohl seine Sinne aufs äußerste gespannt waren. »Warum hast du hernach den Toten vors Stift gelegt?«

Pitter Lyppen ließ den Gewehrlauf in seiner Hand ein Stück sinken. »Wir wußten nicht, wohin mit der Leiche. Die Stadttore waren schon verschlossen, und hier konnte der Tote auch nicht bleiben. Wenn noch Feuer in der Esse gewesen wär', hätt' ich ihn verbrannt. Aber ich wußte, daß er im Stift Herberge genommen hat, also hab' ich ihn dorthin ans Gartentor geschleppt, damit es aussieht, als wäre er dort gestorben. Wenn ich's gleich gewußt hätt', was er vorhatte, ich hätt' ihm eine Kugel durch den Kopf geschossen, daß sie in der Hölle nicht gewußt hätten, wessen schwarze Seele zu ihnen hinabgefahren wär'. Denn daß er jetzt da drunten dem Teufel dient, ist mal so sicher wie eins.« Pitter sah zu Gret hinüber, die die Zeit genutzt hatte, um aus dem Bett zu kriechen und in ihre Sachen zu schlüpfen. Dann sah er wieder Albus an. »Und Ihr werdet ihm gleich hinterherfahren, denn von Euch ist der Trank gekommen, der mir den Tod bringen sollte.«

»Nein«, sagte Albus. »Glaub' mir, er hat mich ebenso für seinen teuflischen Plan benutzt, wie er die Gret benutzen wollte, damit der Arndt Kropp Gildemeister wird.« Albus sah den Zweifel in Lyppens Blick glimmen, aber erkannte auch, daß der Geselle sich keinen Rat wußte, was er jetzt tun sollte. »Ich sehe, ihr beide seid gottesfürchtige Menschen«, fuhr Albus langsam fort. »Ohne Schuld seid ihr in diese Intrige geraten und habt gesehen, wie selbst ein gottesfürchtiger Mann dem Bösen als Werkzeug gedient hat. Doch war es nicht ein Zeichen des Herrn, das Gret die beiden Becher vertauschen ließ, damit sich das Böse selbst richtet?« Gret nickte. »Ja, so war es gewiß!«

»Wir haben nun den Toten vor dem Stift gefunden«, sagte Albus. »Er wird morgen in geweihter Erde begraben werden, auf daß seine Seele Ruhe findet. So hat ihn der Herr wieder zu sich genommen, weil er ihm verziehen hat, und ich frage mich, ob es dann noch nach seinem Willen sein kann, daß diese Angelegenheit noch weiter von uns Menschen hier untersucht und beurteilt wird.« In Gedanken tat Albus Abbitte für seine Worte, aber die Gret und der Geselle waren einfache Menschen, die in Verstrickungen geraten waren, an denen sie keine Schuld trugen. Ganz gewiß, glaubte Albus, konnte es nicht im Sinn des Herrn sein, daß man sie dafür noch bestrafte. Also sagte er: »Es mag doch also ganz und gar im Sinn des Herrn sein, daß ihr über die Geschehnisse, die hier gestern stattgefunden haben, euer Lebtag lang schweigt. Denn daß die göttliche Gerechtigkeit den Gesandten ereilt hat, ist gewiß, und es ist nicht an uns Menschen, sie jetzt hernach noch in Zweifel zu ziehen.« Albus machte eine Pause. »Ihr versteht, was ich meine?« Pitter Lyppen ließ den Gewehrlauf sinken. »Unser Schweigen wäre dir gewiß«, sagte er langsam. »Doch was ist mit dem deinen, Albus?«

»Dessen könnt ihr euch auch gewiß sein«, sagte Albus. »Denn wenn alles an den Tag kommt, könnte ich nicht beweisen, daß ich den tödlichen Trank nicht gemischt habe.«

Der Geselle stellte den Gewehrlauf in die Ecke. Erleichterung stand auf seinen Zügen, und auch der Blick der Gret war plötzlich froh. »Du bist ein kluger Mann«, sagte Lyppen zu Albus. »Viel klüger als mancher, den ich kenne, und deshalb will ich dir trauen.« Er wandte sich an die Gret: »Und nichts kann uns beide jetzt mehr auseinanderbringen! Gleich morgen bestell' ich das Aufgebot für uns.«

Albus hielt es für besser, nicht weiter zu fragen, seit wann die beiden schon diese Liebe füreinander empfanden, denn er wollte gar nicht wissen, ob der Pitter und die Gret hinter dem Rücken des Gildemeister die Ehe gebrochen hatten.

Die Äbtissin stand neben Bruder Scriptor, der auf seinem Pult den Folianten mit der Chronik des Stiftes aufgeschlagen hatte. Der alte Band lag auf dem Fensterbrett, und die Blätter mit Scriptors Eintragungen vom 21. bis zum 30. März, die sie soeben mit einem scharfen Messer herausgetrennt hatten, knisterten in dem kleinen Feuer, das Albus mit ein wenig Reisig vorhin im Kamin entzündet hatte. Unablässig kritzelte Scriptors Feder über das Pergament. Die Äbtissin schaute Scriptor über die Schulter, während er die Eintragungen für die Tage vom 14. April bis zum 25. April notierte, wie sie es ihm sagte.

So hörte Albus von seinem Platz neben der Tür, daß am 15. angeblich ein Kamin im Kochhaus des Stifts verstopft gewesen war, daß darauf am 17. die Kunde von einer Räuberbande ins Stift gedrungen sei, die angeblich von einer Frau in Beinkleidern angeführt werde, und daß sich die Äbtissin schließlich am 21. entschlossen habe, der Bibliothek einige neue Bücher zu erwerben. Scriptors Gesichtsausdruck wurde ein gutes Stück weniger mißmutig, als er dies eintrug.

»Dann schreibt also für heute«, sagte die Äbtissin schließlich. »Heute, am 26. April im Jahre des Herrn 1583, ist gegen Morgen ein Reiter vor dem Tor des Stifts tot aufgefunden worden, dem die Strapazen seiner Reise wohl so zugesetzt haben, daß nicht nur sein Pferd, sondern auch er selbst verstarb.« Die Feder Scriptors fuhr schwungvoll über das Papier.

»Der Fremde hatte einen Schutzbrief des Erzbischofs zu Köln bei sich, der ihn als einen Gesandten Rom ausweist, und es geht aus der Epistel hervor, daß er vier Tage zuvor, am 22. April, Köln verlassen hat, um zu uns zu reiten.«

Die Äbtissin lächelte zufrieden und sah Albus an. Der senkte den Blick.

Sie wandte sich wieder an den Scriptor. »Schreibt weiter:

Der Tote wird auf dem Gottesacker des Stiftes bestattet werden, und der Priester wird zu seinem Gedenken eine Messe lesen lassen. Wir werden eine Botschaft nach Köln schicken, um den Bischof vom Schicksal seines Gesandten zu unterrichten.« Sie machte eine Pause. »Des weiteren«, fuhr sie fort, »ist aus Borbeck berichtet worden, daß der Geselle Pitter Lyppen die Gret Lütgendorp, Witwe des Jakob Lütgendorp, zu heiraten gedenkt und beide das Aufgebot bestellt haben.«

Scriptor schrieb die letzten Sätze und löschte die feuchte Tinte mit einem kräftigen Schuß aus der Streusandbüchse. »So beginnt dann also eine neue Zeit«, murmelte er.

* * *

Der Gartenrotschwanz tanzte auf der Bruchsteinmauer des Gartens. Albus seufzte. Heute war Markttag. Die Färbung des Himmels würde die Bauern auf ihren Gehöften rund um das Stift in aufgeregte Eile versetzen, denn sie war ein sicheres Zeichen für einen heftigen Regenguß. Über der Dellbrügge standen schon dunkle Wolken. Vielleicht drohte nach der Hitze der letzten Tage auch ein Gewitter. Der Schweinehirt im Segerother Bruch würde mit seinen Borstenviechern wieder im Morast versinken. Und der alte Fahrweg durch die Eickenscheidter Fuhr vom Oberhof zum Steeler Tor würde sich in einen Schlammpfad verwandeln, auf dem kaum noch ein Vorankommen war.

Mit beiden Händen häufelte Albus frischen Dung zwischen die Kohlrabisetzlinge, schützte die junge Gemüsesaat mit schräggestellten Reisigzweigen vor dem zu erwartenden Regen. Dann schritt er hinüber zum Streifen Brachland, wo, trotz Dünger und Mulch, nur Quecken wachsen wollten. In der einen Hand hatte er den Beutel mit den Tartuffeln, die der Gesandte ihm gegeben hatte, in der anderen die Pfanzanweisung, die er stirnrunzelnd studierte. Wenn er dieses

Kauderwelsch aus Kirchenlatein und niederdeutschen Brocken richtig verstand, waren diese Knollen mit jeder lockeren Erde zufrieden, selbst mit sandigen Böden. Albus holte sich eine Grabgabel und begann, die Brachfläche umzustechen. Er grub schnell und kräftig, bis ihm der Schweiß auf der Stirn stand und die roten Stellen seiner empfindlichen Haut zu jucken begannen. Fliegen umschwirrten ihn. Doch die neuen Pflanzen ließen ihn all diese Unannehmlichkeiten vergessen.

Albus klaubte die weißen Schlingen der Quecken aus der Erde und warf sie auf einen Haufen in die Sonne. Wozu hatte der Herr nur Mücken und Quecken erschaffen – er konnte es sich nur so denken, daß ihm da der Teufel ins Handwerk gepfuscht hatte.

Albus stach mit dem Pflanzholz Löcher in den Boden und setzte behutsam eine Knolle nach der anderen ein. Vier kurze Reihen brachte er zustande. Der Schweiß lief ihm den Nacken hinab ins Hemd. Er wischte die Erdbrocken von den Zinken und stellte die Gabel an den Kirschbaum. Drüben auf dem Friedhof waren die Totengräber zu sehen, wie sie das Grab für den Gesandten aushoben, der in der Sakristei der Kapelle aufgebahrt lag.

Die Äbtissin kam von der Kapelle den Gartenweg zu ihm herüber. Ihr Gang wirkte aufrecht und stark, als sei sie ein Stück gewachsen, und die Bedrückung der letzten Tage war wie fortgewischt von ihrem Gesicht. »Du bist in der Tat ein ungewöhnlicher Gärtner«, sagte sie, als sie bei Albus stand. »Ich möchte dir meinen Dank für alles aussprechen, was du getan hast. Du hast mich und das Stift vor viel Sorgen und Not bewahrt.«

Albus senkte den Kopf. »Es ist nichts im Vergleich zu dem, was Ihr für mich getan habt, als Ihr mich zu Eurem Gärtner bestimmt habt«, sagte er.

Die Äbtissin sah Albus lange an. »Ich habe lange darüber nachgedacht, was du von den Geschehnissen in jener Nacht im Haus der Gret Lütgendorp berichtet hast, und es erscheint mir eine gute Lösung, die du mit der Gret und dem Pitter Lyppen gefunden hast. Denn zeigen die Ereignisse nicht genau das, was der Jesuit uns vorgehalten hat: daß das Böse auch stets im Guten ist und umgekehrt? Ist nicht der Gesandte gekommen, um mit dem Bösen Gutes im Namen des Herrn zu tun, und ist nicht auch wiederum aus diesem Bösen das Gute erwachsen, nämlich daß die Büchsenmacher in der Stadt jetzt bald den ehrenwerten Lyppen als Gilde-meister haben werden und wir im Stift von einer peinlichen Untersuchung bewahrt geblieben sind?«

»Ich bin nur ein Gärtner«, murmelte Albus. »Und ob es mit diesen Tartuffeln des Gesandten etwas Gutes auf sich hat, wird sich erst im Herbst zeigen.«

Die Äbtissin schaute hinüber zu den Totengräbern. »Wie hat doch der Gesandte gesagt?« meinte sie. »Wer die Zeit beherrscht, beherrscht die Geschichte.«

Bernhard Hennen

DAS GOLDENE TOR

Owê wie uns mit süezen dingen ist vergeben!
Ich siehe die gallen mitten in dem honege sweben:
diu Welt ist uzen schöene, wîz grüenen unde rôt,
und innân swarzer varwe, vinster sam der tôt.

O weh, wie hat man uns mit Süßigkeit vergeben!
Ich seh' die Galle mitten in dem Honig schweben;
Die Welt ist außen lieblich, weiß und grün und rot,
*Doch innen schwarzer Farbe, wie der Tod.**

Lutgers Herz begann schneller zu schlagen, als er in der Ferne die Mauern Jerusalems erkannte. Seit Tagen war er, von Caesarea her kommend, durch karges, sonnenverbranntes Bergland gezogen. Er hatte sich viel Zeit gelassen, die heiligste aller Städte zu erreichen. Und jetzt... Fast schämte er sich, über den gleichen steinigen Boden zu gehen, auf dem einst Jesus geschritten war. Im

* Walther von der Vogelweide, Nachdichtung von Karl Simrock

Osten der Stadt, dort wo der Felsen, auf dem man Jerusalem errichtet hatte, dem Himmel am nächsten war, wölbte sich die Kuppel des Felsendoms, den die Heiden zu einer Moschee gemacht hatten. Ein wenig links davon ragte der schlanke Glockenturm der Johanneskapelle auf, die dicht bei der Grabeskirche lag. Dutzendfach hatte er Pilger von den heiligen Stätten reden hören. Manchmal hatte er über die naive Ergriffenheit in ihren Worten gelächelt, doch jetzt fühlte auch er wie sie. Es war, als sei man dem Himmel ein klein wenig näher gekommen. Selbst das Licht über der Stadt schien anders als rings herum im Hügelland zu sein. Man hatte den Eindruck, ein leichter, goldener Schimmer schwebe über Jerusalem! Lutger hatte dieses Phänomen auch schon bei anderen Städten im Heiligen Land beobachtet. Der Schimmer rührte von dem Staub, den Tausende Füße in einer geschäftigen Stadt aufwirbelten, und doch war es hier etwas anderes als in Akkon oder Caesarea. Es war nicht einfach nur Staub, was hier in der Luft lag! Es war der Hauch des Göttlichen! Ergriffen kniete der Spielmann nieder und begann ein Vaterunser zu beten. Kaum hatte er die so vertrauten ersten Worte gemurmelt, da wich sein Hochgefühl schmerzlicher Beklommenheit. Er hätte die Reise hierher nicht so lange verzögern dürfen. Schließlich war er im Dienste des Herrn unterwegs! Er dachte an den heißen Nachmittag in Akkon zurück, an dem seine Reise begonnen hatte. Ein Sklave hatte ihn auf dem Fechtplatz abgeholt und in das kühle Turmzimmer des Komturs gebracht. Bruder Sebastianus, der Komtur des Gewölbes, war einer der höchsten Würdenträger des Templerordens. Lutger hatte erst dreimal mit ihm gesprochen, doch hatte der Mann einen tiefen Eindruck bei ihm hinterlassen. Sebastianus mochte vielleicht vierzig Sommer alt sein und war nach allem, was Lutger über ihn gehört hatte, kurz nach der Katastrophe von Hattin nach Outremer gekommen. Er war ein Mann, der Macht verkörperte, ohne arrogant zu sein, und seine strahlenden blauen Augen erweckten den Anschein, als sehe er etwas, was den meisten Menschen verborgen blieb. Es war keine Vision, doch war Sebastianus von einer Glaubenskraft erfüllt, um die ihn die meisten Pfaffen, die Lutger in seinem Leben kennengelernt hatte, mit Sicherheit beneidet hätten. Zugleich war er aber auch ein Krieger, dessen Streben und Handeln darauf ausgerichtet war, eines Tages wieder das Baucéant, das Banner des Templerordens, auf dem Tempelberg in Jerusalem aufzupflanzen. Selbst die Gewißheit, daß er diesen Tag nicht mehr erleben würde, würde den Komtur nicht einen Augenblick lang verzagen lassen.

Mehr als diese Hartnäckigkeit beeindruckte Lutger allerdings die Aura aus Bildung und einem feinen Sinn für Ironie, mit der sich der Komtur umgab. Er war es gewesen, der Lutger den neuen Namen, Paulus, ausgesucht hatte. Der Spielmann war sich sicher, daß Sebastianus genauestens darüber unterrichtet worden war, unter welch »zwingenden« Umständen man einen fahrenden Sänger in den Ritterorden aufgenommen hatte. Trotzdem war Lutger nie anders behandelt worden als alle anderen Brüder des Ordens.

Nachdenklich strich sich der Spielmann über die Stoppeln an seinem Kinn. Den Vollbart, den alle Tempelritter trugen, hatte man ihm abrasiert, bevor er Akkon verließ. Das Risiko, ihn an dem Bart, der gegen jede höfische Mode verstieß, als Templer zu erkennen, wäre zu groß gewesen. Die Sarazenen, die Jerusalem besetzt hielten, hatten jedem Tempelritter mit dem Tod gedroht, der versuchte, die Heilige Stadt zu besuchen. Doch was das anging, war Lutger sich recht sicher, daß es ihm, gemäß seines Auftrages, schon gelingen würde, den Eindruck zu erwecken, ein junger staufischer Adliger zu sein. Vor den Heiden hatte er keine Angst! Wieder blickte er mit einem mulmigem Gefühl zur Kuppel des Felsendoms. Was dem Spielmann viel mehr Sorge bereitete, war der Gedanke daran, daß ihn für sein Verhalten in den letzten Tagen ein göttliches Strafgericht ereilen würde. Womöglich würde er aus heiterem Himmel von einem Blitz erschlagen, wenn er es wagte, durch die Stadttore zu schreiten.

Endlich befreit von der ständigen Kontrolle durch seine Ordensbrüder, hatte er zahlreiche Regeln des Tempels überschritten. Zur Matutin und vor allem zur Prima hatte er in den letzten Tagen regelmäßig geschlafen, und die lästigen Gebete, zu denen er verpflichtet war, hatte er auch ausgelassen. Schließlich war er nicht freiwillig in den Orden eingetreten! Wieso sollte er also vor dem Mittagsmahl dreißig Vaterunser für die Lebenden und noch einmal dreißig für die Toten, die die Templer unterstützt hatten, aufsagen? Und wenn er, seit er außer Sichtweite von Akkon war, sein Pferd am Zügel geführt hatte, statt es zu reiten, dann war dies nicht aus Bußfertigkeit geschehen und weil es gottgefällig war, als Pilger zu Fuß nach Jerusalem zu reisen, sondern er hatte es, wenn er ehrlich zu sich selbst war, einzig und allein deshalb getan, um die Reisezeit zu verlängern. Jede Stunde außerhalb der Ordensfestung war ein Geschenk! Spielleute eigneten sich nun einmal nicht als demütige Ordensbrüder! Doch jetzt bereute Lutger all diese Vergehen. Feierlich gelobte er sich, bis zur Rückkehr nach Akkon alle Ordensregeln auf das genaueste zu befolgen.

Wenn alles gut ging, würde er schon heute abend Jerusalem wieder verlassen. Schließlich sollte er nur einen verwirrten alten Mann finden, von dem einige der Pilger erzählt hatten, die aus Jerusalem zurückgekehrt waren. Angeblich saß er am Goldenen Tor auf dem Tempelberg und erzählte auf ebenso eindringliche wie unverständliche Weise vom Leben Jesu und von dem Tag, da das Strafgericht über den Großmeister Gerardus gekommen war. Seine Schilderung über den Tod des Großmeisters und den Verlust des Baucéant waren so treffend, daß man daraus schließen mußte, daß er bei der Schlacht selbst zugegen gewesen war und womöglich zu jenen Templern gehörte, die vor vierzehn Jahren bei Akkon in die Hände der Sarazenen gefallen waren. Aus diesem Grunde war Lutger beauftragt worden, den verwirrten Alten in die Ordensfestung zu bringen. Man wollte überprüfen, ob der Alte ein Templer war, und auf jeden Fall sollte er davon abgehalten werden, weiterhin auf dem heiligen Tempelberg Geschichten über den Tod eines Großmeisters zu erzählen.

Ein letztes Mal blickte Lutger zur Kuppel des Felsendoms. Den Alten zu finden, würde sicher nicht schwer werden.

* * *

Lutger betrat die Heilige Stadt durch das Stephanstor. Von dort folgte er der breiten Sankt-Stephans-Straße bis zum Fischmarkt, wo im Schatten der Grabeskirche die syrischen Geldwechsler ihre Stände hatten. Wie überall im Orient waren die Straßen während der heißen Mittagsstunden fast leer. Einmal begegneten Lutger ein paar sarazenischen Stadtwachen, die ihn mißtrauisch musterten, dann aber doch unbehelligt ziehen ließen. Sein Pferd hatte der Templer vor der Stadt in den Ställen der Johanniter gelassen. Den Rittern des zweiten großen Ordens im Heiligen Land war es nach wie vor gestattet, eine kleine Niederlassung außerhalb Jerusalems zu unterhalten, wo arme Pilger freie Kost und Unterkunft fanden und die reicheren Reisenden ihre Pferde unterstellen konnten, denn selbst die Weltlichsten unter den Jerusalemreisenden wären nicht vermessen genug, hoch zu Roß in die Stadt des Herrn zu ziehen.

Von der Grabeskirche folgte Lutger dem Kreuzweg Christi und erklomm zuletzt den Tempelberg. Trotz der Mittagshitze waren hier vereinzelt christliche Pilger zu sehen. Einige mit blutigen Knien, die den Kreuzweg knieend und betend zurückgelegt hatten, andere, die von Krankheit und Kummer ausgezehrt waren, und hier am Felsendom oder bei der Grabeskirche auf Erlösung von ihren Qualen hofften.

An der Ostmauer hatten sich einige genuesische Kaufleute und reicher gekleidete Pilger um einen alten Mann versammelt, der gegen die Mauer gelehnt am Boden saß und wild gestikulierend auf seine Zuhörer einredete. Sogar ein paar Heiden lauschten sichtlich amüsiert seinen Worten.

Neugierig gesellte sich Lutger zu der kleinen Gruppe. Sollte seine Suche so schnell von Erfolg gekrönt sein? Der Alte trug ein zerrissenes Gewand aus grobem Leinen. Sein weißes Haar hing ihm in Strähnen bis weit über die Schultern hinab, und sein zerzauster Bart reichte bis zum Nabel. Das Gesicht des Mannes war von Falten und Narben zerfurcht. Seiner linken Hand fehlten mehrere Finger, und es schien, als habe er keinen einzigen Zahn mehr im Mund. Doch obwohl sein ganzer Körper von Verfall gezeichnet war, hatte er fast unheimlich klare Augen. Sie waren so grau wie das Meer an einem Regentag und leuchteten mit einer Kraft, die seinen gebrechlichen Körper zu verhöhnen schien. Die Stimme des Alten war laut und doch wohltönend. Jetzt erst bemerkte Lutger, daß sich der Verwirrte vor einem vermauerten, zweiflügeligen Tor niedergelassen hatte. Es schien sehr alt zu sein. Die verwitterten Bögen ließen nur noch wenig von der Pracht der Steinmetzarbeit erkennen, die sie einst geschmückt hatte.

»Bab el-Tawba, Tor der Reue, und Bab el-Rahma, Tor der Barmherzigkeit, nennen die Heiden die beiden vermauerten Eingänge, Pilger!« Der Alte zeigte mit den dürren Fingern seiner Rechten auf Lutger. »Unter den Christen ist der Ort besser als das Goldene Tor bekannt. Hier ist Jesus am Palmsonntag nach Jerusalem eingeritten, und die Juden glauben, daß durch diese Pforten eines Tages ihr Messias in die Stadt kommen wird. Deshalb haben die Sarazenen das Tor schon vor langer Zeit vermauern lassen. Doch was ist schon eine Mauer? Törichtes Menschenwerk, das vergehen muß, so wie auch alles Fleischliche vergehen muß, das unrein und vom Bösen durchtränkt ist. Golden ist dies Tor,

56

so wie einundsechzig andere geheime Plätze dieser Stadt, von denen das Kupfer spricht, und die Alten haben selbst ihre Pferde an erhabeneren Orten untergebracht, als die Staufer es mit ihren Fürstenkindern tun. Doch ich sage dir, Pilger, wer nach dem Gold der Erde giert, der wird das Gold des Himmels nimmermehr erreichen!«

Lutger wich dem durchdringenden Blick des Alten aus. Es konnte keinen Zweifel geben. Das war der Mann, den er nach Akkon bringen sollte. Doch wie konnte er den verwirrten Alten von hier fortbringen, ohne Aufsehen zu erregen?

»Und wann wird der Messias der Juden kommen? Ich bin noch drei Tage in Jerusalem. Werde ich ihn erleben?« Die Genueser lachten spöttisch über die Frage, die ein junger Mann aus ihrer Mitte gestellt hatte, doch der Alte ließ sich nicht aus der Ruhe bringen.

»Solange Männer, die wie die Löwen im Krieg sind und im Frieden Lämmer zu sein scheinen, ihren Fuß auf diesen Berg setzen, wird kein Messias kommen. Denn wer das Kreuz trägt, aber den Kopf verehrt, der weiß auch, wie es um den Messias bestellt ist und wen die Maria von Château Pélerin geboren hat. Doch was wißt ihr schon von den Männern und der Frau, die der Sonne gefolgt sind, um ihre Pilgerstäbe in fremde Erde zu stoßen und zu retten, was heilig ist.«

Lutger schluckte und trat einen Schritt von dem Alten zurück. Das meiste von dem, was der Irre gesagt hatte, hatte er nicht begriffen, doch mit den Löwen und den Lämmern spielte der Greis auf einen berühmten Spruch Bernards von Clairvaux an, der die Templer so genannt hatte. War es möglich, daß der Alte ihn erkannt hatte? Doch woran? Verstohlen blinzelte er zu dem Greis herüber. Wer mochte er sein? Und was hatten seine Worte zu bedeuten? Nur der Kundige konnte den wahren Sinn des Ausspruchs über die Löwen und Lämmer durchschauen. War er am Ende vielleicht gar nicht verrückt, sondern sprach voller

Rätsel, hinter denen sich eine geheime Botschaft verbarg? »Nun belohnt mich, und dann hebt euch hinweg, ihr törichtes Pack. Ich habe euch das Licht der Weisheit sehen lassen, doch was bedeutet den Blinden ein Licht? Geht und laßt einen müden, alten Mann allein mit seinen schrecklichen Träumen.«

Unter den Zuhörern erhob sich Gelächter, so als hätten sie einen Hofnarren vor sich. Einige warfen dem Alten ein paar Kupferstücke hin, die meisten aber zogen davon, ohne ihm etwas gegeben zu haben. Nur zwei Pilger in zerrissenen, staubbedeckten Kleidern und mit muschelgeschmückten Strohhüten schienen noch Fragen an den verwirrten Alten zu haben. Doch schließlich verscheuchte er auch diese beiden mit ein paar ärgerlichen Gesten.

Lutger hatte sich in den Schatten der hohen Mauern des Felsendoms zurückgezogen und beobachtete den Greis. War er einst ein Templer gewesen? Nach allem, was Lutger gehört hatte, waren alle Templer, die in den Schlachten von Hattin und Akkon in die Hände der Sarazenen fielen, hingerichtet worden. Saladin selbst hatte nach der Schlacht von Akkon Gerardus de Ridefort, den Großmeister des Tempels, enthauptet. Wie hätte da ein einfacher Ordensritter überleben können? Und wenn er kein einfacher Ritter war? Unruhig nagte Lutger an seiner Unterlippe. Wie konnte er den Greis auf sich aufmerksam machen, ohne sich dabei leichtfertig als Templer zu erkennen zu geben? Eine Weile brütete der Spielmann vor sich hin, bis ihm ein Lied einfiel, das er mit Walther in den Zeiten ihrer Vagantenjahre gedichtet hatte. Wenn er eine Strophe nur ein wenig änderte, dann mochte der Kundige eine Anspielung auf den Templerorden entdecken. Hätte er nur seine Laute dabei! Der Komtur hatte ihm verboten, das Instrument mitzunehmen. In den Augen von Fra Sebastianus hatte eine Laute nichts im Reisegepäck eines fränkischen Adligen und Jerusalempilgers zu suchen. Lutger dachte an die wenigen Tage in Venedig, während derer er schon einmal auf sein Instrument hatte verzichten müssen. Damals hatte ihn das fast das Leben gekostet. Die Reise nach Jerusalem ohne seine Laute antreten zu müssen, das war kein gutes Omen gewesen! Lutger mußte sich zusammenreißen, um nicht leise vor sich hin zu fluchen. Für einen Moment hatte er beinahe vergessen, an was für einem heiligen Ort er weilte. Voller Reue betete er ein Vaterunser. Wenn er ohne Laute leise singend über den Tempelberg zog, mußte das schon reichlich seltsam wirken. Doch wer mochte ihn hier schon verstehen!

Ein letztes Mal blickte er sich um. Eine kleine Gruppe von Pilgern kam gerade aus der Stadt den steilen Hügel hinauf. Der Alte aber saß immer noch allein. Jetzt oder nie, dachte sich der Spielmann, stieß sich von der Mauer ab und schlenderte leise singend über den Platz. Er bemühte sich, dem Lied einen anderen Klang zu geben, so daß man es bei flüchtigem Hinhören auch für einen Psalm halten konnte.

> »...diu Welt ist ûzen schöene, wîz unde rôt,
> und innân swarzer varwe, vinster sam der tôt.«*

Lutger hoffte, daß der Alte die Anspielungen mit den Farben verstehen würde. Weiß war der Mantel der Templer und rot das Tatzenkreuz, das sie darauf trugen. Weiß und schwarz hingegen war das Baucéant, das Banner des Ordens, und wann immer es entrollt wurde, bedeutete dies Krieg.

Der Spielmann war ein Stück weitergegangen und lehnte sich nun gegen die Festungsmauer. Er tat so, als wolle er den Felsendom mustern, doch blinzelte er in Wirklichkeit zu dem Greis herüber. Ob er begriffen hatte? Der Alte nickte ihm zu und wies mit seinem Pilgerstab knapp auf eine schmale Treppe, die zum Wehrgang auf der Ostmauer führte. Lut-

---

* »Die Welt ist außen lieblich, weiß und rot,
  Doch innen schwarzer Farbe wie der Tod.«

gers Herz machte einen Sprung. Der Fremde hatte das Wortspiel verstanden! Er war tatsächlich ein Templer! Was mochte ihn nur hierher verschlagen haben? Und warum kam er nicht einfach herüber? Hatte er Angst, beobachtet zu werden? Der Spielmann musterte den weiten Platz um den Felsendom. Nahe den Ställen Salomons, im Südosten des Tempelberges, führte eine zweite Treppe hinauf zum Wehrgang. Sicher wäre es besser, einen anderen Weg zu nehmen als der Alte und ihn dann oben zu erwarten.

Betont langsam und immer wieder zu einem kurzen Gebet innehaltend, so als sei er ein Pilger wie all die anderen, umrundete Lutger den Felsendom, ging an dem ehemaligen Hauptquartier der Templer vorbei und erklomm dann die Festungsmauer. Direkt unterhalb der Mauer lag das dicht mit Olivenbäumen bestandene Kidrontal. Eine grüne Oase inmitten der kahlen Hügellandschaft, die die heilige Stadt umgab. Voller Ungeduld beschleunigte Lutger seine Schritte nun. Der Alte stand bereits auf der Mauer und erwartete ihn.

»Dich schickt der Himmel, Bruder!« Der Greis empfing Lutger mit einem breiten Lächeln. »Endlich sind meine Gebete erhört worden, doch wir müssen vorsichtig sein. Ich fürchte, noch bevor wir die Stadt verlassen können, müssen wir das Baucéant entrollen und den Heerscharen der Verlorenen entgegentreten!«

Lutger musterte den Alten mißtrauisch. *Heerscharen der Verlorenen,* was meinte er damit? »Auch ich freue mich, dich gefunden zu haben, Bruder. Ich soll dich nach Akkon bringen. Was in Gottes Namen hat dich hierher verschlagen?«

»Ich bin Fra Gaufridus.« So als sei dies Antwort genug, wandte sich der alte Templer ab und blickte zum Ölberg hinüber. Einen Augenblick lang herrschte Schweigen zwischen den beiden. Lutger spielte mit der Rechten nervös an seiner Gürtelschnalle. Sein Schwert hatte er bei den Johannitern draußen vor der Stadt gelassen. Ein schmaler Dolch war die einzige Waffe, die er mit sich führte. Wenn es tatsächlich zu einem Kampf, mit wem auch immer, kommen sollte, dann waren ihre Aussichten schlecht, lebend aus der Stadt herauszukommen.

»Kennst du das Geheimnis des Lichts?« Der Alte hatte sich unvermittelt umgedreht und starrte den Spielmann durchdringend an.

»Des Lichts?« Lutger fragte sich, ob Fra Gaufridus vielleicht verrückt war. »Ich kenne kein Geheimnis des Lichts. Ich möchte dir nicht zu nahe treten, Bruder, doch ich denke, wir sollten jetzt lieber in die Stadt hinuntergehen und darauf achten, ob uns jemand folgt. Wenn wir die Tore hinter uns gelassen haben, werde ich dir bei den Johannitern ein Pferd kaufen, und in längstens drei Tagen sind wir in Akkon in Sicherheit.«

»Du bist noch nicht sehr lange im Tempel, nicht wahr? Sei nicht so ungeduldig mit mir. Ich möchte noch einen Augenblick die wunderbaren Bäume dort unten ansehen. Weißt du, ich habe sehr lange keine Bäume mehr gesehen. Fast vierzehn Jahre…«

»Hast du in der Schlacht bei Akkon gekämpft?«

»Das Blut von Fra Gerardus hat meinen Waffenrock besprengt, und ich habe geschwiegen. Vierzehn Jahre hat das Licht in mir gebrannt, doch meine Lippen waren versiegelt…«

Das Geräusch von Schritten ließ Lutger herumfahren. Die beiden Pilger mit den Strohhüten, die am Goldenen Tor unter den Zuhörern von Gaufridus gewesen waren, hatten den Wehrgang betreten. Mit grimmigen Gesichtern kamen sie auf sie zu. Ob sie über die Worte, die Fra Gaufridus vor dem Goldenen Tor gesprochen hatte, verärgert waren?

»Die Burg Salomons und sein Tempel sind nach dem Tag im Schatten der Hörner uneins geworden. Nicht die Heiden sollten wir fürchten.« Die Stimme des Alten klang schrill. Er hatte sich dicht an die Zinnen gedrückt.

Verwirrt blickte Lutger zu Gaufridus und dann wieder zu den Pilgern. Kannte der Alte die beiden etwa? Was zum Teufel ging hier vor sich? Breitbeinig stellte sich Lutger auf den Wehrgang und versperrte den Pilgern den Weg. Vor einem zornigen Adligen würden die beiden armseligen Gestalten schon Respekt haben!

Die Männer mochten noch zehn Schritt entfernt sein, als sie plötzlich zu laufen begannen und Dolche unter ihren Gewändern hervorzogen. Erschrocken preßte sich auch Lutger mit dem Rücken gegen eine der Zinnen der Wehrmauer. Seine Hand tastete nach dem Schwert, das er als Ordensritter gewöhnlich an seinem Gürtel trug. Doch dort war nur noch ein Dolch. Das Schwert trug er nicht bei sich, denn christlichen Pilgern war es schließlich verboten, die Stadt unter Waffen zu betreten.

Fluchend zückte der Templer seinen Dolch und machte sich zum Kampf bereit.

Wer zum Henker waren die beiden, daß sie es wagten, mitten auf dem Tempelberg eine Waffe zu ziehen?

»Lauf weg, und wir schonen dich«, zischte ihn einer der Pilger an. Der Mann hatte ein rundes Gesicht voller goldblonder Stoppeln und dunkle, tiefliegende Augen. »Wir sind gekommen, den Verräter zu strafen! Wir sind die Werkzeuge Gottes!«

Statt zu antworten, versetzte Lutger dem Mann einen Faustschlag ins Gesicht, der seinen Gegner zurücktaumeln ließ. Im selben Augenblick hörte der Spielmann einen erstickten Aufschrei an seiner Seite. Der zweite Pilger hatte Fra Gaufridus die Klinge über den Hals gezogen und bedrohte nun Lutger. Pfeilschnell schoß er vorwärts und zielte mit seiner Waffe nach der Kehle des Spielmanns. Lutger duckte sich. Die Klinge des Pilgers verfehlte ihn nur um einen Fingerbreit. Im selben Augenblick stieß der Templer sein Messer hoch und trieb es dem Pilger bis zum Heft unter den Rippenbogen. Der Mann stieß einen gellenden Schrei aus. In seinen Augen brannte blinde Wut. Zitternd hob er seinen Arm, so als wolle er Lutger erneut angreifen, doch dann entglitt ihm sein Messer und fiel klirrend zu Boden.

Hastig drehte sich Lutger nach dem zweiten Pilger um. Der Mann war verschwunden! Er mußte die Treppe zum Hof vor dem Felsendom hinuntergerannt sein. Ohne sich weiter um ihn zu kümmern, kniete der Spielmann neben Fra Gaufridus nieder. Der Alte hatte seine Rechte auf die Wunde am Hals gepreßt. Das Blut spritzte pulsierend zwischen seinen Fingern hindurch. Gaufridus blickte zum Himmel hinauf. Seine Augen waren so klar und glänzend, wie sie es gewesen waren, als er am Goldenen Tor zu den Pilgern gesprochen hatte. Die Lippen des Alten bewegten sich schwach, so als wolle er etwas sagen, doch brachte er keinen Laut hervor. Lutger strich ihm sanft über das zerzauste Haar. *»Non nobis, Domine, non nobis, sed nomine tuo da gloriam.* Nicht uns, oh Herr, nicht uns, sondern Deinem Namen sei Ehre.« Es war das Motto der Templer, das Lutger flüsterte, um den Sterbenden zu trösten.

Einen Moment lang spielte ein schwaches Lächeln um die blassen Lippen des Alten, dann kippte sein Kopf zur Seite, und der Glanz in seinen Augen erstarb.

»Er ist noch dort oben auf der Mauer«, erklang eine laute Stimme vom Hof. »Zwei Pilger hat er getötet. Er muß vom Leibhaftigen besessen sein!«

Mit einem Fluch war Lutger auf den Beinen. Dieser Schurke! Er hätte den Blonden nicht entkommen lassen dürfen! Hastig griff der Spielmann nach dem Dolch, der auf dem Boden lag. Mit einem kurzen Blick über die Brüstung zum Hof hin schätzte er die Lage ab. Der entkommene Mörder hatte einen ganzen Trupp Pilger um sich geschart. Sie stürmten auf die Treppe zu, die nahe dem vermauerten Tor auf den Wehrgang führte. Wenn er auf demselben Weg floh, auf dem er auf die Mauer gelangt war, konnte er ihnen vielleicht entgehen.

Lutger schob sich den blutigen Dolch hinter seinen Gürtel und begann zu laufen. Warum nur mußte ausgerechnet ihm so etwas geschehen? Wollte Gott ihn strafen?

Atemlos erreichte der Templer die Treppe. Wohl zwanzig Schritt hinter ihm stürmten seine Verfolger über den Wehrgang. Einige waren jedoch auch unten auf dem Hof geblieben und begannen in seine Richtung zu laufen, als sie sahen, wie er, immer zwei Stufen auf einmal nehmend, die Treppe hinuntereilte.

Aus dem ehemaligen Hauptquartier der Templer traten einige sarazenische Soldaten auf den Platz, wohl um nachzusehen, was den Tumult verursacht hatte. An ihnen würde er nicht vorbeikommen, es sei denn…

»Dort oben… Mörder!« Lutger wies mit ausgestrecktem Arm auf die Mauer. Er kannte nur wenige Worte in der Sprache der Heiden und hoffte, daß die Wachsoldaten nicht weiter fragen würden.

Schon waren die ersten beiden Bewaffneten an ihm vorbeigelaufen und wollten sich offensichtlich den heranstürmenden Pilgern in den Weg stellen, als ein schlanker Krieger mit spitzem Kinnbart auf Lutgers Gürtel zeigte und irgend etwas Unverständliches zu rufen begann. Fast augenblicklich fand sich der Templer von Speerspitzen umringt. Resignierend blickte er an sich hinab. Der Dolch! Es war der blutige Dolch in seinem Gürtel, der ihn verraten hatte.

Inzwischen hatten ihn auch die aufgebrachten Pilger eingeholt, und die Sarazenen hatten einige Mühe, die wütende Menge mit ihren Speerschäften zurückzuhalten. Nur einen Mann ließen sie passieren. Einen dunkelhäutigen Ungläubigen mit einem weißen Turban, einem grünen, mit goldgelben Blüten bestickten Mantel und weiten, roten Reithosen. Der Mann kam Lutger vertraut vor, doch konnte er sich nicht erinnern, wo er den Heiden schon einmal gesehen hatte.

»Ich werde dafür sorgen, daß dieser Mörder seine gerechte Strafe erhält!« Der Sarazene sprach fränkisch! Lutger starrte den Mann verwundert an. Wer im Namen aller Heiligen war das? Ein Stein traf Lutger an der Brust. Etliche der Pilger hatten sich mit Wurfgeschossen bewaffnet.

»Wir wollen den Kopf dieses Halunken!« schrie jemand in der Menge.

»Den Kopf desjenigen, der den nächsten Stein wirft, werde ich auf einer Stange über dem Davidstor aufpflanzen lassen. Geht, oder ich lasse euch in den Kerker werfen. Der Mörder gehört dem Sultan von Kairo, und im Namen Allahs verspreche ich, daß er seiner gerechten Strafe nicht entgehen wird!«

Murrend gingen die Pilger auseinander. Die Soldaten aber packten Lutger und zerrten ihn an der Moschee vorbei, die einst den Templern als Hauptquartier gedient hatte, zu einem befestigten Gebäude.

* * *

Bis zum Einbruch der Abenddämmerung hatte Lutger allein in einer winzigen Kammer gesessen und darauf gewartet, daß der Anführer der Sarazenen zurückkehrte und sein Urteil über ihn fällte. In dieser Zeit war der Spielmann sich darüber klar geworden, daß er so gut wie tot war. Wenn er die Wahrheit sagte und sich als Templer zu erkennen gab, dann würden die Heiden ihn hinrichten, weil es den Ordensrittern verboten war, die Stadt zu betreten. Wenn er aber nichts zu seiner Entlastung sagte, dann würde man ihn für den Mord an zwei Pilgern zur Rechenschaft ziehen. Egal, auf welche Weise er seine Lage betrachtete, er war verloren! Das rote Licht der Abenddämmerung, das in seine Kammer fiel, erschien Lutger wie ein böses Vorzeichen. Der Spielmann kniete nieder und begann zu beten. Oft schon war er in Schwierigkeiten gekommen, doch nie war seine Lage so verzweifelt gewesen. Vielleicht wäre es das Beste, seinen Frieden mit Gott zu machen. Auch wenn man ihn gegen seinen Willen zum Templer gemacht hatte, so würde er nun zu dem stehen, was er war. Die Ordensritter waren ebenso berühmt wie berüchtigt für ihren Stolz. Er würde sich ihrer würdig erweisen! Vielleicht konnte er so ein wenig von der Schuld tilgen, die er auf sich geladen hatte? Hätte er seine Reise in die Heilige Stadt nicht so sehr verzögert, dann würde Fra Gaufridus vielleicht noch leben. Wäre er geritten, statt sein Pferd am Zügel zu führen, hätte er leicht vier oder fünf Tage früher am Ziel sein können, dachte Lutger voller Reue.

Schritte und Stimmen vor der Tür seines Gefängnisses ließen den Spielmann in seinem Gebet innehalten. Hoffentlich hatte er die Kraft, das, was nun kam, mit Würde durchzustehen!

Der schwere Riegel der Tür wurde beiseite geschoben, und begleitet von zwei fackeltragenden Soldaten trat jener Sarazene in dem grünen Mantel ein, der auch schon auf dem Tempelplatz das Kommando geführt hatte.

»Ich bin Omar ben Nasir, der neue Wali von Jerusalem. Mir unterstehen die Markt- und Torwachen sowie die Wächter an den Pilgerstätten, Christ. Übrigens brauchst du nicht zu knien, wenn ich mit dir rede.«

Lutger versuchte, spöttisch zu lächeln, doch war er sich nicht sicher, ob es überzeugend aussah. »Ein Templer kniet nur vor Gott, Heide.«

»Du kannst froh sein, daß meine Soldaten nicht die Sprache der Franken verstehen, sonst wärest du jetzt bereits tot. Im übrigen sagst du mir damit nichts Neues. Wer sonst als die Templer hätte ein Interesse daran gehabt, Fra Gaufridus Morin, Marschall des Ordens und Präzeptor von Tyrus, in eine der Christenstädte an der Küste zurückzuholen? Es wundert mich allerdings, daß sie dazu offenbar nur einen Mann geschickt haben.«

Lutger traute seinen Ohren nicht. Gaufridus sollte Marschall des Ordens gewesen sein? Dieser verrückte Alte? Das mußte eine Falle sein. Dieser Omar wollte ihn gewiß für irgendeine Intrige mißbrauchen. Alles andere ergab keinen Sinn. Sicherlich hätte ein einziges Wort des Wali von Jerusalem schon gereicht, um ihn dem Henker zu überantworten, überlegte Lutger.

»Wie ist dein Name, Christ?«

»Im Orden nennt man mich Fra Paulus.« Der Wali wechselte einige Worte mit den Wächtern, und der Soldat zu seiner Rechten gab ihm einen Dolch. »Ist dies deine Waffe, Fra Paulus?«

Lutger erkannte das kurze gerade Messer, mit dem er sich auf dem Wehrgang verteidigt hatte. Er nickte.

»Man hat dieses Messer im Leib eines der toten Pilger gefunden. Gestehst du, daß du den Mann niedergestochen hast?«

»Ich habe mich verteidigt, er wollte mich ermorden. Die beiden Pilger haben mich und Fra Gaufridus angegriffen.«

»Und das blutige Messer, das man in deinem Gürtel gefunden hat? War es nicht vielleicht so, daß der Tempel dich geschickt hat, um Fra Gaufridus zu töten? Das würde auch erklären, warum du alleine nach Jerusalem gekommen bist. Womöglich haben dich die Pilger bei deiner Tat überrascht und wollten dem alten Mann zu Hilfe eilen.«

Lutger hob stolz den Kopf und bedachte den Ungläubigen mit einem verächtlichen Blick. »Das ist nicht die Art der Tempelritter. Meuchelmord ist eines Ordensmannes unwürdig!«

Omar reagierte auf den Spielmann mit einem zynischen Lächeln. »Du bist wohl noch nicht sehr lange im Orden der Templer. Doch lassen wir das... Nehmen wir einmal an, daß du mich nicht belügst und daß du tatsächlich nach Jerusalem gekommen bist, um den Ordensmarschall zurückzuholen. Wer waren dann die beiden Pilger, die Fra Gaufridus ermordet haben?«

Lutger zuckte mit den Schultern. »Ich weiß es nicht. Sie waren unter denen, die Fra Gaufridus zuhörten, als er am Goldenen Tor saß. Das ist alles, was ich dir sagen kann.«

»Soviel weiß ich auch! Ich selbst war unter den Männern am Tor und habe dort auch dich gesehen. Ich habe auch beobachtet, wie du später noch einmal an Gaufridus vorbeigegangen bist. Du hast dich wohl mit irgendeinem geheimen Zeichen zu erkennen gegeben. Aber das ist mir alles egal. Mich interessieren auch die beiden Mörder nicht wirklich!«

Omar drehte sich zu den Wächtern um und gab ihnen einen kurzen Befehl, den Lutger nicht verstand. Darauf verließen die Krieger die Zelle und verschlossen von außen die Tür. Der Sarazene lehnte sich gegen die Wand und drehte Lutgers Dolch zwischen den Fingern. »Versuche jetzt keine Dummheiten, Templer. Vielleicht glaubst du, daß dein Leben ohnehin verloren ist und du versuchen solltest, noch einen Heiden zu töten, bevor du in dein christliches Himmelreich auffährst. Ich verspreche dir, es würde dir nicht gelingen. Wenn du mir aber hilfst, Licht in einige Angelegenheiten zu bringen, dann werde ich dich ziehen lassen.«

»Angelegenheiten?« Lutger musterte den Krieger mißtrauisch. Was mochte er damit wohl meinen? Erwartete der Heide etwa einen Verrat am Templerorden? Andererseits, was schuldete er schon den Templern? Der Spielmann blickte nachdenklich zu Boden. Sein Leben war ihm durchaus mehr wert als das wenige, was er über den Orden wußte!

»Wer hat dich hierhergeschickt?«

Ob ihn der Wali auf die Probe stellen wollte? Die Frage war zu simpel, um wirklich ernst gemeint zu sein. »Ich reise im Auftrag von Fra Sebastianus, dem Komtur des Gewölbes.«

»Was weißt du über Fra Gaufridus, den Marschall des Ordens?«

»Nichts. Ich wußte nicht, wer der alte Mann war. Woher kennst du ihn eigentlich so gut?«

Omar lächelte hintersinnig. »Der Marschall hat mich zwar niemals gesehen, doch bin ich derjenige, dem er die Freiheit verdankt. Er ist bei Akkon schwer verletzt in Gefangenschaft geraten. Als seine Wunden geheilt waren, hat man ihn nach

Kairo gebracht, wo er in den Kerkern Sultan Saladins mehrere Jahre lang verhört worden ist. Offenbar wußte er etwas, was Saladin sehr interessierte. Doch Gaufridus hat die Folter überstanden und geschwiegen. Nach dem Tod Saladins hat man den Alten erst in den Kerker der Festung Saphet und später nach Jerusalem verlegt. Man hatte das Interesse an ihm verloren. Mit den Jahren begann er immer seltsamer zu werden, und als ich das Amt des Wali erhielt, beschloß ich, ihn freizulassen.«

Lutger musterte den Sarazenen mißtrauisch. Er war sich sicher, daß der Heide ihn anlog. Wäre ihm das Schicksal des Templers egal gewesen, dann hätte Omar gewiß nicht bei den Pilgern am Goldenen Tor gestanden und den rätselhaften Sprüchen des Alten gelauscht. »Du willst mir also sagen, du hättest Gaufridus aus Mitleid freigelassen?«

»Glaubst du, Mitleid sei allein eine christliche Tugend?« Omar schnaubte verächtlich. »Kommen wir auf das Wesentliche zu sprechen! Welchen geheimen Rang bekleidete der Tote innerhalb eures Ordens, und was bedeutet es, wenn er über goldene Orte, von denen das Kupfer spricht, redet?«

Lutger zuckte abermals mit den Schultern. »Ich weiß es nicht. Ich wußte nicht einmal, daß der Mann, den ich hier suchen sollte, ein Templer war.«

Eine steile Zornesfalte zeigte sich auf Omars Stirn. »Du willst mir also nicht entgegenkommen? Muß ich daran erinnern, daß es hier um dein Leben geht? Ich könnte dich noch in dieser Nacht hinrichten lassen, wenn ich es wollte. Vielleicht benötigst du ja den Anblick des Henkerschwertes, damit sich deine Zunge löst?« Der Sarazene klopfte gegen die Tür der Zelle, und augenblicklich wurde außen ein Riegel zurückgeschoben. Die beiden Wächter traten ein, und Omar bedeutete ihnen mit einem kurzen Befehl, Lutger zu packen.

»Ich weiß wirklich nichts! Man hat mich hierhergeschickt, ohne mir zu sagen, worum es geht!«

»Warum sollte ich dir glauben? Für eine Aufgabe wie diese hat man sicher einen Mann von derselben Tugendhaftigkeit wie Gaufridus ausgewählt. Auch ihn haben weder die Folter noch die Aussicht auf den Henker zum Sprechen gebracht. Weißt du, auf gewisse Art beeindruckt mich deine Standhaftigkeit. Ich weiß nicht, ob ich in deiner Lage denselben Mut hätte.«

»Ich bin gegen meinen Willen im Templerorden. Ich würde dir alles verraten, was du wissen willst. Doch man hat mir keine Geheimnisse anvertraut!« Lutger versuchte, sich gegen die beiden Wachen, die ihn gefaßt hatten, aufzubäumen, doch die bulligen Krieger waren stärker als er. Angeführt von ihrem Wali, brachten sie den Spielmann über mehrere Treppen und durch einen langen, aus dem Fels gehauenen Gang in ein großes, nur spärlich von Fackeln beleuchtetes Gewölbe. Dort lagen, auf den Boden ausgestreckt, die Leichen des Pilgers und des Templermarschalls. An einer der Wände stand ein hölzerner Richtblock.

»Ist es bei euch Christen nicht üblich, daß man eine Nacht lang bei den Toten wacht? Du sollst dazu nun Gelegenheit haben, Fra Paulus. Sieh sie dir an und überlege dir, wie süß das Leben ist! Es bereitet mir keine Freude, einen so tapferen Mann wie dich hinrichten zu lassen, Paulus, doch wenn ich bei Morgengrauen wiederkehre, dann wird mich ein Henker begleiten. Niemand wird es je erfahren, wenn du mir das Geheimnis des Alten verrätst. Ist dir deine Ehre wirklich mehr wert als dein Leben?«

Lutger schüttelte verzweifelt den Kopf. Was sollte er dem Wali noch sagen? Er glaubte ihm ja doch nicht. Verzweifelt blickte er zu den beiden Toten. Fra Gaufridus war von den Heiden entkleidet worden. Allein seine Blöße wurde von einem Leinentuch bedeckt. Man hatte ihn gewaschen. Er war sehr hager. Die Brust und seine Arme waren von etlichen hellen Narben bedeckt, die Male der Folter und des Krieges. Womöglich konnte er sich geradezu glücklich schätzen, wenn er sofort hingerichtet wurde, dachte Lutger. Sein Blick fiel auf den tiefen, dunklen Schnitt, der sich über die Kehle des Ordensmarschalls zog. Der Spielmann schluckte. Wie viele Stunden ihm wohl noch bleiben mochten?

Den toten Pilger hatten die Sarazenen nicht entkleidet. Offensichtlich interessierten sie sich nicht für ihn.

»Vielleicht findest du deine Erinnerung wieder, wenn ich dir zeige, was ich über das Geheimnis des Alten weiß.« Omar war dicht an Lutgers Seite getreten. Der Sarazene sprach mit gedämpfter Stimme. »Sieh dir an, was Fra Gaufridus mit sich führte. Er muß damit gerechnet haben, daß er vielleicht ermordet würde. Jedenfalls hat er uns einen Schlüssel zu seinen Geheimnissen hinterlassen.« Der Sarazene zog ein vergilbtes, kreisrundes Tuch hinter seinem Gürtel hervor. »Dies war die Geldkatze deines Templerbruders. Ich habe sie geöffnet und auseinandergezogen. Sieh dir an, was er auf die Innenseite geschrieben hat.« Omar reichte Lutger das Tuch. Auf dem Stoff waren schwach ein paar Buchstaben zu erkennen. Sie schienen mit Holzkohle aufgemalt zu sein.

»Morus? Ein Anagramm?« Lutger drehte das Stück Stoff, doch seitlich betrachtet oder auf den Kopf gestellt ergab das Buchstabenrätsel keine andere Bedeutung.

»Was soll das heißen? Du weißt es doch!«

»Du hast Fra Gaufridus freigelassen, weil du gehofft hast, er würde dich so auf die Spur seines Geheimnisses führen. Du selbst hast mir gesagt, daß du unter jenen warst, die seinen seltsamen Reden gelauscht haben. Vielleicht hat er dich durchschaut und treibt selbst im Tod noch seinen Spaß mit dir, Wali von Jerusalem. Morus ist lateinisch und heißt *Narr*!«

Der Sarazene versetzte Lutger eine schallende Ohrfeige. »Versuche nicht, mich zu täuschen, Templer! Ich weiß sehr wohl, daß man dieses Wort mit Narr übersetzen kann. Es kann aber auch Maulbeerbaum bedeuten! Überlege dir bis morgen früh, was ein Maulbeerbaum mit dem Marschall deines Ordens zu tun haben mag. Wenn dir dein Leben lieb ist, solltest du mir eine überzeugende Geschichte zu diesem Anagramm erzählen können.«

Lutger verzichtete darauf, noch einmal seine Unschuld zu beteuern. Auf diesen sturen Sarazenen einzureden war genauso erfolgverheißend, wie mit den kahlen Felswänden des Gewölbes zu sprechen.

Der Sarazene und seine Krieger gingen. An der Tür drehte sich der Wali noch einmal um und blickte zu Lutger zurück. »Denk an den Henker! Wenn du auch morgen noch schweigst, dann wird man dich zur Mittagsstunde gemeinsam mit den beiden anderen irgendwo draußen vor der Stadt verscharren.«

Mit dumpfem Schlag fiel die schwere Tür zu dem Gewölbe ins Schoß. Lutger war allein. Beklommen blickte er sich in dem riesigen, unterirdischen Saal um. Warum nur hatte Fra Sebastianus ausgerechnet ihn nach Jerusalem geschickt? Was hatte er getan, daß ihm das Schicksal einen so grausamen Streich spielte?

Er mußte sich zusammennehmen! Es machte keinen Sinn, mit seinem Schicksal zu hadern. Lutger nahm eine verloschene Fackel aus einer der Halterungen an den Wänden des Gewölbes und malte vor sich das Morus-Anagramm auf den Boden. Was zum Teufel mochte dieses Buchstabenrätsel nur bedeuten? Was, wenn es allein dem Zweck diente, den Wali mit einem weiteren Rätsel zu verwirren?

Lutger versuchte, sich an die merkwürdigen Sprüche zu erinnern, mit denen der Marschall die Pilger unterhalten hatte. Lag hinter den Worten ein tieferer Sinn, oder hatten die Jahre im Kerker ihn wahnsinnig werden lassen? Was hatte er nur mit den geheimen Orten gemeint, von denen das Kupfer spricht? War es das, worauf Omar so versessen war? Glaubte der Wali, daß die Templer einen Schatz in der Stadt zurückgelassen hatten?

Der Spielmann blickte unschlüssig zu den beiden Toten. Wenn Gaufridus doch nur reden könnte! War das Morus-Anagramm nur ein makabrer Scherz mit seinen Folterknechten gewesen, oder verbarg sich dahinter wirklich ein Geheimnis? Lutger grübelte darüber nach, was er über Maulbeerbäume wußte. Aus ihren Früchten konnte man Wein keltern, und ihr Holz wurde gerne für Pilgerstäbe verwendet. Hatte Gaufridus nicht etwas von Pilgerstäben erzählt? Von Männern und einer Frau, die der Sonne gefolgt waren, um ihre Pilgerstäbe in fremde Erde zu stoßen? Der Sonne zu folgen hieß, daß sie nach Westen gegangen waren. Doch wohin? Zu welchem Ort mochte jemand, der aus dem Heiligen Land kam, noch pilgern? Oder hatte Gaufridus Pilger gemeint, die in ihre Heimat zurückgekehrt waren? Doch wer mochte in Begleitung einer Frau gereist sein? Bestimmt keine Tempelritter!

Mit einem Seufzer ließ sich Lutger neben den Toten nieder. Wie sollte er dieses Geheimnis nur bis zum Morgengrauen ergründen? Wenn der Marschall nicht wahnsinnig gewesen war, dann hatte er seine Botschaft so verschlüsselt, daß nur ein Kundiger sie zu verstehen vermochte. Der Spielmann blickte zu dem toten Pilger. Ob er wohl gewußt hatte, wovon Gaufridus sprach? Welchen Grund mochten er und sein Gefährte gehabt haben, dem Alten nach dem Leben zu trachten? Vielleicht sollte er bei ihm suchen?

Lutger holte sich eine der Fackeln von den Wänden und begann, den Leichnam des Pilgers Zoll für Zoll zu begutachten. Der Fremde mochte vielleicht dreißig Jahre alt sein. Er hatte dichtes, dunkles Haar. Sein Gesicht war fein geschnitten, und es wirkte eher wie das eines Edelmannes als das eines Bauern. Auch wenn die Sonne von Outremer seine Haut gebräunt hatte, so war er ohne Zweifel ein Franke oder Normanne. Seine Kleider hingegen waren außergewöhnlich schlicht. Er trug genagelte Sandalen und eine knielange Tunika, die um die Hüften mit einem breiten Gürtel aus Ziegenleder geschnürt war. Am Gürtel hingen ein kleiner Geldbeutel, eine leere Messerscheide und ein schlaffer Wasserschlauch. Neugierig öffnete Lutger die Börse und rollte sie auseinander, doch auf ihrer Innenseite befand sich kein geheimnisvoller Schriftzug. Außer ein paar Kupfermünzen hatte sie nichts zu bieten.

Lutger schnallte dem Toten den Gürtel ab und untersuchte die Tunika, doch auch sie wies keine besonderen Eigenarten auf. Sie war von hellbrauner Farbe und vom Staub der Wanderschaft beschmutzt. Lutger wollte schon aufgeben, als sein Blick auf die rechte Hand des Pilgers fiel. Sie war lang und schlank. Und sie zeigte keinerlei Schwielen! Der Mann schien niemals in seinem Leben körperlich gearbeitet zu haben. Halb im Zweifel untersuchte Lutger auch die linke Hand. Das Ergebnis war dasselbe. Die Haut auf der Handinnseite war weich und geschmeidig. Ein Krieger konnte der Fremde auch nicht gewesen sein. Die jahrelangen Schwertübungen hätten ihn genauso gezeichnet wie einen Bauern die Feldarbeit. Der einzige Unterschied war, daß bei Kriegern für gewöhnlich die Schwerthand mehr verhornte als die Hand am Schildarm, während bei einem Bauern beide Handflächen die Spuren der Arbeit trugen.

Lutger blickte in das glattrasierte Gesicht des Toten. Wer mochte dieser Mann gewesen sein? Wer hatte es nicht nötig, sich seinen Lebensunterhalt durch seiner Hände Arbeit zu verdienen? Ein Gelehrter? Noch einmal untersuchte der Spielmann die Finger des Toten. Vielleicht würde sich ja irgendwo ein verräterischer Tintenfleck finden? Doch er entdeckte nichts dergleichen.

Womöglich war der Pilger auch ein Kaufmann oder ein Mönch gewesen. Aber ein Mönch würde eine Tonsur tragen, und er wäre auch in ein anderes Gewand gekleidet gewesen. Der Spielmann hielt die Fackel dichter an den Kopf des Toten. Irgend etwas war seltsam an seiner Frisur. Lutger strich dem Mann mit den Fingern über den Kopf. Die Haare am Hinterkopf und zur Mitte des Kopfes hin waren deutlich kürzer als jene an den Schläfen und im Nacken. Offenbar hatte der Fremde tatsächlich einmal eine Tonsur gehabt! Aber warum hatte er verbergen wollen, daß er ein Mönch war? Oder war er aus seinem Orden ausgeschlossen worden? Lutger seufzte verzweifelt. Jede Antwort, die er fand, warf nur immer neue Fragen auf. Aus welchem Grund mochte ein Mönch einen Templer ermorden? Das war geradezu absurd. Die Ritter hatten fast die gleichen Ordensregeln wie die großen Mönchsgemeinschaften. Was also mochte den falschen Pilger dazu veranlaßt haben, einen Soldaten Gottes zu töten, der allem Anschein nach sogar besonders tugendhaft gewesen war?

Dieses Rätsel war unlösbar! Resignierend blickte sich Lutger in dem riesigen Gewölbe um. Vielleicht gab es ja eine Möglichkeit zur Flucht? Geduldig untersuchte er die Wände des unterirdischen Saals. An einem Ende führte eine Rampe ein kleines Stück nach oben und endete dann vor einem verriegelten, zweiflügeligen Tor. Langsam begann der Spielmann zu begreifen, wohin man ihn geführt hatte. In Akkon hatte er Geschichten über die Besitzungen der Templer von Jerusalem gehört. Die Moschee war die Residenz des ersten christlichen Königs von Jerusalem gewesen, doch bald schon hatte der Herrscher sein Haus den Templern überlassen und einen neuen Palast nahe der Grabeskirche errichtet. Dort, wo das Ordenshaus der Templer stand, sollen sich auch einst die Mauern des Palastes Salomons erhoben haben, und an der Stelle des Felsendoms stand einst der prächtige Tempel der Juden. In Anspielung auf den Tempel nannte sich der Orden *Pauperes commilitones Christi Templique Salomonis*, die armen Kampfgefährten Christi und des Tempels

Salomons. Unter dem Ordenshaus aber lagen riesige Gewölbe, die angeblich so groß waren, daß man dort zweitausend Pferde unterbringen konnte. Dies mußte eines der Gewölbe sein, dachte Lutger. Ein merkwürdiger Ort, um dort zwei Tote hinzuschaffen. Warum wohl waren sie ausgerechnet hier aufgebahrt worden? Lutger trat gegen einen kleinen Stein, der auf dem Boden lag und klackernd über den Fels hüpfte. Wahrscheinlich waren die Toten hier, weil es in den Gewölben kühl war. Das Grübeln über das Geheimnis von Gaufridus machte ihn völlig verrückt. Selbst in den banalsten Dingen sah er nun schon rätselhafte Andeutungen. Womöglich hatte alles ganz simple Ursprünge. Gaufridus war während seiner Haft wahnsinnig geworden und wußte nicht mehr, was er redete. Die beiden Pilger aber gehörten zu irgendeinem der neuen Bettlerorden, die allenthalben wie Pilze aus dem Boden schossen. Durch die Worte des alten Templers, die er obendrein an einem der heiligsten Plätze des Christentums hervorbrachte, fühlten sie sich beleidigt und hatten darauf in ihrem Fanatismus beschlossen, den Frevler für seine vermeintlichen Gotteslästerungen zu bestrafen. Hörte sich diese Lösung nicht viel glaubwürdiger an als alles, was die fruchtlose Suche nach dem Geheimnis des Alten hervorgebracht hatte? Lutger ließ sich an die Mauer gelehnt niedersinken. Er fühlte sich erschöpft. Ob der Wali eine solch einfache Geschichte akzeptieren würde? Wohl kaum. Er war ganz besessen von den geheimen Orten, von denen das Kupfer sprach. Sicher war er davon überzeugt, daß Gaufridus von einem verborgen Schatz gewußt hatte.

* * *

Das Geräusch von Schritten ließ Lutger aus dem Schlaf aufschrecken. Benommen blinzelte er in die Finsternis. Am kleinen Tor zu dem Gewölbe schien blendendes Fackellicht. Mehrere Männer kamen in sein Gefängnis.

»Nun, bist du bereit, mir das Geheimnis des alten Templers zu verraten?« ertönte die fordernde Stimme des Wali.

»Ich kann nicht verraten, was ich selbst nicht weiß. Aber ich kann dir etwas über den toten Mörder sagen.«

»Das interessiert mich nicht. Du willst also wirklich aus Treue zu deinem Orden dein Leben verschenken. Ich bin beeindruckt, auch wenn dieses Opfer sinnlos ist. Ich hatte schon gefürchtet, daß du so denkst. Deshalb habe ich den Scharfrichter gleich mitgebracht.«

Lutgers Augen hatten sich mittlerweile an das Fackellicht gewöhnt. Deutlich konnte er den riesigen Mann erkennen, der hinter dem Wali stand. Außer ihm waren noch die beiden Krieger in das Gewölbe getreten, die den Sarazenen auch schon am Vortag begleitet hatten. Omar gab einen knappen Befehl in der Sprache der Ungläubigen, und einer der Soldaten holte den schweren hölzernen Richtblock herbei.

»Hör mich doch an, Wali! Ich habe dir etwas wirklich Wichtiges über den Mörder zu sagen. Er ist ein Mönch. Es kann kein Zweifel daran bestehen, daß…«

Die beiden Soldaten packten Lutger, zwangen ihm die Arme auf den Rücken und legten ihm lederne Fesseln an. Dann schlangen sie ihm eine Schlinge um den Hals und stießen ihn auf die Knie.

»Ich bin gegen meinen Willen im Templerorden! Ich kenne die Geheimnisse der Templer nicht!« Mit der Lederschlinge zog einer der Soldaten Lutgers Kopf auf den Richtblock hinab. Röchelnd versuchte der Spielmann noch einmal, seine Unschuld zu beteuern, doch die Ungläubigen hörten nicht auf ihn. Die Sarazenen redeten untereinander. Schließlich gab der Wali einen harschen Befehl. Der Schatten des Henkers fiel auf Lutger. Der Spielmann wollte sich umdrehen, doch mit einem kurzen Ruck an der Schlinge verhinderte der Soldat, daß er sich bewegte.

Lutger versuchte zu beten. Was für ein Ende! Hingerichtet

in den Ställen der Templer. Sein Blick fiel auf den toten Pilger, der unmittelbar vor ihm lag. Er würde für den Mord sterben, den dieser Hurensohn begangen hatte. Lutger konnte am Schatten des Henkers sehen, wie dieser sein mächtiges, gekrümmtes Schwert hob.

Ein Vaterunser auf den Lippen, starrte Lutger auf den Toten. Er hatte einen fast neuen Wasserschlauch, in dessen Leder irgend etwas hineingeprägt war. Es war ein stilisierter Maulbeerbaum!

»Der Maulbeerbaum!« gellte die Stimme des Spielmanns durch das weite Gewölbe. Im selben Augenblick sah Lutger das Richtschwert hinabstoßen. Der Templer spürte den Luftzug der Klinge auf der Wange.

Das Henkersschwert hatte ihn um wenige Fingerbreit verfehlt!

»Was ist mit dem Maulbeerbaum?«

Lutger sandte ein stummes Dankgebet zum Himmel, bevor er antwortete. »Auf dem Wasserschlauch ist ein Maulbeerbaum eingeprägt. Die Pilger müssen das Geheimnis von Fra Gaufridus gekannt haben! Er hat mir auch etwas von den Heerscharen der Verlorenen erzählt. Der Tote ist bis vor kurzem ein Mönch gewesen und...«

»Ganz ruhig.« Der Wali legte Omar seine Hand auf die Schulter. Dann gab er den Wachen einen Befehl, und sie halfen dem Templer auf die Beine. »Wir werden später miteinander reden. Dann wirst du mir alles erklären können.«

* * *

Omar hatte Lutger in die Zitadelle am Davidstor bringen lassen. Der Templer wurde zwar noch immer bewacht, doch behandelte man ihn nun wesentlich zuvorkommender. Er hatte frisches Wasser, Brot und ein Stück Hammelbraten bekommen, und das Zimmer, in das man ihn gebracht hatte, schien normalerweise als Unterkunft für Gäste des Festungskommandanten zu dienen.

Die Mittagsstunde war nicht mehr fern, als ein armenischer Diener erschien und Lutger bat, ihm in die Gemächer des Wali zu folgen. Omar erwartete den Spielmann in einem mit kostbaren Teppichen geschmückten, kleinen Gemach. Der Sarazene saß auf einem großen, kostbar bestickten Kissen und lehnte mit dem Rücken gegen die Wand. Mit einem Wink lud er Lutger ein, auf einem Polster ihm gegenüber Platz zu nehmen. Der armenische Diener verließ die Kammer, nachdem der Templer sich gesetzt hatte. Sie waren jetzt allein.

Lutger versuchte, am Gesicht des Wali abzulesen, was er von ihm wollte. Der Sarazene erwiderte den Blick des Spielmanns gelassen. Jetzt erst fiel Omar auf, daß sein Gegenspieler blaue Augen hatte. Ob wohl ein wenig fränkisches Blut in seinen Adern floß? Vielleicht war seine Mutter während eines Kriegszugs von Sarazenen verschleppt und an einen Harem verkauft wurden. Das würde erklären, warum er die Sprache der Christen beherrschte.

»Nun, Fra Paulus, was wolltest du mir in den Ställen des Tempels sagen?«

Lutger erläuterte dem Wali seine Entdeckungen aus der letzten Nacht und seine Vermutung, daß der fremde Pilger wahrscheinlich vor kurzem noch ein Mönch war.

»Und der Maulbeerbaum?«

»Sein Wasserschlauch ist noch ganz neu. Das Leder ist kaum abgewetzt. Ich denke, der Maulbeerbaum ist das Symbol einer Werkstatt oder vielleicht eines der vielen Mönchsorden, die sich in den Bergen angesiedelt haben. Bestimmt führt er uns zu dem Kloster, aus dem der Pilger kommt. Wenn wir es finden, können wir vielleicht auch ergründen, warum Fra Gaufridus ermordet wurde.«

Omar strich sich nachdenklich über seinen spitzen Kinnbart.

»Du hast recht, ich sollte einige meiner Männer damit beauftragen, Erkundigungen über den Wasserschlauch und den Maulbeerbaum einzuholen. Im Augenblick scheint mir dies die einzige Möglichkeit zu sein, dem Geheimnis deines Ordensmarschalls auf den Grund zu gehen.«

Einige Augenblicke herrschte Schweigen zwischen den beiden. Dann räusperte sich Lutger leise. »Ich wollte dir dafür danken, daß du mir mein Leben geschenkt hast.«

Der Wali lächelte. »Ich habe niemals geglaubt, daß du der Mörder von Fra Gaufridus warst. Warum also hätte ich dich töten lassen sollen?«

»Weil ich ein Templer bin?«

Omar zuckte mit den Schultern. »Außer mir weiß das niemand. Ich muß gestehen, daß mich dein Hochmut gestern sehr erzürnt hat. Ich war mir sicher, daß du mehr weißt, als du zuzugeben bereit warst. Als ich heute morgen nach dem Henker schicken ließ, war ich noch entschlossen, dich enthaupten zu lassen, doch als ich dich dann um dein Leben betteln sah, war ich überzeugt, daß du mir jedes Geheimnis verraten würdest, um dich zu retten. Entweder bist du also der beste Betrüger und Schauspieler, der mir jemals untergekommen ist, oder aber du bist genauso unwissend wie ich. So wie die Dinge stehen, werde ich die einundsechzig geheimen Orte, von denen das Kupfer spricht, nicht finden, und Fra Gaufridus hat sein Rätsel mit in sein Grab genommen. Was ich allerdings nicht hinnehmen werde, ist die Beleidigung, die seine Ermordung darstellt. Als Wali ist es meine Aufgabe, für Recht und Sicherheit in dieser Stadt zu sorgen. Auch wenn ihr diesem Land großen Schaden zugefügt habt, so bin ich nicht bereit, den Mord an einem Christen weniger energisch als die Tötung eines meiner Glaubensbrüder zu verfolgen. Ich weiß, daß wir beide uns vielleicht eines Tages als Feinde im Feld gegenüberstehen werden, Fra Paulus, doch möchte ich dir anbieten, mit mir gemeinsam den zweiten der Mörder deines Ordensbruders zu suchen. Wenn du aber lieber nach Akkon zurückkehren willst, so bist du nun frei zu gehen, wohin es dir beliebt.«

Lutger musterte den Sarazenen mißtrauisch. War das eine

Falle, oder konnte er Omar trauen? Ein Bündnis mit einem Ungläubigen? Es gab Gerüchte, daß einige Ordensmitglieder auch überaus gute Beziehungen zu den Assassinen unterhielten. Also warum nicht? Da der Wali ein Heide war, wäre er sogar jederzeit entschuldigt, wenn er seine Vereinbarungen mit ihm brechen würde, überlegte der Spielmann. Eide oder Gelübde waren, selbst wenn sie auf die Bibel geleistet wurden, nur unter Christen verbindlich. Ganz abgesehen davon wäre es ihm eine Genugtuung zu wissen, daß der Komplize des Mörders von Fra Gaufridus einer gerechten Strafe zugeführt wurde. Nach dem Verständnis des Ordens war Gaufridus Morin zu seiner Zeit der erste Ritter der Christenheit gewesen. Der Mord an ihm durfte nicht ungesühnt bleiben!

»Ich bin dein Mann, Wali. Ich werde nicht eher ruhen, bis wir den Schurken gestellt haben, der uns entkommen ist.«

Der Sarazene lächelte vieldeutig. »Ich habe keine andere Antwort von dir erwartet, Templer. Da wir nun Bundesgenossen sind, werde ich dich in ein Geheimnis einweihen. Ich bin gestern abend, nachdem ich dich verlassen habe, bei einem jüdischen Gelehrten gewesen und habe ihm das Morus-Anagramm gezeigt. Er hat mich auf die Möglichkeit aufmerksam gemacht, die Buchstabenfolge so zu lesen, daß sich daraus das Wort Ormus ergibt.«

»Ormus?« Lutger runzelte die Stirn. »Was soll das heißen? Das ist doch kein Latein!«

»Ormus war der Name eines Philosophen, der zu der Zeit, als die Römer den Propheten Jesus umgebracht haben, in Alexandria lebte. Bei ihm hat der Evangelist Markus Unterschlupf gefunden, und Markus war es auch, der Ormus zum Christentum bekehrte. Der Philosoph gründete eine Bruderschaft, die seinen Namen trug. Rate einmal, was ihr Zeichen war?«

»Ein Maulbeerbaum?«

»Falsch.« Das Lächeln des Wali war jetzt triumphierend.

»Ihr Zeichen war ein rotes Kreuz, so wie ihr Templer es auf den Mänteln tragt. Das heißt, daß es eine Verbindung zwischen deinem Orden und der Bruderschaft des Ormus zu geben scheint. Jedenfalls kann es kein Zufall sein, daß das Morus-Anagramm auch in diese Richtung zu deuten ist. Außerdem ist das seltsam gezeichnete M, das das Anagramm einrahmt, das astrologische Zeichen für das Sternbild der Jungfrau. Dieses Sternbild wird von Sterndeutern in ihren Horoskopen auch mit dem ersten Schritt der Erkenntnis oder zum Licht gleichgesetzt. Und hier gibt es wieder eine Parallele zu Ormus, denn dies ist nach der Lehre des persischen Heiligen Zoroaster der Name des Lichtgottes.«

»Wirklich interessant, doch sehe ich nicht, wie uns das weiterbringt. Die Sache mit den Kreuzen halte ich übrigens für Unsinn. Was sollte der Templerorden schon mit irgendwelchen Philosophen aus Alexandria zu schaffen haben?«

»Das wußte mein Gelehrter auch nicht«, gestand der Wali unwillig ein. »Er konnte mir nur noch sagen, daß die Bruderschaft des Ormus sehr viele alte Schriften gesammelt hat und erging sich in Andeutungen darüber, daß diese Schriften, wenn sie bekannt würden, den Herrn der verkehrten Liebe entlarven.«

Lutger runzelte ungläubig die Stirn. »Was soll das denn heißen? Der Herr der verkehrten Liebe? Deutlicher konnte sich dein Weiser nicht ausdrücken?«

»Er hätte sicher gekonnt. Doch er hatte Angst. Er hatte Kenntnis vom Mord auf dem Tempelberg und wußte sogar, wen man dort ermordet hat. Das ist der Grund, warum ich den entkommenen Meuchler unbedingt fassen will. Ich weiß nicht, in wessen Auftrag er handelt, doch werde ich nicht dulden, daß diese finsteren Verschwörer irgend jemanden in dieser Stadt in Angst und Schrecken versetzen können. Hier gelten allein das Wort des Sultans und seines Statthalters. Andere Mächte werde ich in Jerusalem nicht dulden.«

Dieser plötzliche Ausbruch von Fanatismus überraschte

Lutger. Was auch immer Omar für ein Mensch sein mochte, seine Aufgabe als Wali der Heiligen Stadt nahm er offenbar sehr ernst. Die Züge des Sarazenen hatten sich jetzt wieder entspannt, und er setzte erneut das gewohnte Lächeln auf.

»Entschuldige, wenn ich ein wenig unbeherrscht war. Außerdem bin ich der schlechteste aller Gastgeber unter den Söhnen Allahs. Gestatte, daß ich dir etwas zu trinken anbiete. Möchtest du vielleicht auch etwas essen? Obst oder ein Stück Fleisch?« Der Sarazene klatschte in die Hände und rief ein paar Worte auf Arabisch. Wenige Augenblicke später erschien der armenische Diener und brachte einen Krug mit frischem Brunnenwasser sowie zwei kleine, tönerne Becher. »Was machst du für ein ernstes Gesicht? Habe ich dich mit meiner Achtlosigkeit beleidigt?«

Lutger schüttelte den Kopf. »Kannst du dich noch an die Worte des Fra Gaufridus erinnern? Er hat etwas über Männer, die nach Westen gegangen sind, gesagt.«

»Von den Männern und der *Frau,* die nach Westen gewandert sind, um ihre Pilgerstäbe in fremde Erde zu stoßen. Warum?«

»Alexandria liegt doch westlich von hier.«

Omar strich sich nachdenklich über den Bart. »Du meinst, Gaufridus meinte unter anderem Markus mit diesen Männern? Aber wer waren dann die anderen? Und vor allen Dingen, wer sollte die Frau sein, von der er sprach?«

»Hat die Bruderschaft des Ormus vielleicht ein Kopfreliquiar verehrt?«

Der Wali zuckte mit den Schultern. »Ich habe dir alles gesagt, was ich weiß. Warum fragst du?«

»*Denn wer das Kreuz trägt, aber den Kopf verehrt, der weiß auch, wie es um den Messias bestellt ist, und wen die Maria von Château Pélerin geboren hat.* Das waren die Worte, die Gaufridus gesprochen hat, nachdem er sich mit dem Zitat über die Löwen und Lämmer als Templer zu erkennen gegeben hatte. Vielleicht war Maria die Frau, die nach Westen gegangen ist.«

»Das Grab der Maria ist doch auf dem Berg Gethsemane«, wandte Omar ein.

»Nicht diese Maria. Maria Magdalena! Sie wird im Templerorden fast genauso verehrt wie die heilige Mutter Gottes. Es gibt eine Legende, daß sie nach dem Tod von Jesus Christus bis nach Frankreich gewandert sei. Vielleicht hat sie ihr Weg dabei über Alexandria geführt.«

»Und wen sollte Maria Magdalena geboren haben?«

»Es steht nichts in der Bibel davon, daß sie ein Kind gehabt hätte. In ihrer Heiligengeschichte ist auch nicht die Rede von einem Kind.«

»Für dich stimmt also nur, was in der Bibel steht? Was für ein beengtes Denken! Es gibt doch viele Jahre im Leben des Propheten Jesus, über die die Bibel nichts zu berichten weiß. Hat er in dieser Zeit nicht gelebt? Vielleicht hat er sogar ein Weib und Kinder gehabt. Er war Rabbiner, da ist das eigentlich normal.«

»So etwas auch nur zu denken ist Ketzerei! Das Heilige Jerusalem ist gewiß der letzte Ort auf dieser Welt, an dem ich mich gegen den Herren versündigen werde. Ich hoffe, du gestattest, daß ich mich nun auf mein Quartier zurückziehe.«

* * *

Fast eine Woche quälenden Wartens war vergangen, ohne daß die Schergen des Wali auch nur die geringste Spur gefunden hatten, als Omar eines Abends aufgeregt in Lutgers Quartier kam. »Der Wasserschlauch! Ich weiß jetzt, woher er kommt.«

Lutger, der sich schon auf seiner Schlafpritsche niedergelassen hatte, war sofort auf den Beinen.

»Es gibt ein kleines Kloster auf dem Berg Carmel. Der

Orden von Zion unterhält es. Die Mönche bauen auch Wein an. Was sie davon verkaufen, wird in Amphoren und Weinschläuche abgefüllt, die das Zeichen des Maulbeerbaumes tragen«, erklärte der Wali. »Unsere beiden Mörder müssen von dort gekommen sein! Gleich morgen werden wir aufbrechen und dem Kloster einen Besuch abstatten.«

»Der Carmel liegt doch nahe bei Haifa. Das ist christliches Gebiet. Wie willst du dort hinkommen?«

Der Wali grinste. »Wenn ich mich für den Wein eines Klosters interessiere, dann muß ich ja wohl ein Kaufmann sein.«

Lutger schüttelte den Kopf. »Und wenn sie nur an Christen verkaufen? Außerdem, was ist, wenn dich jemand erkennt? Möchtest du so gerne christliche Kerker kennenlernen?«

»Würdest du mich etwa verraten?« Einige Augenblicke maßen die beiden sich schweigend mit Blicken.

»Willst du mich beleidigen?« knurrte Lutger schließlich ärgerlich. »Ich war dein Gast. Ich habe mit dir das Brot gebrochen. Wie könnte ich dich da ausliefern?«

»Du bist ein Christ. Es wäre deine Pflicht.«

»Und deine Pflicht wäre es gewesen, mich als Templer hinzurichten. Ich stehe in deiner Schuld, Wali. Dennoch halte ich es für töricht, wenn du mich zu dem Kloster begleitest. Du gehst ein viel zu großes Risiko ein, und *ich* habe nicht die Macht, dich zu beschützen.«

»Hältst du mich für einen Feigling? Ich werde mit dir reiten. Ich weiß, daß ihr Templer Verbindungen zum Orden von Zion habt. Die Mönche haben einst außerhalb der Stadtmauern von Jerusalem, auf dem Zionsberg, ein großes Kloster unterhalten. Es muß einen Grund haben, daß sie von dort vertrieben worden sind, während die meisten christlichen Klöster weiterbestehen durften. Ich werde dulden, daß du allein im Kloster vorsprichst, doch die Reise dorthin wirst du nicht ohne mich machen. Sei morgen bei Sonnenaufgang bereit! Ich werde dir ein Kaufmannsgewand bringen lassen. Oder möchtest du vielleicht lieber im Ornat eines Tempelherren dort einreiten?«

»Ich habe keinen Grund, mich vor den Mönchen zu verstecken. Warum sollte ich nicht den weißen Mantel des Ordens tragen? Dann sind sie sogar verpflichtet, mich einzulassen und als Gast aufzunehmen.«

»Hast du vergessen, wie der Orden von Zion Fra Gaufridus behandelt hat? Offenbar ist man dort nicht mehr gut auf die Templer zu sprechen. Vielleicht sind sie ja der Auffassung, es ist die Schuld der Tempelritter, daß sie ihre Besitzungen auf dem Zionsberg verloren haben. Der Ordensmarschall gehörte zu jenen, die vor sechzehn Jahren in eure Niederlage bei Hattin verwickelt waren. Danach habt ihr Christen nicht nur Jerusalem verloren, sondern auch fast alle wichtigen Burgen südlich von Tyros.«

Lutger schnaubte verächtlich. »Mönche, die Blutrache üben? So ein Unsinn! Auf so etwas kann auch nur ein Ungläubiger kommen. Wir sehen uns morgen bei Sonnenaufgang, Wali. Und laß den Mantel eines Templers beschaffen! Sobald wir christliches Gebiet erreichen, werde ich ihn tragen.«

* * *

Omar hatte darauf bestanden, daß sie so lange wie möglich über sarazenisches Gebiet reisten. So waren sie von Jerusalem zunächst nach Nablus geritten und dann dem Pilgerweg nach Nazareth gefolgt. Um jedes Aufsehen zu vermeiden, gab sich der Wali als syrischer Händler aus, der wegen dringender Geschäfte nach Haifa reiste. Lutger hingegen trug wie auf dem Weg nach Jerusalem die lange, gesäumte Tunika, die engen Hosen und den kostbar bestickten Umhang eines fränkischen Ritters und erzählte jedem, der es hören wollte, daß er ein Pilger sei, der gemeinsam mit dem Syrer nach Haifa zurückkehrte.

Erst als sie etliche Meilen westlich von Nazareth wieder auf christliches Territorium kamen, wagte es der Spielmann, den

Ornat eines Tempelherrn anzulegen, den langen weißen Waffenrock und den weißen, mit einem roten Tatzenkreuz geschmückten Umhang. Auch wenn Lutger sich nach all den Monaten im Orden noch immer nicht wie ein Templer fühlte, so schätzte er doch das Aufsehen, das man in ihrer Gewandung erregte. Nicht der König von Jerusalem, der wahlweise in Akkon oder auf Zypern regierte, sondern die großen Ritterorden waren die eigentlichen Herren von Outremer. Sie allein hatten die nötigen Truppen, das Heilige Land gegen die Sarazenen zu verteidigen, und entsprechend war auch ihr Ansehen.

Am Nachmittag des vierten Reisetages erreichten sie den waldbedeckten Carmel. Es war ein riesiger, langgestreckter Bergrücken, der im Westen bis fast ans Meer reichte. Lutger hatte gehört, daß sich hier in Felshöhlen einige fromme Einsiedler niedergelassen hatten. Von einem Kloster wußte er jedoch nichts. So streiften er und der Wali eine ganze Weile ziellos durch den Wald, bis sie endlich am frühen Abend auf einen Weg stießen, der in nordwestlicher Richtung verlief.

Dort, wo der Boden weicher war, fanden sich Abdrücke von Füßen und Hufen. Eine Stunde lang folgten sie, die Pferde am Zügel führend, dem Weg, der dicht unter dem Bergrücken verlief, bis sie schließlich eine Stelle erreichten, von der aus sie ein kleines Kloster erkennen konnten. Es war auf eine aus der Bergflanke herausragende Felsnase gebaut und von hohen Mauern umgeben. Es gab ein großes Vorratshaus und zwei kleinere Gebäude, die offenbar als Wohnhäuser dienten. Gleich gegenüber dem Tor lag eine schlichte Kirche. Sie war höchstens zehn Schritt lang und hatte ein flaches Dach, an dessen hinterem Ende sich ein niedriger Glockenturm erhob. Gegenüber dem Kloster war ein weites Stück vom Südhang des Carmel gerodet worden, und man hatte Wein angepflanzt. Hier und dort waren zwischen den langen Reihen der Rebstöcke Arbeiter zu sehen.

»Hier trennen sich unsere Wege.« Lutger hatte sich umgedreht und blickte den Wali an. Der Sarazene wirkte mürrisch.

»Ich glaube nicht, daß es eine gute Idee ist, wenn du dort allein hingehst. Denke an das Schicksal von Fra Gaufridus. Die Templer sind im Orden von Zion nicht gut gelitten.«

»Unsinn! Sie werden mir mit Respekt begegnen. Sie würden höchstens stutzig, wenn ich einen sarazenischen Kaufmann im Gefolge hätte. Also warte hier auf mich! Morgen nach der Frühmette werde ich das Kloster wieder verlassen. Bis dahin werde ich wissen, ob die Mönche etwas mit dem Mord zu tun haben.«

»Glaubst du, sie würden es dir sagen?« fragte Omar zynisch.

»Ich werde es schon merken.«

Der Wali schüttelte resignierend den Kopf. »Möge Allah seine Hand über dich halten. Ich wünsche dir alles Glück.«

Lutger musterte den Sarazenen verwirrt. Omar hatte seine Worte offenbar ernst gemeint. Jedenfalls hatte der Templer diesmal keinen ironischen Unterton aus ihnen heraushören können. Lutger nickte ihm zu. »Danke.« Ohne ein weiteres Wort wandte sich der Templer um und ging, das Pferd am Zügel, den schmalen Weg zum Kloster hinab.

Dieser Wali war schon ein ungewöhnlicher Mann. Ob Sultan Saladin, der mit dem König Richard von Britannien befreundet gewesen sein soll, wohl so wie Omar gewesen war? Obwohl der Wali ein Ungläubiger war, fühlte Lutger sich ihm verbundener als den meisten seiner Ordensbrüder. Sicher, Omar hatte ihm das Leben geschenkt, allein das war schon Grund genug, ihm auf immer dankbar zu sein. Doch da war noch mehr. Die Art, wie er sich aus Jerusalem davongeschlichen hatte, um einem obskuren Mönchsorden nachzuspüren... Was hatte Omar schon davon? Es konnte ihm höchstens die Genugtuung geben, daß der Mord an Fra Gaufridus wirklich gesühnt worden war. Doch dafür sein Leben aufs Spiel zu setzen? Lutger lächelte. Genau das war es, was ihm an dem Sarazenen am besten gefiel. Sich gegen jede Vernunft auf ein Abenteuer einzulassen. In diesem Punkt waren sie sich ähnlich.

Lutger merkte, wie einige der Arbeiter in den Weinbergen verstohlen zu ihm herüberblickten. Die Sonne war zwar schon hinter dem Bergrücken verschwunden, doch war es immer noch hell. Ein Teil der Männer war damit beschäftigt, den Boden um die Reben aufzulockern. Andere schleppten Wasser heran oder begutachteten die reifen Trauben. Es konnte nicht mehr lange bis zur Ernte dauern.

Nur die Hälfte der Arbeiter am Weinberg trug Ordenstracht. Die anderen waren in mehr oder weniger abgerissene Kittel gekleidet. Offenbar hatten die Mönche Hilfsarbeiter angeheuert, um die bevorstehende Ernte ein- zubringen.

Lutger gelangte bis zum Tor des Klosters, ohne daß er von jemandem angesprochen worden wäre. Der Pförtner, der ihn einließ, war ein blutjunger Mönch mit krausen Locken. Mit unverhohlener Neugier musterte er den Templermantel.

»Ihr sucht ein Nachtquartier, Herr?«

Der Spielmann nickte. »So ist es. Vor allem bin ich allerdings hier, um mit deinem Abt zu sprechen. Wo kann ich ihn finden?«

Die Augen des jungen Mannes weiteten sich ungläubig. »Der Abt?« Seine Stimme klang jetzt aufgeregt. »Gewiß doch! Ihr findet Bruder Malachias in unserer Kirche.«

»Schön. Mein Gespräch mit ihm duldet keinen Aufschub. Wirst du jemanden finden, der mein Pferd versorgt?«

»Gewiß, Herr. Ich selbst werde mich darum kümmern...« Der junge Mönch schnitt eine Grimasse. »Das heißt, nein, Herr. Ich darf meinen Posten hier beim Tor nicht verlassen. Ich werde einen meiner Brüder herbeirufen.«

Lutger lächelte. »Ich glaube, mein Grauer ist nicht sehr wählerisch, wenn es darum geht, wer ihn füttert.«

In bester Laune durchquerte Lutger den kleinen Innenhof. Es war immer dasselbe. Allein wegen des prächtigen weißen

Templermantels behandelte man ihn schon wie einen Helden aus einem Ritterepos. Wären da nicht die übertriebene Zucht und Strenge, dann könnte er womöglich noch Gefallen an seinem Schicksal finden.

Als Lutger in die dunkle Kirche trat, konnte er im Zwielicht zunächst kaum sehen. Ganz am Ende des einschiffigen Gotteshauses gab es ein großes, rundes Glasfenster. Doch das Abendlicht, das dadurch hereinfiel, reichte nicht aus, um die Schatten zu vertreiben. Dicht neben dem Altar brannten einige Kerzen. Eine schemenhafte Gestalt, ein Mönch, der offenbar zum Gebet gekniet hatte, erhob sich dort.

»Was führt dich in diese Wildnis, Bruder?« Die Stimme des Mannes war dunkel und wohlklingend.

»Bist du Abt Malachias?« Lutger ging langsam auf den Altar zu. Er hatte bewußt das Du gewählt, denn als Tempelritter war er allein den Ordensmeistern und dem Papst unterstellt.

Der Mönch nickte. »Da du meinen Namen nun schon kennst, würdest du mir freundlicherweise verraten, wie ich dich nennen darf?«

»Mein weltlicher Name ist zu Asche geworden, als ich mein Gelübde ablegte. So nenne mich Fra Paulus, wie es auch die Brüder meines Ordens tun.« Lutger war jetzt so nahe, daß er den Mann besser erkennen konnte. Der Abt trug eine dunkle Kutte, die mit einer weißen Schnur gegürtet war, an deren lang herabfallenden Enden sich jeweils drei Knoten befanden. Er war ungewöhnlich groß und schlank. Sein Gesicht erinnerte den Spielmann an einen Raubvogel, und doch wirkte es zugleich auch asketisch. Malachias hatte eine lange, leicht nach unten gebogene Nase, hohe Wangenknochen und die Stirn eines Denkers. Sein Haar war schneeweiß, doch so dicht wie das eines jungen Mannes. Auch die Augen des Abtes waren hell.

»Man hat bei einem Mörder einen Wasserschlauch gefunden, der aus diesem Kloster stammt. Aus diesem Grunde bin ich hier. Der Meuchler hatte einen Gefährten, der entkommen ist. Ich konnte den Mann zwar sehen, doch seine Flucht nicht verhindern. Ich bin hier, um ihn in den Mauern der Abtei zu suchen.«

Malachias legte die Stirn in Falten. »Und das führt dich bei deiner Suche hierher, Templer? Wie kannst du aus einem Wasserschlauch schließen, daß der Gefährte eines Mörders an diesem friedlichen Ort sein Heim hat?«

»Der Schlauch war mit einem Maulbeerbaum geschmückt. Das ist doch wohl das Zeichen eurer Gemeinschaft.«

»Wir füllen in diese Schläuche auch Wein ab und verkaufen ihn. Es ist leicht, in ihren Besitz zu kommen, ohne das Kloster jemals betreten zu haben.«

»Verzeih, wenn ich dir widerspreche, Bruder Abt, doch war der Schlauch, den ich gefunden habe, zu neu, als daß er durch viele Hände gegangen sein könnte. Auch trug der Mörder noch die Spuren einer Mönchstonsur. So liegt es nahe, daß auch sein Gefährte aus einem Kloster stammt.«

Der Abt räusperte sich ärgerlich. »Keiner meiner Brüder hat in den letzten Wochen das Kloster verlassen. Doch da dir offenbar so sehr daran gelegen ist, dich selbst von der Wahrheit meiner Worte zu überzeugen, magst du gerne mit mir und meinen Brüdern an der Matutin teilnehmen. Zum Mitternachtsgebet versammeln sich immer alle Brüder in dieser bescheidenen Kirche. Du wirst sehen, daß der Mann, den du suchst, nicht unter uns lebt. Wie lange liegt der Mord eigentlich zurück, Templer? Und wer ist umgebracht worden, daß man einen Ritter den langen Weg hier hinaus schickt?«

»Zehn Tage sind seit dem Verbrechen vergangen, und das Opfer war einer meiner Ordensbrüder.«

»Ich werde ihn in meine Gebete mit einschließen, Bruder Paulus. Wie heißt denn der Ermordete?«

»Es ist Fra Gaufridus Morin.«

»Morin? Ich kannte vor vielen Jahren einen Mann, der so

hieß. Er war sehr stolz und hochmütig. Ich glaube, er ist bei der Schlacht um Akkon an der Seite seines Großmeisters, des unglückseligen Geraldus de Ridefort, gefallen. Wie ungewöhnlich, daß es noch einen zweiten Mann mit diesem Namen gab.«

Lutger mißfiel der Tonfall, in dem der Abt über Gaufridus sprach, doch ging er nicht weiter auf Malachias ein. Ein wenig verlegen blickte er zum Rundfenster hinauf und erstarrte. Dicht unter dem Fenster waren zwei Maulbeerbäume und ein Kelch auf die helle Wand gemalt.

»Fühlst du dich nicht wohl, Bruder Paulus? Hat die lange Reise dich erschöpft? Du wirst so blaß?«

»Das Bild an der Wand! Was bedeutet es? Ich habe so etwas noch in keiner Kirche gesehen.«

»Die Maulbeerbäume und der Kelch?« fragte der Abt ernst. »Sie erinnern den Orden an seine verlorene Heimat. Vielleicht weißt du, daß wir bis vor wenigen Jahren in einem großen Kloster auf dem Zionsberg gelebt haben, das uns Gottfried von Bouillon, der erste König von Jerusalem, gestiftet hat und das auch seine Nachfolger stets mit reichen Gaben bedachten. Dort, im Schatten der Maulbeerbäume, hat unser Herr, Jesus Christus, seine Jünger zum letzten Abendmahl um sich versammelt. Es ist der Kelch des Abendmahls, den dieses Bild zeigt. Er soll die Brüder meines Ordens auf immer daran erinnern, was wir verloren haben, als Jerusalem fiel und die *Ungläubigen* uns unser Kloster nahmen.« Lutger erschauerte bei dem merkwürdigen Tonfall, mit dem Malachias von den Ungläubigen sprach. Es klang ganz so, als meine er nicht die Sarazenen damit.

»Würdest du mich nun entschuldigen, Fra Paulus. Wir feiern in wenigen Tagen ein Fest zu Ehren unseres Schutzpatrons Josephus, und es gibt für mich noch viel zu tun. Ich werde Anweisungen geben, daß man dir eine Cella bereitet und etwas zu essen bringt. Deine lange Reise hat dich sicher hungrig gemacht.« Ohne weitere Umschweife beendete der

Abt ihr Gespräch und verließ die Kirche. Verstört folgte Lutger ihm. Ohne Zweifel verachtete Malachias die Tempelherren, und unter ihnen ganz besonders Geraldus de Ridefort und Gaufridus Morin. Doch warum? Sollte Omar am Ende mit seiner verrückten These recht behalten? Machten die Mönche des Ordens von Zion die Templer dafür verantwortlich, daß Jerusalem gefallen war? Das war doch absurd! Hunderte von Tempelrittern hatten bei Hattin ihr Leben gegeben, um die Heilige Stadt zu schützen!

***

Malachias hatte recht behalten! Keiner der Mönche, die zum mitternächtlichen Gebet erschienen waren, hatte auch nur annähernd jenem zweiten Pilger geglichen. Ob der Abt den Gehilfen des Mörders gewarnt hatte? Oder hatte ihn der Maulbeerbaum auf dem Wasserschlauch wirklich auf eine falsche Spur gebracht? Was, wenn der Mörder niemals hier gewesen war? Lutger fühlte sich, als habe er sich in einem finsteren Wald verlaufen. Ob er das Rätsel um den Tod des Marschalls jemals lösen könnte?

Unruhig wälzte sich der Templer auf dem schmalen Bett zur Seite. Mindestens zwei Stunden mußten seit der Mitternachtsmesse schon vergangen sein. Nicht mehr lange, und die Glocke würde die Mönche zur Prima, zum Morgengebet, rufen. Ein leises Knarren an der Tür ließ Lutger aufhorchen. War es nur ein Luftzug? Die Türen der Mönchszellen besaßen keine Riegel, so daß sie sich beim leisesten Luftzug bewegten.

Verschlafen blinzelte der Spielmann zur Tür. Sie stand weit offen, und gegen den hellen Nachthimmel hob sich der Schatten eines Mannes ab.

»Wer da?« Erschrocken richtete sich Lutger ein Stück weit auf. Im selben Augenblick war der Fremde mit einem Satz neben dem Bett. Matt blinkte eine Klinge in seiner Hand. Lutger riß die Decke hoch und schleuderte sie dem Mann entgegen. Gleichzeitig versuchte er, sein Schwert zu greifen, das dicht neben dem Kopfende an der Wand gelehnt stand. Schon hatte sich der Meuchler aus der Wolldecke befreit, als es Lutger gelang, den Griff seiner Waffe zu umklammern. Um das Schwert zu ziehen, war jedoch keine Zeit mehr. Mit einer Drehung zur Seite schlug er dem Angreifer die Waffe samt Scheide gegen die Hüfte.

Fluchend taumelte der Mann ein Stück zurück. Mit einer Schleuderbewegung befreite der Templer die Klinge von ihrer schweren Holzscheide. Dann war er wieder auf den Beinen. Gegenüber dem Angreifer mit seinem Dolch war er nun eindeutig im Vorteil.

»Mach deinen Frieden mit Gott, Schurke!«

Statt sich zum Kampf zu stellen, flüchtete der Meuchler aus der Cella. Wütend stürmte Lutger ihm nach. Im Mondlicht auf dem Hof konnte er den Meuchler nun deutlich erkennen. Es war der blonde Pilger aus Jerusalem. Verzweifelt blickte sich der Mann nach einem Fluchtweg um. Aus dem geschlossenen Klosterhof gab es kein Entkommen.

»Ergib dich, du kannst deiner Strafe nicht mehr entgehen!«

Statt einer Antwort schleuderte der Meuchler Lutger seinen Dolch entgegen. Erschrocken warf sich der Templer zur Seite, doch streifte ihn die Waffe am Arm. Wie von Sinnen stürmte der falsche Pilger mit drohend erhobenen Fäusten auf den Templer ein. Lutger riß das Schwert hoch, um den Mann auf Abstand zu halten, doch der Meuchler war schon zu nah, um seinen Lauf noch abbremsen zu können. Der Schlag des Aufpralls riß dem Spielmann die Waffe aus der Hand.

Ungläubiges Staunen lag auf dem Gesicht des Fremden. Mit beiden Händen umklammerte er die Klinge, die durch seinen Leib gedrungen war. Zitternd gegen den Tod ankämpfend, sank er langsam in die Knie.

»Warum?«

»Jo… Josephus…«

Fassungslos starrte der Templer auf den Sterbenden. Josephus? Was hatten die Morde mit dem Schutzpatron des Klosters zu tun? »Was meinst du damit?« Er kniete sich neben den Meuchler.

Mit bebenden Lippen versuchte der Mann etwas zu sagen. »Ari…« Er brachte das Wort nicht mehr zu Ende. Sein Blick erlosch, und sein Kopf sank zur Seite.

»Möge Gott dir vergeben.« Lutger strich dem Toten sanft über das Haar und sprach ein Vaterunser. Der Hinterkopf des Meuchlers war kahlrasiert. Er war ein Mönch!

Inzwischen hatte sich rings um den Hof Lärm erhoben. Einige der Brüder standen in den Türen ihrer Cellae. Andere hatten lauthals zu beten begonnen oder riefen nach Fra Malachias.

Es schien eine Ewigkeit zu vergehen, bis der Abt erschien. Er warf einen kurzen Blick auf den Toten in seinem blutbesudelten Arbeitskittel, dann wandte er sich zu Lutger. »Einer unserer Erntearbeiter. Er ist erst seit ein paar Tagen im Kloster. Es tut mir leid, daß ich dich durch meine Unbedachtsamkeit in Gefahr gebracht habe. Als du nach einem Mönch gefragt hast, habe ich nicht daran gedacht, daß sich dein Mörder vielleicht unter den Erntehelfern verbergen könnte.«

»Und was meinte er mit…« Lutger hatte den Kopf gehoben, um dem Abt ins Gesicht zu sehen, doch sein Blick blieb an der Stirnwand der Klosterkirche hängen, die hell im Mondlicht lag. Direkt über dem Torbogen war ein Kelch in blutroter Farbe aufgemalt. Jetzt endlich begriff er. Josephus, der Kelch und der Maulbeerbaum!

»Was wolltest du sagen, Fra Paulus?« Eine tiefe Falte zeigte sich auf der Stirn des Abtes.

Lutger schluckte. Wenn er lebend von hier fort wollte, durfte er sich nichts anmerken lassen! »Ich wollte fragen, ob einer der Mönche ein Heilkundiger ist. Jetzt, wo der Tod von Fra Gaufridus gesühnt ist, sollte ich mich verbinden lassen, damit ich nach der Frühmesse aufbrechen und nach Akkon zurückkehren kann, um meinem Komtur Bericht zu erstatten.«

Malachias nickte. »Fra Philippus ist bewandert in diesen Dingen. Ich werde ihn zu dir schicken.«

* * *

»Was soll das heißen, Gott selbst hat dir ein Zeichen gegeben?« fragte Omar gereizt. Der Wali und der Templer saßen ein gutes Stück abseits des Waldweges, der zum Kloster führte, auf einer kleinen Lichtung.

»Als ich im Mondlicht den blutroten Kelch gesehen habe, da war mir plötzlich alles klar. Der Allmächtige selbst hat es so gefügt. Hätte eine Wolke vor dem Mond gestanden und wäre es finster gewesen, dann hätte ich niemals begriffen, was geschehen ist.«

Der Sarazene lachte zynisch. »Ich fürchte, mein Verstand ist immer noch umwölkt. Kannst du dich nicht ein wenig klarer ausdrücken?«

»Der erste Schlüssel zum Rätsel ist der Name Josephus. Der Schutzpatron des Klosters ist nicht der Zimmermann Josephus, sondern Josephus von Arimathia. Es gibt eine Legende, die besagt, daß er nach dem Tod unseres Herrn Jesus Christus nach Westen gewandert sei. Bis nach Britannien soll ihn sein Weg geführt haben. Dort stieß er auf einem Hügel seinen Wanderstab in die Erde, der Stab erblühte, und es wuchs ein Baum aus ihm. Ein Maulbeerbaum!«

»Und was hat der Kelch damit zu tun?«

»Der blutrote Kelch ist der zweite Schlüssel zur Lösung. Damit ist der Kelch gemeint, aus dem Jesus während des letzten Abendmahls auf dem Berg Zion trank. Man sagt, Josephus hat ihn benutzt, um während der Kreuzigung das Blut des Erlösers aufzufangen, auf daß kein Tropfen des heiligen Blutes in den Staub falle. Den Kelch soll er mit sich nach

96

Britannien genommen haben. Er wird von uns Christen auch Gral genannt.«

Omar schüttelte den Kopf. »Ich begreife immer noch nicht, was Gaufridus Morin damit zu tun hat, daß vor Hunderten von Jahren ein Kelch voller Blut nach Britannien gebracht wurde.«

»Du kennst die Christen schlecht! Der Gral ist nicht irgendein Kelch. Er ist die heiligste aller Reliquien! Man sagt, er schenkt dem, der ihn hütet, ewiges Leben. Nur der erste aller Ritter kann der Wächter des Grals sein! Damit sind wir dann bei Gaufridus Morin. Er war der erste Ritter der Christenheit!«

»Ich dachte, euer Großmeister steht in der Befehlsgewalt über dem Marschall des Templerordens. Wie kannst du Gaufridus da den ersten Ritter nennen?«

»Der Großmeister der Templer mag zwar den Befehl zum Angriff geben, doch das Kommando in der Schlacht hat der Ordensmarschall. Er führt die Templer in den Kampf. In den Ritterorden sammeln sich die tugendhaftesten Krieger der Christenheit. Wer Templer werden will, entsagt all seinen weltlichen Bindungen. Er kämpft allein für Gott. Der Marschall aber, der uns alle in die Schlacht führt, um an unserer Spitze zu kämpfen, ist demzufolge der erste Ritter der Christenheit. Wenn die Legende um Josephus von Arimathia wahr ist, wenn es stimmt, daß der erste aller Ritter der Wächter des Grals ist, dann muß Gaufridus Morin gewußt haben, wo sich diese heiligste aller Reliquien befindet.«

»Und all die anderen Rätsel? Was ist mit der Frau, die nach Westen gegangen sein soll, und wer ist der Herr der verkehrten Liebe?«

Lutger zuckte mit den Achseln. »Der Hüter des Grals wird sicher auch um andere Geheimnisse gewußt haben. Er ist ein Auserwählter! Vielleicht ist es besser für unseren Seelenfrieden, daß wir die Worte von Fra Gaufridus nicht entschlüsseln konnten.«

»Und du meinst, die Mönche von Zion haben ihn ermordet, weil sie fürchteten, daß der verwirrte alte Mann vor dem Goldenen Tor verraten könnte, wo der Gral zu finden ist?«

»Ich denke, so wird es gewesen sein. Allerdings glaube ich nicht, daß außer dem Abt Malachias keiner der Mönche um den Mord und die anderen Geheimnisse des Ordens weiß.«

»Ihr Christen seid ein verrücktes Volk. Warum macht ihr um einen Kelch ein solches Geheimnis?«

»Weil er Macht bedeutet, Omar. Hast du vergessen, was in Akkon geschehen ist? Das Heer der Kreuzfahrer war fast schon geschlagen, als man in den Mauern der Stadt die Heilige Lanze gefunden hat. Danach haben die völlig erschöpften Truppen die Armee der Sarazenen in die Flucht geschlagen. Was glaubst du, wozu man den Gral benutzen könnte?«

Omar lächelte versonnen. »Dann ist es wohl besser, wenn die Mönche von Zion weiterhin ihr Geheimnis hüten.«

Lutger nickte. »Ich glaube nicht, daß wir es ihnen entreißen könnten.«

Johannes Thiele

DAS LIEBESKONZIL

Eine aufregende Nacht hatten die junge Frau und der junge Mann hinter sich, sie schlummerten dicht aneinander geschmiegt im Bett. Nun blies der Nachtwächter die Morgenstunde in ihren satten, traumlosen Schlaf. Eleonore richtete sich auf, als sie die Rufe des Nachtwächters hörte, und schaute durch eine Lücke der vor die Fensteröffnung gestellten Bretter. Sie mußte dafür sorgen, daß ihr Liebhaber verschwand, noch im Schutz der Morgendämmerung, bevor der erste Sonnenstrahl das Abenteuer zum Gespräch der ganzen Straße machte. Zwar mochte sie wohl gern noch mal in seine Arme zurückkehren, aber das hielte zu sehr auf, wo er doch möglichst rasch weg sollte. So trat in ihre Augen ein schmerzhaft-lustvoller Blick, der verriet, wie sie mit sich kämpfte, sich nicht schlüssig war, ob sie den Mann neben sich ermuntern oder wegschicken sollte.

Martin Bellheim stellte sich schlafend, und so mußte sie ihn aufwecken, auf das Signal des Wächters aufmerksam machen. Und er tat so, als wäre er überrascht, verwirrt, küßte sie sehnsüchtig auf die Augen, auf die Lippen, auf die Brüste. Sie verschränkte nur die Arme vor ihrer Brust und zog eine abweisende Miene, konnte jedoch kaum ein Lächeln unterdrücken. Es gelang ihr ganz und gar nicht, die Rolle der tapferen, entsagenden Frau zu spielen; ihr Mund sagte nein, ihre Augen aber sagten ja.

Graublau wurde es im Osten, ein schiefriger und unentschlossener Lichtschimmer war zu ahnen. Eleonore küßte Martin flüchtig, um ihn nicht aufzuhalten, eine Umarmung, die mehr verhieß, als sie zu geben bereit war, ein Abschied, hastig hingeflüstert und mit einem stürmischen Griff in sein Haar fast wieder zurückgenommen. Heute abend im Gasthaus, ja, ja, vielleicht würde sie es schaffen zu kommen. Sie drückte ihm den Hut in die Hand, drängte ihn hinaus.

Martin zog das Tor vorsichtig hinter sich zu. Jedes Geräusch konnte einen Nachbarn wecken. Auf der Straße, auf der erst einige Hühner unterwegs waren, ein paar Katzen herumstreunten und ein Hund in der Ferne bellte, stolperte er mit müde verklebten Augen, noch schlafwarm vom schönsten allen menschlichen Tuns, und sah eine rundliche Gestalt von weitem auf sich zukommen, mit den Armen schwenkend, gestikulierend, grüßend. Es war Anselm, Bruder Anselm, und er als Martins bester Freund wußte, wo dieser zu solcher Morgenstunde zu finden war.

Es hatte in der Nacht geregnet, ein kalter feuchter Nebel lag in den Gassen. Anselm sah aus wie eine verregnete Katze mit einem vom Tau angefeuchteten Fell. Weiß der Himmel, wo er die Nacht zugebracht hatte. In seiner Zelle jedenfalls nicht.

»Martin, da bist du ja. Dein Herr und Gebieter sucht dich...«

»Wer? Comenius Antiqua? Was will denn der Pontifex zu so früher Stunde von mir?«

»Frühe Stunde? Er sucht dich seit gestern abend, seine Leute sind in allen Schenken gewesen...«

»Und in mancher wohl länger geblieben als unbedingt nötig.«

»Lass' die Scherze, es scheint ernst zu sein. Überall wurde dein Name geflüstert, als wärst du ein Verbrecher. Pontifex scheint wieder mal fieberhaft an dir interessiert zu sein.«

Martin klopfte seinem Freund beschwichtigend auf die Schulter. Pontifex, der Knecht von Mars! So nannten sie Comenius Antiqua, den Kanzler seiner Majestät, den Organisator der größten Versammlung, welche die Christenheit je gesehen hat. Und »Mars« war kein Geringerer als König Sigismund persönlich, der Allerhöchste, dem zu dienen Antiqua die Ehre hatte, in noch viel größerem Maße als Martin Bellheim, sein untertäniger Diener.

Na, wir wollen nicht untertreiben. Martin war ganz schön wichtig in Konstanz im Jahr 1414, wo er zusammen mit Antiqua dafür sorgte, daß sich das ganze Volk auf dem Konzil sicher und wohlbehalten darum kümmern konnte, die Christenheit zusammenzuhalten. Mehr als 20 000 Leute hatte das Konzil in das Städtchen am Bodensee gelockt, darunter auch 800 Dirnen, die mit den mehr oder weniger ehrwürdigen Herren das Geschäft ihres Lebens machten. Pontifex war Mars direkt verantwortlich, als Geheimbeauftragter für die Sicherheit und die Organisation, und den »Geheimauftrag« muß er wohl sehr wörtlich genommen haben, jedenfalls überließ er Martin das Tagesgeschäft, hielt sich aus allen Turbulenzen und Querelen fast völlig heraus. Pontifex war jedenfalls ganz damit beschäftigt, Pomp und Luxus für Mars (und allzugern auch für sich) zu organisieren, und darin war er wirklich ganz groß, nicht zu übertreffen: Seine Feste waren die glanzvollsten, seine Gelage die üppigsten, seine Frauen die schönsten, seine Intrigen die spannendsten.

Martin mußte sich eingestehen, daß ihn die hektische Suche nach seiner Wenigkeit leicht beunruhigte. Im allgemeinen ließ Comenius Antiqua ihn nämlich schalten und walten, wie er wollte, mischte sich überhaupt nicht in das ein, was er trieb. Er schüttelte bisweilen warnend den Kopf, wenn er von dessen Frauengeschichten erfuhr, aber als erotischer Connaisseur war er selber in dieser Hinsicht viel zuwenig zu überraschen, vielleicht sogar ein bißchen stolz auf seinen Troß, der sich weltläufig um die Organisation dieses Ereignisses kümmerte.

Wenn er Martin also nur zwei Tage vor dem Weihnachtsfest 1414 mit solch unüblichem Aufwand suchen ließ, mußte etwas vorgefallen sein, das mit diplomatischer Eleganz und juristischer Raffinesse seinerseits nicht zu lösen war. Martin patschte mit Anselm im Arm durch die Pfützen, ließ sich in der Küche seines Klosters eine Suppe geben, die er schnell hinunterschlang, überließ den Bruder dann seinen religiösen Pflichten und machte sich auf den Weg zum Haus »Zur Leiter«, wo der Vortrupp des Königs sein Hauptquartier eingerichtet hatte. Mit unbeteiligter Miene, als sei es das Selbstverständlichste von der Welt, zog er, ein Liedchen pfeifend, durch das Tor ein, spürte aber die besorgten Blicke der Kumpane in seinem Rücken, auch die kaum unterdrückte Unruhe, die sie alle erfaßt zu haben schien. Morgen sollte der König kommen.

Comenius Antiqua stand am Fenster einer der großen Gaststuben, die er requiriert hatte, und drehte sich ruckartig um, als Martin die schwere Tür aufstieß. Dieser nahm seinen Hut ab, deutete eine Verbeugung an. Mit einem Grunzen und einer abfälligen Handbewegung würgte Antiqua den Redeschwall ab, zu dem er ansetzte, wies nur auf einen Stuhl und ließ sich dann schwer atmend in seinen Sessel fallen.

»Endlich läßt du dich blicken. Die ganze Nacht...«

»Ich weiß... Was ist passiert?

»Garamond ist verschwunden. Ich weiß es von Jean de Nanton, dem Erzbischof von Toulouse. Er war gestern abend hier.«

Martin blickte ihn fragend an. Nur langsam dämmerte es

ihm. Antiqua raufte sich die Haare. Wieder ein mißbilligendes Grunzen.

»Du solltest dich allmählich auskennen unter unserem fürstlichen Kirchenpersonal.«

»Das Konzil hat noch gar nicht richtig begonnen. Außerdem kann ich nicht ein paar hundert Bischöfe, Professoren und Prälaten im Kopf haben. Und überwachen schon gar nicht. Ihr meint diesen französischen Kardinal?«

»Ja, ja«, wehrte Antiqua ab. »Aber Garamond ist nicht irgendwer. Der Kardinal von Reims wird die verläßlichste Stütze von Mars in diesem klerikalen Theater hier sein. Du weißt, wie stark Mars auf die Franzosen zählt. Wenn es gelingt, den anmaßenden Johannes, der sich Papst nennt, aus dem Boot zu kippen, dann nur mit den Franzosen.«

»Also liegt es in höchstem Interesse, Garamond zu finden«, sagte Martin wenig originell.

»In allerhöchstem Interesse. Er muß her, bis morgen abend. Der König wird ihn schon wollen, wenn er kommt. Du wirst dich selbst darum kümmern. Du bist mein bester Mann.«

»Euer einziger Mann...«

»Sei nicht so überheblich. *Ich* muß es schaffen, diesen Kardinal aufzuspüren, also wirst *du* es schaffen.«

»In welch gerechter Welt wir doch leben...«

»Dein Sarkasmus ist fehl am Platze. Sieh zu, daß du Garamond herbeischaffst, wie, ist mir gleich.«

»Aber lebendig wollt Ihr ihn schon haben, oder?«

Antiqua winkte ab, hatte keine Lust auf einen wortreichen und spitzfindigen Disput. Martin nahm seinen bulligen Willen, Ergebnisse zu sehen und sich nicht weiter darum kümmern zu müssen, wie sie zustande kamen, nur allzu deutlich wahr. Darum beschränkte er sich auf eine letzte Frage:

»Wo ist er denn zuletzt gesehen worden?«

»Woher soll ich das wissen? Bin ich sein Adlatus, der dafür sorgt, daß sich die Frauen bei ihm nicht in die Quere kommen?«

»Frauen? Was für Frauen?«

»Ach nichts. Garamond ist die Keuschheit in Person. Geradlinig, aufrecht, unerschütterlich im Glauben und unanfechtbar im Lebenswandel. Eine Lichtgestalt am düsteren Firmament der Kirche.«

Die Abneigung, die Antiqua gegen Garamond sarkastisch zu erkennen gab, war unüberhörbar. Martin entlockte ihm nur noch die Auskunft, daß Garamond wie die ganze französische Delegation im Dominikanerkloster Quartier genommen hatte, nahm dann seinen Hut und verließ den Meister. »Gott mit dir«, hörte er ihn noch sagen, als die Tür hinter ihm ins Schloß fiel. Es klang höchst ironisch.

Ein verschwundener Gottesmann! Das war nicht die Aufgabe, von der man träumt und später seinen Enkelkindern erzählt. Und sie schien Martin auch nicht übermäßig schwierig zu sein. Schließlich war dieses Konstanz, in das es sie alle verschlagen hatte, ein überschaubares Städtchen. Und das Kloster war jenes, in dem Anselm sein monastisches Gelübde erfüllte. Oder zumindest vorgab, es zu erfüllen.

Denn daß Anselm kein durchschnittlicher Dominikaner war, hatte Martin gleich bei ihrem Kennenlernen im Oktober feststellen können, als der Vortrupp des Königs mit Comenius Antiqua und Martin in Konstanz eingetroffen war. Sie hatten eine Nacht durchgezecht, und Martin war der trinkfreudige, leicht korpulente, so gar nicht dominikanisch-inquisitionseifrige Mönch mit dem aufgeweckten Gesicht gleich ans Herz gewachsen. Seitdem waren sie kaum zu trennen. Und da Anselm dem Cellerar des Klosters zur Seite stand und wegen der Flut der zu beherbergenden Gäste ständig mit dem Kauf von Lebensmitteln beschäftigt, in allen Geschäften, auf allen Märkten zu finden war, fiel seine häufige Abwesenheit kaum auf.

So paßten sie nicht schlecht zusammen: Anselm, der Mönch aus Verlegenheit, mit gesunder Glaubensskepsis und von – sagen wir – unübertriebener Moral, dafür mit einer gewissen Trinkfestigkeit gesegnet – und Martin, der Liebhaber ohne festen Wohnsitz und Beruf, dafür mit einer Vorliebe für riskante Unternehmungen, ein erfolgreicher Amateur und ein Spieler mit dem fatalen Hang zu überhöhtem Einsatz.

Diese Ausstattung hatte aus Martin Bellheim alles andere als einen pflichtbewußten Amtmann gemacht. Im Grunde seines Herzens war er ein wilder Mann, ein Abenteurer, den seine Lust am (Verwirr-)Spiel, am Entdecken, an der Gefahr aber fast zwangsläufig in das Kriminalmilieu führte. Keinem Herrn untertan, Sohn eines freien Kaufmanns, wurde er immer wieder engagiert, um die verwickeltsten Fälle zu lösen. Er hatte einfach die »richtige Nase«, und das machte ihn für Herrschaften interessant, ja unentbehrlich, die ansonsten über seine Gewohnheiten und Gepflogenheiten die Nase rümpften, ihm vor allem seinen lockeren Lebenswandel übelnahmen.

Und Martin nahm diese Aufträge immer wieder an. Manchmal aus purer Abenteuerlust, weil sie ihm eine spannende Unterbrechung des Alltags versprachen. Manchmal, weil das angebotene Honorar überaus verlockend war. Manchmal aus Freundschaft und Sympathie. Manchmal auch, weil ihm kein anderer Ausweg blieb, als das Spiel mitzuspielen, das ihm angeboten wurde.

Nach jedem Auftrag aber fand er es immer wundervoll, sich frei zu fühlen, frei von jeder Pflicht, von all den kleinen und kleinlichen Fesseln des Alltagslebens. Ferne Weiten lockten ihn verheißungsvoll; der Drang, die Buntheit des Lebens auszukosten, jagte ihn von Ort zu Ort. Er suchte ein Glück, das es nicht gibt und das er nirgends finden würde.

Martin Bellheim war ein Mann mit tausend Talenten. Seine Erfahrungen, seine Geistesgegenwart, sein blendendes Auftreten und sein unverwüstlicher Charme machten es ihm leicht, alle Frauen zu berücken. Er war ein Liebhaber aus Grundsatz, aus Not ein Zechpreller, aus Berufsgründen ein

Falschspieler, aus Lust ein Verschwender. Mal hatte Martin ein Vermögen und Bedürfnisse wie ein König, dann wieder war er arm wie eine Kirchenmaus, bescheiden wie Diogenes und stolz darauf, nichts zu haben und nichts zu sein. Wo war nur das ganze Geld hin? Vielleicht hat er es einem Mädchen geschenkt, das seinen Schatz nicht ohne Mitgift heiraten konnte, und das hatte ihn gerührt; vielleicht haben es ihm einige flotte Damen aus der Tasche gelächelt, was ihn kaum weiter kümmerte. Seine Wünsche segelten immer auf raschen Wolken.

So hatte Martin meistens alle Sympathien für sich, und wenn er das Pech hatte, mal auf die andere Seite zu geraten und aus irgendeinem dummen Grund den Vertretern der Obrigkeit in die Hände zu fallen, regnete es noch in seine Gefängniszelle Liebesbriefe.

Wie leicht er bei Eleonore Sailer Feuer gefangen hatte! Die jung verheiratete Kaufmannsfrau, deren Ehemann immer wieder auf weite, gefährliche Reisen in die fernsten Länder zog, Länder, von denen sie kaum den Namen kannte, fühlte sich zu lebendig, ja zu verwegen für ein stilles häusliches Leben in bescheidener Erwartung ihres alle paar Monate heimkehrenden und dann nie lange verweilenden Gatten. Da kam ihr dieser große, langmähnige Held mit den unergründlich schwarzen Augen gerade recht. Eines Tages tauchte er mit dem Troß des Königs bei ihrer Schwester, der Wirtin des Gasthofs »Zur Leiter«, auf. Und hatte sie mit ein paar Blicken aus seinen dunklen Augen verzaubert. Nur wenige Tage später hatten sie die erste Nacht verbracht – und die hochgewachsene, dunkelblonde Eleonore verspürte zum ersten Mal eine heimliche, aber unbändige Freude über die Aussicht, daß das Konzil wohl einige Jahre andauern würde.«

Konstanz war auf die Invasion kaum vorbereitet gewesen, hatte sich aber als großzügig, gastfreundlich und anpassungsfähig erwiesen. Eine große Feuersbrunst, die im Jahr 1399 ausgebrochen war, hatte die Mordergasse, die Marktstätte und die Häuserflucht bis zum Weißen Kreuz zerstört; um 1406 war daher ein großer Teil der Stadt neu erbaut worden, so daß nun viele Reisende und Konzilteilnehmer jüngst errichtete Häuser mit schönen Wohnungen vorfanden. Andere mußten sich niederlassen, wo sie gerade Platz fanden. Für die Dauer des Konzils wurden die bisherigen strengen Zunftvorschriften aufgehoben. Überraschenderweise kam es zwischen den einheimischen und den fremden Gewerbetreibenden nicht zu Reibereien, wie sie nicht nur Comenius Antiqua befürchtet hatte. Es war – zusammen mit dem Rat der Stadt – seine Aufgabe, in den Stadtmauern Leben und Eigentum zu schützen, was auch weitgehend gelang. Vor der Stadt herrschte jedoch das Faustrecht, und es geschah nicht selten, daß die zum Konzil Reisenden von adligen Wegelagerern überfallen, ausgeplündert, zuweilen auf die Burgen verschleppt wurden, um Lösegeld zu erpressen. Manchmal wurden sie auch ermordet.

Aber durch solche Gefahren ließ sich niemand abhalten, nach Konstanz zu gehen, um beim großartigsten Spektakel der Welt dabeizusein, viel Geld auszugeben oder dort zu verdienen. Alle Sprachen schwirrten in den Gassen und auf den Plätzen durcheinander. Fremde und Einheimische standen vor den größeren Gebäuden zusammen, beäugten sich gegenseitig, so vor dem Haus »Zum hohen Haven« am Oberen Markt, vor dem Egli und Kemli, in der Münstergasse vor dem Blindenhus oder am Stephansplatz, in der Rintburggasse vor dem »Haus zum Affen« oder dem Toreingang »Zur Traube«, vor dem Guldin Braken, dann beim Haus »Zum Schlegel« unweit der Laurentiuskirche. Oder man zog hinunter zum See, um das prächtige Kaufhaus zu betrachten, das erst vor fünfundzwanzig Jahren erbaut worden war und auf dessen Dachgesims immer so viele Raben, Krähen und Dohlen saßen.

Konstanz war ein großer Umschlagplatz geworden. Ein riesiger Markt. Nicht nur wurden auf dem Konzil Ideen, Begriffe, Meinungen ausgetauscht, sah man im permanenten Streit und Gezänk geradezu einen Auftrag, einen Kampf um die Anteile der Macht mehr noch als ein Ringen um die Wahrheit. Man lernte Menschen, Trachten, Sitten und Dinge kennen, ungemein seltsam oder wunderlich, von deren Dasein früher niemand etwas geahnt hatte. Die vielen zugewanderten Schneider, Goldschmiede, Schuster, Kürschner brachten neue Kniffe ihres Handwerks hierher. Auch die italienischen Pastetenbäcker mit ihren fahrbaren Garküchen wurden bestaunt; ihre Pasteten waren gewöhnlich mit Hühnerfleisch gefüllt und scharf gewürzt. Auf dem Unteren Hof hatten die fremden Handwerksleute und Händler, vor allem die Bader, Gürtler, Schuhmacher und Krämer, in rasch gezimmerten Buden und Zelten ihre Arbeitsstätten errichtet, ähnlich geschah es am Oberen Hof. Auf dem Platz vor dem Geschützhaus hatten die Metzger ihre Verkaufsstände gebaut, vor St. Stephan, auf dem Barfüßerkirchhof und drinnen im Kreuzgang hatten sich die Schreiber niedergelassen, auch einige Höker.

Hier war die große Nachrichtenbörse. Hier wußte jeder irgendwas, das einem anderen von Nutzen sein konnte. Der schwunghafte Handel mit dem Wissen, dem hehren und dem nutzlosen, den gewisperten Schweinereien und den wohlfeilen Mutmaßungen über alles und jedes, hielt dieses Treiben in Schwung.

Deshalb führte Martin Bellheims erster Weg in diese Gassen voller Gerüche und Gerüchte. In weniger als einer Stunde hatte er herausgefunden, wer Roger Garamond war, hatte sich über sein Gefolge informiert, kannte ein paar Leute im Troß des Kardinals mit Namen, von den meisten ihre Aufenthaltsorte, hatte sogar schon einige der Vorlieben und Abneigungen des Kardinals in Erfahrung gebracht. Und was er hörte, setzte ihn kaum in Erstaunen, bestätigte im großen und ganzen das, was Antiqua gesagt hatte. Der Kirchenfürst wurde allenthalben als ein großer Mann der Kirche gelobt, von unverbrüchlicher Glaubenskraft und von geradezu liebenswürdigen Umgangsformen. Ein klerikaler Diplomat aus dem Bilderbuch, dazu von untadeligem moralischen Lebenswandel. Um so nervöser schienen alle zu sein, daß Garamond spurlos verschwunden war. Irgendwer flüsterte ihm zu, er solle mit Junien Chaveau reden, dem Sekretär des Kardinals:

»Sabon, der französische Geldhändler, wird Euch weiterhelfen, mein Herr. Wenn einer was weiß, dann er. Oder Chaveau, der Sekretär, er geht dort hinten, seht nur. Da hinten, der Mann ganz in Schwarz, das ist er.«

Martin warf einen Blick auf die dunkel gewandete Gestalt, die sich langsam einen Weg durch die enge Gasse bahnte. Chaveau war, wie er in Erfahrung gebracht hatte, ein ehemaliger Magister aus der Provinz Narbonne und seit zwei, drei Jahren der engste Vertraute des Kardinals. Eine auffallende Erscheinung: hager und hochgewachsen, mit einer Nase, die sein ganzes Gesicht beherrschte, und mit einer merkwürdig schiefen Haltung, als hätte er immer mit einem Sturm zu kämpfen. Martin würde bald mit ihm sprechen, nahm er sich vor.

Gegen Mittag bekam Martin Hunger, und er kaufte sich ein Brot an einem der Stände. Brot war in ungeheuren Mengen vorhanden, man brachte es zusätzlich auf Fuhren, Wagen und auf dem Wasserweg heran; ein gutes Weißbrot kostete einen Pfennig. Viele fremde Bäcker buken auf dem Markt, einige von ihnen hatten kleine Öfchen, die auf Karren standen, in ihnen buken Riesenbrezeln. Martin biß in das weiße, lockere Fleisch des noch warmen Laibes, er hatte das Gefühl, seine Nase in ein duftendes Paradies zu stecken.

Dann machte er sich auf den Weg zurück zum Kloster. Anselm dürfte gegen Mittag vielleicht mit seiner Arbeit fertig sein und sich wie gewöhnlich aus dem Cellarium davonstehlen. Martin betrat die große, auf einer Insel direkt am Wasser gelegene Klosteranlage durch eines der hinteren Tore, schlich sich durch die engen Gassen des weitläufigen Geländes, bis er zu einer geschützten Ecke kam – ganz in der Nähe der Sakristei, jedoch völlig uneinsehbar. Er öffnete die Tür zu einem kleinen Raum, eher eine größere Abstellkammer, in der ein paar sakrale Gegenstände lagerten, die nur selten benutzt wurden: der Traghimmel zur Fronleichnamsprozession, einige Fahnen, das »Grab«, das am Karfreitag aufgebaut wurde. Anselm zog sich oft zu einem Schläfchen hierher zurück, praktisch unauffindbar. Doch der Freund war nicht da. Martin setzte sich auf die Decke, die hinter der Säule auf einem Stapel Teppiche ausgebreitet war, gewöhnte sich bald an den modrigen Geruch, der nicht ganz unangenehm war. Er streckte seine Glieder, gähnte herzhaft und wäre schließlich selbst in Schlaf gefallen, wenn nicht plötzlich Anselm hereingehuscht wäre, ihn am Ärmel gepackt und geschüttelt hätte.

»He, was machst du denn hier? Dies ist ein Ort nur für fromme Leute.«

»Dann lass' uns von hier verschwinden, bevor wir beide erwischt werden.«

Anselm lachte. Martin stand auf und schüttelte den Staub ab. Er legte seinem Freund einen Arm um die Schulter und flüsterte: »Wir haben einiges vor, mein Bruder. Seit heute morgen bin ich eurem entschwundenen Kardinal auf der Spur. Komm mit...«

»Nein, lass' mich hier, ich bin müde.«

»Du bist immer müde. Oder vollgefressen. Oder betrunken. Oder geil.«

»Ich bin nie geil. Gott schenkt die Lust, Gott gibt den Wein. Soll ich mich seinem Willen widersetzen? Martin, ich habe eine grauenhafte Nacht hinter mir. Und einen Morgen, der mich ganz und gar nicht erquickt hat.«

»Dann komm mit an die frische Luft. In diesem Gemoder findest du deine Kräfte jedenfalls nicht wieder.«

Anselm ließ sich mitziehen. Seine Müdigkeit verschwand, als beide ans helle Licht traten, in die Kühle dieses Tages. Der scharfe Wind, der um die Gassenecken strich, vertrieb jeden trüben Gedanken.

»Also, was hast du herausgefunden?« Jetzt war auch Anselm neugierig.

»Noch nicht viel. Garamond, der Kirchenfürst, scheint keine Ecken und Kanten zu haben. Schon das macht ihn für viele, die ich gefragt habe, verdächtig.«

»Keine Fehler? Keine Schwächen? Ein bedauernswerter Mann.«

»Ja, das genaue Gegenstück zu dir. Er scheint eine Leuchte der Tugend zu sein – wie alle großen Männer der Kirche.« Bis auf den Papst, hatte er hinzufügen wollen, doch er verkniff es sich.

»Martin, wo lebst du? Das wäre ja etwas völlig Neues. Was meinst du, was die paar hundert Dirnen in dieser Stadt tun?«

»Ja, mit den niedrigen Geistlichen und mit deinesgleichen. Aber die im höchsten Stand, was ist mit denen? Glaubst du, ein Kardinal legt sich hier so einfach mit einem hübschen Mädchen aufs Lager? Das würde diskreter angegangen.«

»Ja, und? Vielleicht ist der Kardinal in einem Frauenhaus, schön diskret.«

»Drei Tage lang?«

»Stimmt. Das ist ein wenig lang. Und es stützt nicht gerade deinen Verdacht«, sagte Anselm zweifelnd.

»Ich habe keinen Verdacht. Es macht mich nur stutzig, daß jeder zweite, den ich frage, mich mit der Nase auf den angeblich so vorbildlichen Charakter dieser Eminenz stößt. Wenn der aber so wäre, wie man über ihn spricht, kniete er jetzt vor dem Allerheiligsten, ins Gebet vertieft, und wir müßten nicht die halbe Stadt nach ihm ablaufen. Ein Schrei-

ber auf dem Markt hat mir geraten, den französischen Geldhändler aufzusuchen, der wohl alle Franzosen hier mit Geld
ausstattet.«

»Sabon? Der reiche Sabon?«

»Ja, der. Komm, wir gehen ihn suchen.«

Sie brauchten nicht lange, nur ein paar Fragen, bis sie ihn
fanden. Die Geldhändler waren der geheime Adel dieses
Konzils. Der morschen Macht des Papstes, der bloß äußeren Macht des Kaisers trat in Konstanz zum ersten Mal für
jeden sichtbar eine neue unerschütterliche Weltmacht entgegen: das zusammengeballte Geld. Vertreter dieser neuen
Macht im Alltag waren jene Männer, die vor bestimmten
Konstanzer Häusern saßen, meistens auf einer besonders
großen Holzbank, und dort Münzen wechselten und abzähl-
ten. Sie kamen aus Florenz oder aus der Lombardei und bildeten untereinander gewissermaßen eine Bruderschaft. So
befand sich im Gefolge des Papstes Johannes der junge Flo-
rentiner Bankherr Cosimo de' Medici, im Haus des Johannes Wid saß Ammerisi, vor dem Tor des Stockrummel ging
der Lombarde Bartolomeo de Bardis seinen Geschäften
nach, im Tiergarten hatte sich Carolus Geori aus Florenz
niedergelassen, beim Haus zu der Tannen Adigerius Fran-
cissi aus Brescia. Nicht nur Glockenklang und Weihrauch,
Waffengeklirr und Pferdegeruch, Frauenlachen und
Rosenölduft erfüllten die Gassen und Plätze, nun war auch
das leise Klimpern der Goldgulden zu hören, die geruchlo-
se, geheimnisvolle Währung, die hier ihre unsichtbare Spur
durch alle Transaktionen zog. Sie gewann immer mehr
Macht über die Seelen, die bislang von der Kirche in der
Furcht vor dem Herrn gehalten worden waren. Priester, Ritter, Dirnen und Geldwechsler – Vertreter alter und neuer
Gewalten, die das Volk beherrschten, und von allen Gewalten wieder am stärksten der Mann mit der Bank, der Wechsler.

Pierre Sabon jedoch war weit davon entfernt, nur ein Wechsler auf der Bank vor irgendeinem Haus zu sein und seinen Geldhandel in aller Öffentlichkeit zu betreiben. Er war selbst eine Bank, eine Institution der geschmeidigen Beschaffung und Gewährung von – sagen wir: Freizügigkeit. Der einzige Franzose neben all den italienischen Wechslern und Wucherern, eigentlich kein Geldhändler, sondern ein Bankherr. Man fand ihn in einem riesigen Gewölbe unweit von St. Stephan, das Sabon sich gemietet hatte, ganz in der Nähe der kirchlichen Macht, der er so unauffällig wie effektvoll diente. Hier war es stiller, andachtsvoller als in einer Kathedrale. Hier wurde ein Gottesdienst besonderer Art zelebriert, der alle Gebete, alles Bitten und Flehen auf sich zog. Fackeln an den Wänden schufen ein geradezu heiliges Licht. Martin und Anselm schlängelten sich durch die Tischreihen, die in der Mitte des Gewölbes aufgebaut waren, vorbei an den bleichen Gestalten, die tagsaus, tagein nichts anderes taten, als Münzen durch ihre dürren Finger gleiten zu lassen. An der oberen, quer gestellten Tafel saß Sabon, in der Mitte, wie Jesus am Tisch des Abendmahls.

»Was wollt Ihr?«

Sabon hatte sich zu seiner vollen, imponierenden Größe erhoben, herrisch blickte er die beiden an.

Martin zog ein Schriftstück aus der Tasche und wedelte Sabon damit vor der Nase herum.

»Ich bin Martin Bellheim, Abgesandter des Königs. Wir haben einige Fragen an Euch.«

»Der König braucht mein Geld nicht. Und außerdem ist er noch gar nicht da.« Sabons Stimme klang enttäuscht.

»Es geht nicht um Geld. Wir sind auf der Suche nach Kardinal Roger Garamond.« Den letzten Satz hatte Anselm im Flüsterton gesprochen, so daß sich Sabon weit über die Tafel lehnen mußte, um ihn zu verstehen. Der Bankier verzog keine Miene, doch Anselm glaubte ein beunruhigtes Flackern seiner Augen wahrzunehmen.

Sabon machte eine ungeduldige Handbewegung und lockte die beiden nach hinten. Er teilte einen roten Samtvorhang, schob Martin und Anselm sanft in einen mit tausend Dingen vollgestopften Raum, in dem es im Vergleich zu der düsteren und zugleich machtvollen Atmosphäre seiner provisorischen Bank geradezu gemütlich war. Mit raschem Blick stellte Martin fest, daß hier so ziemlich alles an Gegenwerten versammelt war, was sich in den neuen Bankgeschäften anhäufen ließ. Es war fast ein Warenlager: Teppiche, Stoffballen, Gewürzregale, Truhen, ein Regal mit Büchern, Folianten und Schriftstücken. In der Mitte ein Tisch mit ein paar Stühlen.

Sabon bot seinen Gästen Platz an. Er selber setzte sich in einen herrschaftlichen Sessel mit Lehnen, auf die er sich erwartungsvoll aufstützte.

Martin ließ seinen Blick durch den Raum schweifen. Große, buntverglaste Fenster an einer Seite ließen beeindruckend viel Licht herein, es tauchte den ganzen Raum in einen mysteriösen Schein. Ein strahlender Glanz schien über allem zu liegen, so als sei dies eine Schatzhöhle, die man nach mancherlei Gefahren endlich entdeckt hatte. Der Mann, dem dies alles gehörte, sah allerdings keineswegs verwegen wie ein Seeräuber oder ein Abenteurer aus. Er war in vornehmes Tuch gehüllt, fast aristokratisch in seinen Umgangsformen, jeder Zoll ein Grandseigneur. »Der Herr des Geldes«, dachte Martin.

»Was wollt Ihr?« fragte Sabon noch einmal.

»Kardinal Garamond, seit wann kennt Ihr ihn?« antwortete Anselm mit einer Gegenfrage.

»Schon ewig, ich weiß nicht, wie lange. Ich bin mit ihm Anfang November hergekommen, mit ihm und seinem Bruder und seinen Leuten. Und ich finanziere die französische Delegation, die er anführt. Das ist alles. Mehr weiß ich nicht.«

»Wenn Ihr ihn schon so lange kennt, werdet Ihr wohl mehr

wissen«, schaltete sich Martin ein. Sabon ließ ein unwirsches Schnauben hören.

»Ich habe ihn vor ein paar Tagen zuletzt gesehen. Er war hier, in diesem Raum, saß auf dem Stuhl, auf dem jetzt Ihr sitzt. Er wollte Geld, und ich habe es ihm gegeben.«

»Geld wofür?«

»Das hat er mir nicht verraten. Warum auch? Der Bischof meiner Diözese ist bei mir immer gut für einen kurzfristigen Kredit. Und es war auch nicht so sehr viel, die Reiseschatulle seiner Delegation ist, wie ich weiß, gut gefüllt. Es hat mich nur überrascht, daß er das Geld für sich persönlich zu brauchen schien, denn er wollte nicht, daß ich die Quittung an seinen Kämmerer schickte. Er hat sie selbst eingesteckt und ist dann in größter Hast aufgebrochen.«

»Warum die Eile?«

»Es schien ihm peinlich zu sein.« Sabon hob nur die Schultern.

»Und wo könnte er jetzt sein, der Herr Kardinal?«

»Ich weiß es nicht. Fragt seinen Sekretär, den... den...«, dem Bankier schien der Name nicht einzufallen. Martin durchschaute das Spiel und winkte nur ab, sprang auf, zog Anselm am Ärmel und verschwand durch den Vorhang. »Bemüht Euch nicht, wir finden schon hinaus.«

Vor dem Haus des Bankiers trennten sich die beiden Freunde. Anselm wollte zurück ins Kloster, er schien wirklich müde zu sein. Sie verabredeten sich für den nächsten Tag, an dem es einiges für den lang erwarteten Einzug des Königs in Konstanz vorzubereiten gab.

Martin ging allein weiter, nachdenklich und merkwürdig hochgestimmt zugleich. Was mochte Garamond mit dem Geld gemacht haben? Vermutungen, Deutungen, Erklärungen schossen ihm durch den Kopf, die er allesamt sofort verwarf. Es war der Taumel, den die ganze Stadt erfaßt hatte, welcher ihm diese Gedanken eingab, diese unruhige Abwechslung, die an jeder Straßenecke auf ihn wartete. Eine Bestechung? Ein gedungener Mörder? Eine Summe, die den Besitzer wechselte, um sich Eintritt zu verschaffen bei den morgenländischen Meistern, die den Stein der Weisen suchten und in allen Kniffen der schwarzen Kunst erfahren waren? Simple Spekulationen. Dummes Zeug. Nichts davon erschien ihm plausibel.

An der Ecke zur Paulsgasse, ganz in der Nähe von Sabons provisorischem Bankhaus, wies ein Schild auf einen mysteriösen Laden hin, in dem geheimnisvolle Tränke aller Art gebraut wurden. Plötzlich waren eines Tages alte Männer aufgetaucht, die rätselhaft sprachen, vertrackte Gebärden machten, zu mitternächtlicher Stunde in seltsamen Lokalen wie diesem Bittsuchende zu empfangen pflegten. Und niemand zweifelte daran, daß diese wunderlichen Männer übernatürliche Kräfte besaßen, vielleicht auch mit Beelzebub im Bunde waren. Sie verkauften – nur weil ihnen ihre Mitmenschen so leid taten – besondere Liebestränke, die gerade deshalb so wirksam sein sollten, weil sie abscheulich schmeckten. Nicht billig waren diese Tränklein, von denen man sich an allen Ecken und Enden erzählte, auch Martin hatte davon gehört. Wohlfeile Zauberei taugte nichts, das wußte jedermann. Martin mußte lächeln, als er bei sich feststellte, daß seine Begierde sich auch ohne jedes Tränklein mächtig regte und seine Rute zum Wachsen brachte, er brauchte nur einen Gedanken in Richtung Eleonore zu schicken.

Jeden Tag erfüllte ohrenbetäubender Lärm die kleine Stadt am großen See, die von einer Woche zur anderen zur Weltstadt geworden war. Es roch in den engen Gassen nach dem ranzigen Öl der fliegenden Bratküchen, das sich mit dem Schweißgeruch der Lastenschlepper und mit dem scharfen Duft von Zibetsalbe der Buhlerinnen vermischte. Martin sog die Gerüche in sich auf, sie bedeuteten ihm Leben, eine Betörung der Sinne, ein unerhörtes Aufgewecktsein. Er strolchte durch die Gassen wie ein Nichtstuer. Angeheiterte torkelten aus Stefan Kellers Metzgertrinkstube und stießen Magister mit Brillen auf den Nasen an, die wiederum dem Weinhaus »Zum hohen Herzen« oder der Gaststätte »Zum goldenen Schwert« zusteuerten. Es war nun früher Abend. Auch Martin ging ins »Schwert«, denn dort wurde nicht nur Wein ausgeschenkt, sondern auch Bier, welches freilich selten und ziemlich teuer war. Er ließ sich einen Humpen Bier geben, setzte sich auf eine der Bänke und wartete auf Eleonore.

Ganz Konstanz sog begierig alles Neue in sich auf. Die vielen Völker brachten auch ihre Gaumenkünste, ihre lukullischen Verführungen mit, jeden Tag konnte man etwas anderes Unbekanntes essen. Und es geschah nicht selten, daß man ein größeres Festmahl diesem oder jenem hohen Herrn aus Italien, Burgund oder Schweden zu Ehren gab, meistens drei Gerichte, davon jedes wiederum mit mehreren Essen. Martin erinnerte sich an ein schier unglaubliches Mahl, das Comenius Antiqua zu Ehren des königlichen Boten, Ritter Heinrich Latzembog, gegeben hatte. Dieser war am 28. November in Konstanz eingetroffen und hatte die Nachricht von Sigismunds Aachener Krönung sowie seiner bevorstehenden Ankunft in Konstanz mitgebracht. Für den Pontifex Anlaß genug, eine der gewaltigsten Tafeln zu decken und ein Gelage aufzufahren, das denkwürdig werden sollte. Sogar jetzt, nachdem er sich mit Bier, gekochtem Fleisch und einem Stück Brot gestärkt hatte, bekam Martin gleich wieder Appetit, wenn er nur daran dachte, welche Speisefolge von den Köchen zusammengestellt worden war, die jeder dazu eingeladene Magenbesitzer bezwingen mußte. Da hatte es als erstes Gericht Eiersuppe mit Safran, Pfefferkörnern und Honig gegeben; Hirsebrei; Schaffleisch mit Zwiebeln; gebratenes Huhn mit Pflaumen. Dann war das zweite Gericht gefolgt: kleine Fische in Öl und mit Rosinen; gebratene Gans

mit roten Rüben; gesottener Aal mit Pfeffertunke; geröste-
ter Bückling mit Senf. Als drittes Gericht: sauer gesottene
Fische mit Eiersalat und Petersilie; kleine Vögel in Schmalz
hart gebacken mit Rettich; gesalzene Barbe; Schweinskeu-
le mit Gurken; Gallerte mit Mandeln belegt. Zum Schluß
Eierkuchen mit Honig und Weinbeeren. Dazu hatte man
Wein und Bier getrunken, Bier und Wein durcheinander.
Und anschließend war paarweise getanzt worden, ein Rei-
gen, der erst seit vierzehn Jahren aufgekommen war und allgemein als unschicklich galt – deshalb tanzte man ihn um so
lieber. Eleonore war wunderschön gewesen an diesem Abend
im Gasthaus ihrer Schwester, doch Martin so vollgefüllt
und betrunken, daß ihn nach den Freuden der Tafel keine
Lust der Welt mehr noch zu betören vermochte.

»Merkst du, wie hier viele mit Mißtrauen und Besorgnis
auf die neue Entwicklung schauen? Den Konstanzern ist
der Erwerb plötzlich zu leicht gemacht worden. Kaum einer
muß sich noch mühen oder sich um sein wirtschaftliches
Fortkommen Gedanken machen. Durch die Überschwem-
mung der Stadt mit Fremden geht für die Einheimischen alles
gleichsam von selbst.«

Ein stattlicher Bürger mit rotem Wams und roter Nase, der
nur wenig entfernt von Martin auf der Bank saß, redete sich
in Rage.

»Noch nie zuvor war soviel Geld in der Stadt. Noch nie
konnte man so rasch zu großem Geschäftsgewinn kommen
wie eben jetzt.«

»Ja, Tettikoven«, pflichtete ihm ein dürrer, wieseliger
Schreiber bei, der einige Papiere vor sich ausgebreitet hatte,
aber dankbar für die Unterbrechung der Lektüre zu sein
schien. »Gerade die älteren Leute merken von Tag zu Tag
stärker, wie sich aller seelische Halt unwillkürlich lockert.
In ihrem an der Bibel geschulten Denken empfinden sie es
als ärgstes Übel, daß die Konstanzer ihr Brot nicht mehr im
Schweiße ihres Angesichts verdienen.«

»Schwarzach, das sind nur Nörgler, die selbst begütert sind oder sich wirtschaftlich gesichert fühlen.« Ein junger Geselle mit einer kecken Mütze auf dem Kopf widersprach heftig. »Ihnen geht es nur gut, wenn sie die anderen schwer arbeiten sehen. Und jetzt klagen sie, daß ihre Mitbürger und auch das niedere Volk nicht mehr bescheiden leben und, wie es sich gehört, karg essen, sondern sich dem üppigen Wohlleben ergeben. Diese Tugendwächter vergessen bloß, daß die Konstanzer an diesen tollen Zuständen eigentlich unschuldig sind.«

»Mag sein«, räumte Tettikoven ein, »vielleicht hast du recht. Unser zwar emsiger, aber doch gemächlicher Alltag hat jäh einer ungesunden Hast weichen müssen. In nur wenigen Wochen ist die Unrast eines ganzen Erdteils über uns hereingebrochen. Das hat uns alle überrumpelt und aus dem Geleis gebracht. Und der Papst hat wohl auch nicht gedacht, daß die Stadt, in der die Weltversammlung der Kirchenväter tagt, in einem Dunstkreis sinnlicher Lüste liegt.«

Schwarzach sekundierte eifrig: »Vor allem die Jugend ist mit einem Mal so vielen Verführungen ausgesetzt. Die jungen Männer, so Leute wie du«, meinte er mit Seitenblick auf den Gesellen, »die kommen jetzt leicht zu Geld, treiben sich mit Gauklern und fremden reichen Nichtstuern herum, lernen dabei bloß Spiel, Leichtsinn und Laster. Auch die Frauen und Mädchen sehen in den fahrenden Weibern, Tänzerinnen und Gewerbsbuhlerinnen schlechte Vor- und Wunschbilder, lassen sich unversehens zur Sünde verlocken, weil zweideutige Vergnügen stracks mit eindeutiger Münze bezahlt werden. Also für heimliche Genüsse unheimlich viel Geld, wofür sie sich dann modischen Tand kaufen können, all diese herrlichen Dinge, nach denen sich ein weibliches Gemüt dauernd sehnt, wie etwa Rosenöl fürs Haar, silberdurchwirkten Brokat, ein Stückchen steifen Taft zum Putz, venezianische Seide oder Samt aus Lucca…«

»…oder den Hennin, diesen verrückten hohen Spitzhut der

französischen und burgundischen Frauen, hinter dem unsere schönen Konstanzerinnen neuerdings herrennen wie der Teufel hinter der Seele…« Tettikoven dachte offenbar gramvoll an die Putzsucht seiner eigenen Frau.

»Ja, Genießerei und Schaulust verdrängen Fleiß und Ehrbarkeit. Um des leichten und großen Geldgewinnes ordnen wir uns hörig den Wünschen der gut zahlenden Fremden unter. Wir Konstanzer verlieren dadurch nicht nur unsere Seelenruhe, sondern auch unseren Eigensinn. Wir merken es nicht einmal, wir sind fröhlich und sündigen ohne Hemmung drauflos. Einfältige Gemüter glauben sogar, auch Todsünden würden ihnen vergeben, weil ja der Papst mit den vielen ehrwürdigen Kirchenvätern in unseren Mauern weilt. Und jetzt steht das Frauenhaus neben dem Gotteshaus.«

»Nicht ganz. Die Dirnen sind in Petershausen.« Der Geselle gab sich informiert.

»Das ist gleich nebenan. Was spielt es für eine Rolle, ob man zwei oder zwanzig Minuten geht, um der Sünde ihren Tribut zu zollen?«

Martin dachte über das Gehörte nach. »Nach Petershausen gehen« war in der Tat ein feststehender Begriff für Unzucht geworden. Die Lockerung der Sitten war unübersehbar, eine geradezu verzweifelte Lebenslust an jeder Straßenecke zu spüren. Er hing seinen Gedanken nach, philosophierte über die Gewalt der Schranken, von denen sie alle beständig umzingelt waren, die sie dauernd beengten. In jeder persönlichen Regung gehemmt, von Vorschriften der Kirche, der Zünfte umstellt, blieb für viele nur die Befriedigung ihrer Sinne. Es war die einzige Willensfreiheit, die man ihnen noch gelassen hatte. So wurden sie maßlos, obwohl Martin es nie so genannt hätte. Es erschien ihm nicht so ungeheuerlich. Oder doch?

Martin hatte genug gehört, getrunken und gegessen. Er leerte seinen Krug, stand auf, drückte dem Wirt einige Münzen in die Hand und verließ das Gasthaus. Draußen pfiff es ihm eisig um die Ohren, er zog seinen Umhang fester und stemmte sich gegen den Wind. Er merkte nicht, wie sich von der Gasthausmauer ein Schatten löste und ihm folgte. Der Schatten ging ihm durch die nächtlich verlassene Stadt nach, vorbei an wenigen Lichtern, an abweisenden Häusern und geschlossenen Toren. Einige Betrunkene drängten sich lautstark an Martin vorbei, und der Schatten duckte sich in einen Hauseingang. Den Betrunkenen schien der Sturm nichts auszumachen. Sie waren längst in der gnädigen Wärme des Rausches angekommen, zogen schwankend und grölend weiter.

Martin stieß sich an etwas Dunklem, fluchte über die Ketten, die hier überall kurz vor Einbruch der Dunkelheit quer über die Gassen gespannt wurden, um Reiten, Fahren und nächtliche Raufereien zu verhindern.

In der Nähe des Sees sah er eine Ansammlung von Männern stehen. Es war ungewöhnlich, daß sich so spät noch jemand draußen aufhielt. Martin ging auf die Gruppe am Ufer zu, beobachtete, wie zwei Männer mit langen Stöcken ein Bündel aus dem Wasser zu fischen versuchten. Einen Sack, oben zugebunden. Er schien von einigem Gewicht zu sein, es dauerte eine Weile, bis das Bündel, schwer vom Wasser, ans Ufer dirigiert werden konnte.

»Wir haben es eine Meile von hier treiben sehen«, sagte einer der Männer, der eine Fackel hielt, welche die Szenerie mit unruhigem Licht beleuchtete.

Mit Anstrengung und auch mit lautem Rufen zogen die Männer den Sack an Land. Der Lärm weckte die Anwohner der Uferstraße auf. In etlichen Häusern wurde Licht gemacht, Frauen und Männer traten auf die Straße, und die Menge schwoll mit jeder Minute an. Martin drängte die Umstehenden beiseite, bahnte sich einen Weg und kniete vor dem

Bündel nieder, dessen Knoten die beiden Männer jetzt lösten. Unterdrückte Schreie, als eine Hand sichtbar wurde. Das Sackleinen wurde heruntergezogen, eine Frau kam zum Vorschein. Und trotz der Nässe konnte jeder sehen, wie jung sie war. Martin strich ihr das schwarze Haar aus dem Gesicht, befahl einem der Männer, die Fackel näher zu halten. Als das Licht auf die Leiche fiel, schrie eine der Zuschauerinnen:

»Oh, mein Gott… Es ist Sophie… Sophie Vischar, die Tochter des Kaufmanns.«

»Ja, du hast recht«, pflichtete ihr einer der Männer bei. »Es ist wirklich die kleine Vischar, ich erkenne sie auch.«

Ein Raunen ging durch die Menge. Martin erhob sich. Nun also auch noch eine Leiche. Wie kommt eine schöne junge Frau in einen solch unansehnlichen Sack und treibt durch die eiskalten Wasserstraßen von Konstanz? Martin wandte sich an die beiden, welche die Leiche identifiziert hatten.

»Ihr kennt die… Person? Sophie Vischar, sagt Ihr?«

»Vischar ist der mächtigste Mann in Konstanz. Er ist Ratsherr, einer der Erbauer des großen Kaufhauses. Ihm gehört ein Viertel des Marktes hier. Sophie ist seine älteste Tochter.«

Inzwischen waren zwei Wächter gekommen, an die Martin sich wandte:

»Bringt sie zum Haus ihrer Eltern. Und ihr alle, geht jetzt nach Hause.«

Nur widerwillig zerstreute sich die Menge, löste sich in kleinere Grüppchen auf, in denen heftig getuschelt und gerätselt wurde.

Martin blieb zurück, blickte auf das unter den Böen des etwas ruhiger gewordenen Windes sich kräuselnde Wasser. Er nahm sich vor, am Morgen die Vischars aufzusuchen. Ein verschwundener Kardinal. Eine Wasserleiche. Keine guten Nachrichten. Kein schöner Empfang für den König, der sein Kommen für morgen angesagt hatte.

Da Eleonore es nicht geschafft hatte, ins Wirtshaus zu kommen, machte er sich auf den Weg zu ihr. In der Gasse, in der sie wohnte, war überhaupt kein Licht mehr, so daß er sich auf die Wegweisung des Mondes verlassen mußte, der wie vom Wind geschaukelt zwischen den düsteren Wolken am Firmament hing. Angekommen bei dem ihm schon so vertrauten Haus, fand er das Tor angelehnt. Er schlüpfte hinein, tastete sich bis zur Kammer vor, deren Tür sich öffnete, bevor er sie erreicht hatte.

Eleonore stand im Widerschein eines Feuers, das hinter ihr brannte. Sie hauchte ihm einen Kuß auf seine Lippen, zog ihn ins Zimmer und schloß leise die Tür hinter ihm.

Ein starker Duft nach Tannenzweigen erfüllte die Kammer. Auf dem Boden stand ein kleines ausrangiertes Faß mit Zweigen verschiedener Nadelhölzer, die einen würzigen Geruch verströmten. Martin legte seinen Umhang ab, näherte sich dem Feuer. Eleonore trat hinter ihn, umschlang ihn mit beiden Armen, wiegte sich hin und her.

»Ich habe auf dich gewartet«, flüsterte sie ihm ins Ohr, an dem sie vorwitzig zu knabbern begann.

Martin nickte nur. Er drehte sich um, sah sie lächelnd an.

»Dein Warten wird sich gelohnt haben«, versprach er.

Sie kicherte.

»Das will ich hoffen…«

Martin zögerte keine Sekunde mehr. Er nestelte an seinen Kleidern, Eleonore war schneller ausgezogen.

»Komm… komm…« In ihrer Stimme war rauhe Ungeduld. Sie zog ihn auf das Lager, fegte mit einer Hand ein paar Kissen zur Seite, bedeckte sich und ihren Liebhaber mit einer Decke, aber nur halb. Sie ließ ihn ihre Schönheiten sehen. Eine Zeitlang schauten sie sich nur an. Eleonore öffnete ihren Mund, als wollte sie etwas sagen, aber es war nur ihr schwer werdender Atem, den sie ihn hören ließ.

Dann begann er selbstvergessen ihre Haut zu streicheln, ihre Konturen nachzuzeichnen, als müsse er sich mit einer unbekannten Landschaft vertraut machen. Er verwöhnte ihre Brüste mit festen, modellierenden Bewegungen, die kleine zuckende Stromschläge auslösen mußten, denn sie riefen bei Eleonore ein tiefes, gutturales Stöhnen hervor. Sie griff zum kleinen Martin, ließ ihn mit nicht sehr kräftigen, aber wohltuenden Griffen durch ihre Hand gleiten, bis er sich ganz aufgereckt hatte. Das Präludium löste bei Martin eine kaum mehr zu unterdrückende Sehnsucht nach der verborgenen Schatzkammer ihres Leibes aus. Er steckte seine Nase tief in ihr blauschwarzes Nest, Eleonore bäumte sich hoch, streckte ihm einladend, ja fordernd ihr Becken entgegen, so daß er mit beiden Händen ihren Hintern umfassen und ihn in seiner ganzen Pracht liebkosen konnte. Dann drehte sie sich um, brachte Martin mit sanftem, aber energischem Druck in die für ihn ungewohnte Rückenlage. Für einen Moment schien sie zu überlegen, ob der vorwitzig zuckende Speer die Gunst ihrer Lippen finden sollte, dann entschied sie sich mit einem glucksenden Lachen, daß es ihr mehr Spaß machen würde, den heiligen Georg zu reiten.

»Komm in meinen Brunnen, durstiger Geselle«, flüsterte sie mit einem leisen Keuchen und führte ihn auf seinem Weg durch die Furchen ihres Fleisches.

Sie ritt über den See ihrer Leidenschaften, rieb dabei ihre purpurn aus der Scham leuchtende Knospe, warf die Haare, den Kopf nach hinten, lehnte sich zurück, so daß Martin nur noch ihre Brüste und ihren Hals sehen konnte. Dann schloß er verzückt die Augen, prägte dieses Bild tief in sich ein, überließ sich ganz ihrer Führung, tat nichts weiter, als den prallen, runden Bewegungen ihres Beckens mit den Händen zu folgen. Bis sie, schon vom Glück leichter Erschöpfung erfüllt, von ihm herunterstieg, in einer obszönen Geste ihre Beine so weit spreizte, daß er in ihrer dunkel schimmernden Kammer mit vier, fünf Stößen ein feuchtes Finale auslösen konnte.

Martin drehte sich um, fühlte sich wie ein trauriges Tier,

erfüllt von einem namenlosen Wunsch nach dieser Ruhe, die nach dem Sturm wie mit leichten Flügelschlägen durch den Raum zog. Die Bilder der schönen jungen Toten schoben sich in seinen Sinn. Eleonore legte sich in seinen Rücken, die Finger in ihrem Nest verborgen, wo sie kleine, heimliche Bewegungen ausführte und einige Nachbeben bewirkte, die sie still genoß.

Martin wandte sich um, sah sie lächeln. Zwei, drei Minuten beobachtete er sie, wie sie mit geschlossenen Augen kam, immer wieder, glühend zwischen den fest zusammengepreßten Beinen. Schließlich verschränkte sie die Arme hinter ihrem Kopf, streckte sich so lang aus, wie sie nur konnte, und sang für Martin mit unverhohlenem Spott leise ein Liedchen:

> *»Des obends komt min her der schriber gegangen,*
> *mit sinem fehen mantel umbhangen,*
> *'sint wilkomen, her kurtesan!*
> *wollent ir mir ein Guldin geben,*
> *mit uch wil ich slofen gan!«*

Martin sah sie erstaunt an.

»Woher kennst du dieses Lied?«

»Aus Petershausen.«

»Allmächtiger! Gott ist in Konstanz herabgekommen, und deshalb auch sein Widersacher heraufgestiegen. Beide können sich wohl nur auf Erden bekämpfen.«

»Rede keinen Unsinn. Die Seele kommt nicht vom Himmel und der Leib nicht aus der Hölle. Und wenn Gott zornig ist, der Teufel aber vergnügt, ist mir der leibhaftige Gottseibeiuns allemal lieber.«

»Man redet überall in der Stadt von den angenehmen Verführungskünsten eures liebenswürdigen Teufels. Er scheint die ganze Weiblichkeit von Konstanz und Umgebung für sich eingenommen zu haben.«

Eleonore wurde rot, mehr vor Wut als vor Scham, wie es schien. Sie richtete sich auf und funkelte Martin erbost an. »Was weißt du von der ganzen Weiblichkeit? Es ist dies hier, das Brennen hier drin...« Sie reckte ihm ihre Brüste entgegen. »Davon hast du keine Ahnung.«

»Eleonore, so ernst meine ich es nicht. Aber die Festlichkeiten, das Schaugepränge, die feierlichen Einzüge hoher Herren – das alles scheint seinen Eindruck nicht verfehlt zu haben. Das hat wohl die erregten Frauenherzen alle in Spannung gebracht.«

»Ja, in Spannung. Was ist daran so verkehrt?« Eleonore war noch immer aufgebracht. »Ich liebe es, hörst du, ich liebe es. Und ich kann sie verstehen, diese Konstanzerinnen. Es ist ein Rausch, und sie finden ihn hinreißend. Ein Rausch für Auge, Ohr, Gaumen. Ein Rausch für die Heimlichkeiten des Leibes. Ein Rausch ohne Ende.«

»Ein Rausch, der euch besoffen macht«, warf Martin ein, nun doch etwas verschnupft. »Der euch den Gulden mühelos zurollen läßt. Es gehört jetzt schon unter den gesitteten, eingesessenen Bürgern dieser Stadt zum guten Ton, daß Verheiratete Liebesverhältnisse haben.«

»Ach, Martin, sei nicht so furchtbar scheinheilig. Was meinst du, mit wem du es seit Wochen treibst? Hast du dich eine Minute lang bei dem Gedanken aufgehalten, daß du hier Abend für Abend eine verheiratete Frau vögelst?«

Martin zuckte verärgert mit den Schultern. Eleonore schien einen wunden Punkt getroffen zu haben.

»Darum geht es doch nicht. Aber es wächst sich immer schlimmer aus. Eben ist ein heißblütiger Ehemann noch eifersüchtig, dann überläßt ein angesehener Konstanzer Bürger seine Gemahlin leihweise einigen höheren Beamten des Königs. Ich weiß das, ich bin nahe genug dran. Einer eurer Bürger, man tuschelt, es sei Josef Simp, hat sogar seine Tochter verkuppelt, und wenn das herauskommt, wird er hängen, darauf gebe ich dir mein Wort.«

Martin stand auf, lief in der Kammer umher.

»Keiner weiß, wie viele Dirnen in diesem Tollhaus arbeiten. Mindestens siebenhundert, sage ich dir, Antiqua redet von fünfzehnhundert. Das Beispiel der Hübscherinnen steckt an: Kaum flügge gewordene Mädchen, auch junge Frauen ziehen ihrer Hausarbeit diesen leichtfertigen Lebenswandel vor, verkaufen Leib und Seele, finden nichts dabei. Das ist etwas ganz anderes als die paar Heimlichkeiten, die wir hier austauschen.«

»Ach ja? Martin, du übertreibst gewaltig. Was geht uns Petershausen an? Komm, leg dich wieder her. Du, mein Schöner...«

Erst als das Feuer ausging, war auch die Leidenschaft dieser beiden Liebenden erloschen, und Eleonore schlief in seinen Armen ein.

Am nächsten Morgen fand Martin zunächst keine Zeit, seiner Ahnung vom Vorabend nachzugehen. Er ging zum Haus Vischar, fand einen gebrochenen Vater, eine hysterisch schluchzende Mutter und vier Kinder, die still und wie versteinert in einer Ecke des Raumes saßen. Er hatte für die Familie nicht viel Trost parat, konnte nur versprechen, den Mörder so schnell wie möglich zu finden. Bartholomäus Vischar nickte. Er wirkte verloren in dem Prunkhaus, das er für sich und seine Familie gebaut hatte, eines der schönsten Häuser von Konstanz.

»Ich hätte mich mehr um sie kümmern sollen. Aber das Konzil, das Kaufhaus, die Geschäfte... Ich bin kaum noch zu Hause gewesen.« Er schien selber zu spüren, wie hilflos diese Erklärungen waren. Er packte Martin am Wams und zischte ihm mit unterdrücktem Zorn ins Gesicht:

»Schafft ihn mir her. Oder ich bringe ihn selbst zur Strecke, ich schwöre es Euch.«

Die Vorbereitungen des königlichen Einzugs nahmen fast den ganzen Tag in Anspruch. Am Nachmittag jedoch holte Martin seinen Freund Anselm im Kloster ab.

»Wir gehen nach Petershausen.«

Anselm sah ihn erstaunt an.

»Das bringt mich aber in freudige Erregung.«

»Spar dir das auf. Wir sind dienstlich unterwegs.«

»Ich nicht.«

»Glückspilz. Nun komm schon, ich will vor Einbruch der Dunkelheit zurück sein.«

In einer knappen halben Stunde waren sie in dem Gewirr der Gäßchen rund um die Abtei Petershausen angelangt. Sie setzten sich in eine Schänke, bestellten Bier und ein Brot. Anselm genoß die aufgeräumte Stimmung in diesem Wirtshaus, während Martin immer mißmutiger dreinblickte.

»Was hast du, mein Freund? Sag es deinem alten Gefährten in Christo.« Anselm blickte ihn gespannt an. Martin warf ihm einen mürrischen Blick zu. Endlich platzte er heraus:

»Eleonore war hier. Ich weiß es.«

»Und warum betrübt dich das?«

»Es muß nichts bedeuten, aber dies ist ein heißes Pflaster hier, das dürfte dir bekannt sein.«

»Nein, es ist mir nicht bekannt, aber ich werde es gerne kennenlernen.«

Martin gestattete sich ein schiefes Grinsen, stieß mit seiner Faust vor Anselms Brust.

»Na, dann geh und hör dich ein bißchen um. Vielleicht ist auch Sophie Vischar hier gewesen.«

Das Bier hatte eine einschläfernde Wirkung. Martin spürte die Anspannung der letzten Tage und die überall grassierende, nicht zu beschwichtigende Unruhe vor der königlichen Ankunft in der kommenden Nacht. Er nippte von seinem Bier, ließ sich zu essen bringen, wies die Hübscherinnen ab, die ihn immer wieder ansprachen, bis sie ihn endlich in Ruhe ließen.

Nur eine knappe Stunde später kehrte Anselm zurück, im Schlepptau zwei ausnehmend schöne Frauen, von denen eine rotes, die andere blondes Haar hatte. Die Rote war besonders üppig, ließ ein gurrendes Lachen hören, das Anselm zu betören schien. Die Blonde, schmal und mit einem apart geschnittenen Gesicht, setzte sich Martin gegenüber, nahm einen Schluck aus seinem Humpen und schaute ihn erwartungsvoll an.

»Dein Freund hier hat sich nach Sophie Vischar erkundigt«, sagte sie dann. »Sie war bei mir im Laternenhaus, als der Fremde kam und sie ansprach. Es war ein Kleriker, das habe ich sofort gesehen. Unsere bevorzugten Kunden sind fast alle Geistliche. Sie sind verschwiegen und besonders liebeseifrig. Der Fremde war ein Vornehmer, er redete ein gebrochenes Deutsch. Ich heiße Marie«, sagte sie übergangslos, »Marie Roggwiler. Ich komme aus St. Gallen. Sophie ist... war Konstanzerin.«

Martin nickte ihr freundlich zu, berichtete kurz von seinem Auftrag. Die Kunde von der Ermordeten war in Windeseile auch nach Petershausen gedrungen. Marie hatte es jedoch erst vor einer Stunde erfahren, weil sie den ganzen Tag verschlafen hatte.

»Kannst du den Fremden beschreiben?«

»O ja, natürlich kann ich das. Dieses Gesicht vergesse ich nicht.« Und sie beschrieb ihn so genau, so drastisch, seine Nase, die stechenden Augen, die schiefe Haltung, daß Martin den Unbekannten im selben Augenblick identifizieren konnte.

»Hast du mitbekommen, was der Fremde zu Sophie gesagt hat?«

»Nur ein paar Satzfetzen. Er gab ihr Geld, viel Geld, wie ich sehen konnte. Dann tuschelte er in ihr Ohr, Sophie zwinkerte mir nur kurz zu, dann verschwand sie mit dem

Fremden. Zurück ließ sie ihr Lächeln, als sie sich noch einmal umdrehte und mir ein Küßchen zuwarf.«

Marie wischte sich eine Träne ab, sah Martin dann trotzig an.

»Dieses Schwein«, sagte sie nur.

»Er muß es nicht gewesen sein...«

»Ich verwette meinen Arsch drauf, daß er's war. Oder er hat sie irgendwohin gebracht, wo man sie...«

Martin beugte sich vor, trocknete die Tränen mit seiner Hand ab.

»Ich finde ihn. Ich versprech's dir.«

Anselm ließ sich nicht dazu bewegen, sofort nach Konstanz zurückzugehen. Die Rote zog ihn mit sich fort, und der Bruder hob mit einem schiefen Grinsen die Schultern, als habe er keine Wahl. Martin sah ihm mit forschendem Blick nach.

Junien Chaveau, der Sekretär Garamonds. Die schöne Sophie ist sicherlich nicht mit ihm gegangen, weil sie sein Äußeres besonders ansprechend gefunden hätte. Auch das vorab angebotene Lockmittel Geld sprach dafür, daß der Magister im Auftrag handelte. Garamond, die Leuchte der Keuschheit, das Vorbild an Sittlichkeit und Moral. Er wollte ein Mädchen, und er ließ es sich holen, wie wenn man auf dem Markt etwas einkauft. Doch warum mußte sie sterben? Das ergab keinen Sinn.

Martin machte sich verdrossen grübelnd auf den Weg zurück in die Stadt. Ein unangenehm kalter Regen fiel vom Himmel, ein durchdringendes Rauschen, das jeden sofort durchnäßte, der sich nach draußen wagte. Martin zog sich die Kapuze fest um, hielt den Umgang mit beiden Händen fest und lief in eiligen Schritten die Gassen hinunter. Die Wolken sorgten für eine fast undurchdringliche Dunkelheit, aber Martin kannte den Weg durch das Stadtinnere inzwischen auswendig.

An einer Häuserecke sprang ihn der Schatten an.

Die Wucht des Aufpralls brachte Martin ins Wanken. Zwei starke Arme hielten ihn von hinten umschlungen und übten einen unerbittlichen Druck aus, der das Atmen fast unmöglich machte. Martin versuchte, den Angreifer durch heftige Tritte abzuschütteln, doch der Schatten hatte ihn derart fest in seinem Schraubstock, daß mit purer Kraft nichts auszurichten war. Er mußte den Kerl auf den Boden bekommen. Martin erinnerte sich an einen Kniff, den er einmal von seinem besten Freund gelernt hatte: Er machte sich so schlaff wie möglich, ließ sich mit vollem Gewicht nach unten hängen, als sei plötzlich alles Leben aus ihm gewichen. Und der Trick gelang: Der Angreifer lockerte die Umklammerung, so daß Martin mit einer letzten Kraftanstrengung wieder hochsprang und sich mit einer Vierteldrehung aus dem Griff befreien konnte.

Der Schatten stolperte, zögerte aber keine Sekunde. Nur daß er seinen Gegner nun von vorn angehen mußte. Martin gelang es nicht, ihn in der Dunkelheit zu erkennen, konnte nur einen dichten Bart ausmachen und ein finsteres Gesicht, dessen Augen ihn anstarrten. Noch war kein Wort zwischen den Kämpfern gefallen, mit einem unterdrückten Schrei sprang der Schatten wieder auf Martin, riß ihn zu Boden und versuchte, ihm einen Arm auf die Kehle zu drücken. Doch Martin war jetzt nicht mehr zu überrumpeln. Er ließ es nicht zu, daß sich der Schatten mit vollem Gewicht auf ihn wälzte, rollte zur Seite und traf den Unbekannten mit einigen harten Tritten in die Seite, so daß er keuchend liegen blieb.

»Wer bist du, Dreckskerl?« Martin setzte sich schwer atmend auf den gekrümmten Körper und hielt einen Arm mit dem Fuß fest. Der Schatten antwortete nicht.

»Was willst du?« fragte Martin weiter.

»Lass' meinen Bruder in Ruhe«, sagte der Unbekannte mit starkem französischen Akzent.

»Ich kenne deinen Bruder nicht«, zischte Martin und wollte, als sich der Mann unter ihm regte, den Druck verstärken.

»*Merde alors*, du spionierst seit gestern unentwegt hinter ihm her. Lass' mich los.«

Der Bruder des Kardinals! Wenn Garamond auch nur halb so kräftig ist wie sein Bruder, dürfte für ihn wohl nichts zu befürchten sein, dachte Martin. Er ließ den Franzosen los, rappelte sich auf und wischte sich mit den Händen die Nässe und den Schmutz aus der Kleidung.

»Wie ist dein Name?«

»Louis Garamond. Weinhändler aus Reims.«

»Sind alle Weinhändler bei euch so stark wie Fässer?«

Garamond konnte sich trotz seiner mißlichen Lage ein Lachen nicht verkneifen.

»Wo wohnst du?« fragte Martin.

»Im Gasthof ›Zur schwarzen Traube‹.«

»Das paßt ja. Lass' uns hingehen.«

Louis Garamond erwies sich als gesprächig, nach einigen Gläsern Wein sogar als redselig. Aber er wußte nicht viel Neues. Daß sein Bruder verschwunden war, hatte er erst gestern festgestellt, als er von einer Reise durch einige Weingüter rund um den Bodensee zurückgekehrt war. Das ganze Kloster war in Aufruhr gewesen, weil der prominenteste Gast, den seine Mauern beherbergten, unauffindbar war. Immerhin erfuhr Martin, daß Chaveau, der Sekretär, ihn wohl versteckt hatte. Nicht einmal Louis wurde zu seinem Bruder vorgelassen. Der Kardinal schien aber noch in Konstanz zu sein, denn Louis hatte auch Chaveau beobachtet, und der war kaum je aus dem Kloster herausgekommen. Spätestens jetzt würde sich Martin diesen Burschen vorknöpfen müssen.

»Ich wollte nicht, daß du ihn vor mir findest«, sagte der Weinhändler. »Es muß irgend etwas Schreckliches geschehen sein. Mein Bruder verschwindet nicht so einfach vom

Erdboden. Ich kenne ihn zu gut. Vielleicht ein Verbrechen, eine Entführung. Ich weiß es nicht. Chaveau aber weiß alles. Ich habe ihm gedroht, doch er hat nichts verraten. Also habe ich mich an dich herangemacht.«

Martin fand Junien Chaveau im Kloster, in einer Zelle im Gästetrakt. Er hatte nun zum ersten Mal Gelegenheit, sich den Sekretär genauer anzuschauen. Maries Beschreibung erwies sich als sehr zutreffend: Chaveau hatte etwas Verschlagenes, düstere Züge, eine Nase, die wie eine Waffe aus dem Gesicht hervorragte. Er wirkte nicht nur verschlossen, sondern ließ seinen Besucher sogar einen Hochmut spüren, den Martin äußerst unangenehm fand. Er antwortete auf keine der Fragen, die ihm gestellt wurden, wandte sich schließlich sogar arrogant ab, als sei Martin ein Niemand, den man ungestraft übersehen konnte.

»Also, noch einmal: Was wißt Ihr vom Verschwinden des Kardinals?«

Chaveau ließ sich nicht dazu herab, dem Drängen nachzugeben. Er blickte seinen Besucher nur mit einem ironischen Lächeln an. Da platzte Martin der Kragen. Er sprang auf den Sekretär zu, schleuderte ihn an die nächste Wand, hielt ihm die Kehle zu.

»Ihr werdet reden, und wenn ich alles aus Euch herausprügeln muß.«

Chaveau röchelte nur, machte aber keine Anstrengung, sich aus dem Griff zu befreien.

Martin drückte noch etwas fester zu.

»Was ist mit dem Kardinal? Und mit der hübschen Sophie Vischar, die Ihr wohl in Petershausen abgeschleppt habt?«

Der Blick des Sekretärs begann zu flackern.

»Was wißt Ihr von der Kleinen?« quetschte er hervor.

»Alles, hört Ihr? Alles. Wir haben sie gefunden, aus dem Wasser gezogen. Und Ihr seid der letzte gewesen, mit dem man sie gesehen hat. Also, redet endlich...«

Der Sekretär gab seinen Widerstand auf. Er stöhnte, als Martin ihn losließ und in eine Ecke stieß. Mit einem unterdrückten Fluch ging Chaveau zu Boden, riß dabei das Betpult um.

»Kardinal Garamond gab mir den Auftrag«, stieß er gepreßt hervor.

»Den Auftrag wozu? Kerl, laßt Euch nicht alles aus der Nase ziehen.«

»Er war fast einen Tag lang fort gewesen. Erst war er bei Sabon, dem Geldhändler. Wohin er dann gegangen ist, weiß ich nicht. Als er wiederkam, trug er mir auf, ich solle ihm eine Sünderin herbeischaffen. Eine schöne Sünderin aus Petershausen. Er wolle sie bekehren. Bis Weihnachten wolle er sie in den Schoß der Kirche zurückbringen.«

»Und Ihr habt ihm diesen grotesken Unsinn abgenommen?

»Der Kardinal ist ein frommer Mann. Er redet ständig über Sünde und Vergebung. Es hat nie auch nur den leisesten Zweifel an seinem vorbildlichen Lebenswandel gegeben. Ich hatte keinen Anlaß, ihm das nicht zu glauben.«

»Und dann?«

»Dann bin ich nach Petershausen gegangen. Sophie Vischar schien mir geeignet zu sein: eine Konstanzerin, eine wunderschöne junge Frau, voller Leben, aber irgendwie auf Abwege geraten. Ich habe ihr gesagt, Kardinal Roger Garamond aus Reims wolle sie sehen. Und ich habe ihr ziemlich viel Geld gegeben, das mir Seine Eminenz vorher zu diesem Zweck ausgehändigt hatte. Ich habe sie nicht lange überreden müssen. Sie kam gerne mit, war frohgelaunt. Auf dem ganzen Weg zurück in die Stadt plapperte sie ununterbrochen.«

»Ihr habt sie zu Garamond in die Zelle gebracht?«

»Ja, sie war ungefähr eine Stunde bei ihm. Dann ist der Kardinal…«

Vom Seeufer waren plötzlich kräftige Posaunenstöße zu hören. Der König! schoß es Martin durch den Kopf. Es mußte soweit sein. Also würde er doch noch in der Christnacht kommen.

Martin hatte keine Zeit mehr zu verlieren.

»Ich muß jetzt weg«, sagte er hastig. »Aber ich komme wieder. Bald sogar. Bleibt hier. Morgen früh will ich mit Garamond reden. Richtet ihm das aus. Habt Ihr verstanden?«

Der Sekretär nickte nur.

»Ihr werdet ihn hier finden.«

»Was, hier im Kloster?«

»Ja. Er hat sich in einem Keller versteckt. Er büßt dort seine Schuld.«

Martin verkniff den Mund zu einem schiefen Grinsen, ließ einen unterdrückten Fluch hören.

»Da hätte ich lange suchen können. Verkriecht sich in einem Keller seines Hospizes!«

Wieder wehten Posaunenstöße aus der Ferne, diesmal etwas lauter. Martin verließ das Kloster mit eiligen Schritten.

In der Christnacht lagen über dem See wieder Nebel, die auch tagsüber oft die ganze angrenzende Gegend überzogen. Vom Seeufer her hörte Martin ein Schallen und Widerhallen, auch aus den nahen Gassen summte es dumpf herüber, ein Lärm, der mit jedem weiteren Glockenschlag weiter anschwoll. Es hörte sich an, als ob draußen eine große Menschenmenge wogte. Und so war es auch: Ganz Konstanz war auf den Beinen, Bürger und Fremde, Geistliche und Weltliche, Männer und Frauen, Arme und Reiche. Um die zweite Morgenstunde ein Rufen, Brausen und Sausen, ein Gedudel und Gefiedel, ein unaufhörliches Rasseln und Brüllen, Trampeln und Rumpeln, das zuletzt in ein einziges ohrenbetäubendes Getöse überging. Immer wieder langgezogene Posaunenstöße dazwischen: König Sigismund traf mit großem Gefolge ein. Und Martin schaffte es gerade noch rechtzeitig, an Ort und Stelle zu sein.

Die Volksmassen, die den hohen Gast trotz der strengen

Kälte schon seit Mitternacht am Nordufer des Bodensees erwartet hatten, begrüßten ihn jubelnd. Von Überlingen her war der König mit dem Schiff gekommen, an der St.-Konrads-Brücke schließlich gelandet: Sigismund, seine junge und schöne Frau Barbara, Elisabeth, die Königin von Bosnien, Kurfürst Ludwig von Sachsen, Herzogin Anna von Württemberg – über neunhundert Personen. Vornehme, Soldaten und Troßleute, die den König und die Königin zu der um vier Jahre verspäteten Krönung nach Aachen am 8. November in der Marienkirche begleitet hatten.

Von den Schiffen wurden die hohen Gäste ins Rathaus auf den Fischmarkt geleitet, wo man ihnen in der eigens geheizten Ratsstube den Willkommenstrunk anbot. Nachdem sie sich dort ein wenig aufgewärmt hatten, überreichten ihnen die Konstanzer das Ehrengeschenk, zwei goldbrokatene Traghimmel. Und so schritten gegen drei Uhr in der Frühe König und Königin unter den Baldachinen, die je vier Männer an vier Stangen trugen, zum Gottesdienst in das Münster, wo Papst, Kardinäle, Konzilsväter und Bevölkerung seit Stunden frierend gewartet hatten. Durch die nächtlichen Gassen nährte man sich der Kirche – ein schier endloser, feierlicher Fackelzug, in dem auch Martin mitging und der »Pontifex« mit gewichtiger Miene direkt vor dem König herschritt.

Es war fünf Uhr morgens, als der Papst das Hochamt beginnen konnte. Er quälte sich durch die gesamte Weihnachtsliturgie mit mehreren Messen, der nächtliche Gottesdienst erstreckte sich sechs Stunden lang bis in den späten Vormittag. Ratsherren und Bürger, alle Konstanzer fühlten sich geschmeichelt von der Zepterhuld und dem Weihrauchsegen, durch die ihre kleine Stadt jetzt ausgezeichnet wurde. Und sie waren geblendet durch den Prunk, durch den Glanz dieses Treffens der beiden Häupter der abendländischen Christenheit, durch die Ehre, die ihnen hier zuteil wurde. Comenius Antiqua und seine Leute hatten ganze Arbeit geleistet. Der König hatte durch sie alles geschickt vorbereiten lassen, damit sein erster Auftritt in dieser Stadt der Völkerversammlung ihn in seiner ganzen prunkvollen Würde zeigte. Er kannte die Vorliebe der Menge für äußeren Glanz. Nichts blieb dem Zufall überlassen, Antiqua führte bis ins kleinste Detail Regie, jede Kleinigkeit bei diesem Empfang war auf Wirkung berechnet. Nicht ohne Hintergedanken war schon das Datum gewählt: eine Ankunft gerade am größten christlichen Fest des Jahres, als wollte man förmlich andeuten, ein König wie er müsse an einem besonderen Tag, am Tag auch der Ankunft des Sohnes Gottes erscheinen. Daher auch die ungewöhnliche Stunde des Eintritts in diese Stadt, zur Nachtzeit, bei Fackelschein und Kerzenflackern, die Christnacht als Königsnacht.

Das alles ergriff die Gemüter der festlich gestimmten Zuschauer und umgab die Gestalt des Königs mit einem geheimnisvollen Zauber. Als er nach Konstanz kam, war er siebenundvierzig Jahre alt, seine zweite Frau Barbara kaum dreiundzwanzig. Man sah ihm die Genugtuung an: Die große Völkerversammlung am Bodensee war sein Werk. Und er ließ sich nicht einmal in der Kathedrale, auf dem Boden der kirchlichen Macht, das Zepter aus der Hand nehmen. Nach uraltem Brauch diente der römische König zwar als Diakon verkleidet, aber mit der Krone auf dem Haupt dem Papst vor dem Altar und sang wohl ein wenig zu inbrünstig das Evangelium: »Es erging ein Befehl vom Kaiser aus.« Martin konnte ein Grinsen nicht unterdrücken. Da der König wußte, daß man ihn immer wegen seiner wohlklingenden Stimme bewunderte, hörte er bei jeder Atempause dem letzten Ton wie ein selbstgefälliger Sänger nach, mit einer gewissen erhabenen Eitelkeit. Außerdem wußte er nur zu gut, wie er, der Hochgewachsene und Schlanke, den untersetzten und dickbäuchigen Papst gleichsam beiseitedrückte. Und wirklich blickten alle Gläubigen, auch Eleonore, die immer wieder Martins Hand faßte, mehr auf den dienenden Diakon mit der Krone als auf den messelesenden Träger der Tiara. Nach der ersten *Missa in nocte* verließ Martin jedoch den Dom und lief zum Haus »Zur Leiter« vor St. Stephan, wo der König für drei Tage absteigen sollte, bevor er das Quartier wechselte und vier Wochen in der Abtei Petershausen wohnte. Er ließ sich von der Wirtin, Eleonores Schwester Anna, ein kräftiges Frühstück geben.

An diesem Morgen hatte die Kälte nachgelassen, als wolle die Weihnacht den Menschen wieder etwas Wärme schenken. Auf seltsame Weise fühlte sich Martin getröstet. Der König hatte die Mauern von Konstanz erreicht, der Kardinal war so gut wie gefunden. Er brauchte wohl nur noch ein Gespräch zu führen, um auch hinter das Geheimnis der jungen Toten zu kommen. Möglicherweise war es ja für Roger Garamond eine Erlösung, mit jemandem zu reden, über seine Schuld zu sprechen. Vielleicht würde er sich so der Gnade des Weihnachtsfestes bewußt werden können, einer Menschwerdung, die auch für ihn wieder Gültigkeit bekäme. Vielleicht... Martin war sich nicht sicher. Aber es half nichts, die Begegnung hinauszuzögern. Er machte sich auf den Weg zum Dominikanerkloster.

Den Adlatus des Kardinals fand er im stillen Gebet in seiner Zelle. Er wartete ein paar Sekunden, bevor er ihn zu stören wagte.

»Monsieur... Monsieur... führt mich zu ihm. Ich habe mit Louis gesprochen. Auch er ist einverstanden, daß ich ihn sehe.«

Der Sekretär nickte nur, stand von seinem Pult auf und führte Martin aus der Zelle durch dunkle Gänge, in denen es schwerfiel, Orientierung zu behalten. An modrigen Wänden entlang, an blakenden Fackeln vorbei, durch unverschlossene Türen, schiefe und steile Treppen hinunter. Die schmiedeeiserne Tür, die Chaveau dann öffnete, ließ Martin in einen fast kahlen Kellerraum blicken, der durch eine Fensterscharte schwaches Licht bekam, ein dämmriges, flüchtiges Licht, in dem Martin nur schemenhaft eine Gestalt ausmachen konnte, die in sich gekrümmt auf ein paar Decken in der hinteren Ecke des Raumes lag.

»Holt Comenius Antiqua herbei, den Kanzler des Königs. Und er soll ein paar Männer mitbringen«, flüsterte Martin dem Sekretär ins Ohr, der nickte und sich zurückzog.

Der Kardinal bewegte sich nur mühsam, unter Stöhnen. Er richtete sich halb auf, versuchte blinzelnd, seinen Besucher zu erkennen. Martin sagte ihm seinen Namen und daß er beauftragt sei, ihn zu suchen. Garamond machte eine wegwerfende Handbewegung, als habe das alles für ihn keine Bedeutung mehr.

»Ihr habt mich gefunden«, sagte er mit brüchiger Stimme. Er ächzte, als er sich weiter aufzurichten versuchte.

»Habt Ihr Schmerzen?«

»Die Geißel«, sagte der Kardinal nur, als sei damit alles erklärt, »die Geißel... ich gebe sie mir fünfmal am Tag und zweimal in der Nacht... Ich muß es tun... Die sieben heiligen Werke... ich muß sie vollbringen.«

»Louis hätte Euch retten können. Warum habt Ihr Euch in diesem Kerker versteckt?«

»Louis... ich habe es nicht verdient, gerettet zu werden. Ich bin verloren, für immer. Ein Verdammter. Ich werde mich selbst richten...«

»Gott wird Euch ein gnädiger Richter sein.«

»Gott?... Seid Ihr verrückt geworden? Gott hat mich hierher geführt. Er hat mich in die Verzweiflung geschickt. Er hat mir die Lust gegeben, die ich nicht zu beherrschen vermochte. Warum hat er meine Sinne so in Aufruhr versetzt, mein Fleisch so gequält?«

»Erzählt mir alles...«

Der Kardinal richtete sich unter Mühen auf, setzte sich auf einen Stuhl und deutete auf einen anderen, auf dem Martin Platz nahm. Auf dem Tisch stand ein Zinnbecher neben einem großen Stück Brot, das Garamond kaum angerührt hatte, daneben lag eine Geißel. Martin nahm das *flagellum* in die Hand, es war eine Art Stock, von dem drei Stränge mit großen Knoten herabhingen. Durch diese Knoten liefen von beiden Seiten, kreuzweise, eiserne, nadelscharfe Stacheln, die etwas länger als ein Weizenkorn über die Knoten hinausragten. Mit solchen Geißeln schlägt er sich also auf den nackten Oberkörper, dachte Martin, bis er blaufarbig entstellt aufschwillt. Sogar an den Wänden konnte er Blutspuren ausmachen. Wieviel Energie gehörte dazu, alle sinnlichen Wünsche in sich abzutöten, sich so brutal selbst zu bestrafen für jede Regung des Fleisches? Der Kardinal war kleiner als sein Bruder, drahtiger, fast härter. Und jetzt gebeugt unter der Last seiner moralischen Ansprüche und der Doktrinen seines Glaubens.

»Erzählt es mir… Was war mit dem Mädchen?«

Der Kardinal sah ihn erstaunt an. Nach einem Zögern antwortete er:

»Chaveau hat sie mir gebracht. Er hat sie in Petershausen angesprochen, hat sie gefragt, ob sie einem hohen französischen Herrn dienen wolle. Er hat ihr gleich Geld gegeben, um sie gefügig zu machen. Sie ging zwar mit ihm, aber sie war alles andere als gefügig. Ich sah es gleich, diesen Eigensinn in ihren Augen, einen kaum zu brechenden Stolz. Hoffart, Stolz auf ihre Jugend, auf ihre Schönheit, auf ihre elegante Statur. Sie reckte mir ihr Kinn entgegen, als sei ich irgend so ein hergelaufener Bursche vom Land. Das machte mich verrückt. Ich war wie von Sinnen. Stolz. Und Angst, sich mir zur Wehr setzen zu müssen. Sie wußte sehr genau, wer ich war – und daß man einem Kirchenfürsten nicht so einfach Nein sagen kann.«

»Dann habt Ihr ihr Gewalt angetan. Um ihren Widerstand zu brechen…«

»Nein…nein. Ich habe sie nicht angerührt. Ich begehrte sie, aber vor der kleinsten Berührung zuckte sie zurück. Dann gab ich ihr von dem Mittel, das ich für mich selbst zur

Stärkung meiner Manneskraft erstanden hatte, den Liebestrank, den ich mir für teures Geld besorgt hatte, um diese Nacht zu einer unvergeßlichen zu machen.«

»Aus dem Laden in der Paulsgasse?«

Garamond nickte.

»Ich habe ein halbes Vermögen für das Fläschlein bezahlt. Es sei alles Geld wert, hatte der Alte geraunt. Es mache die Männer spitz und öffne jeden Schoß.«

»Und diesen Trank habt Ihr Sophie Vischar gegeben?«

»Ich habe ihn in ihren Wein getan. Sie war durstig, trank in großen Schlucken. Aber eine Wirkung schien das Zeug nicht zu haben, jedenfalls keine spürbare. Da habe ich ihr noch mal davon gegeben und, als sie davon nicht williger wurde, noch mal und noch mal.«

»Sie hat das alles freiwillig getrunken?«

Der Kardinal fuhr sich mit der Hand über die Augen. Er sah müde aus, verloren in diesen verborgenen Tiefen seiner unerschlossenen, verkümmerten Sinne, durch die er sich jetzt hindurchquälte. Er schwieg, drehte den Kopf weg, starrte die Wand und das dort hängende Kruzifix an, als würde es für ihn die Antwort geben können.

»Ich wollte es so sehr. Ich wollte es nur einmal, dann wäre ich zu jeder Buße bereit gewesen. Sie hat sich gewehrt. Zum Schluß sprang sie auf wie ein wildes Tier... wollte zur Tür, aber ich hatte sie abgeschlossen. Sie schrie, ich hastete zu ihr, hielt ihr den Mund zu. Dann flößte ich ihr den Trank ein. Alles, was noch in der Flasche war.... bis auf den letzten Tropfen. Alles sollte sie schlucken, ich wollte es ihr geben... ihr geben... in den Mund. Sie verschluckte sich ständig. Dann sank sie plötzlich in meinen Armen zusammen. Panik erfaßte mich. Ich ließ sie auf den Boden gleiten.«

Garamond schaute Martin direkt an. Seine verschatteten Augen sprühten ein letztes Feuer.

»Es war vorbei. Und ich fühlte es naß zwischen meinen Lenden.«

Martin blickte weg. Er sah nur das Gesicht der schönen, jungen Sophie, die man aus dem See gezogen hatte.

»Chaveau und ich, wir haben sie dann weggeschafft. Wir schleiften sie mitten in der Nacht in einem Sack zum See hinunter. Und ich kehrte zurück, um mein Martyrium zu beginnen.«

Ein Poltern auf der Treppe unterbrach diese Confessio. Comenius Antiqua betrat dröhnend den Keller, hinter ihm drei Männer, die in ihrer übertriebenen Bewaffnung martialisch aussahen.

»Hier habt Ihr ihn, den Freund unseres Königs«, sagte Martin und wies auf den Kardinal, der aufgestanden und auf die Gruppe zugeschritten war.

»Eminenz, was... was macht Ihr hier?« stammelte der bullige Kanzler, halb entzückt, den Kardinal gefunden zu haben, halb verwirrt, ihn in diesem Keller zu sehen. Garamond blickte zu Boden.

»Er büßt für seine Tat«, sagte Martin kurz angebunden. »Er ist schuld an ihrem Tod... Sophie, das Mädchen von gestern abend, wißt Ihr?«

Er drängte sich an den Männern vorbei und lief, so schnell er konnte, durch die Gänge nach oben. Als er draußen war, stand die kalte Sonne hoch oben im Zenit des Weihnachtsmorgens und tauchte den Horizont in ein irisierendes Mittagslicht voller Glanz.

Martin atmete tief durch. Er kehrte zurück ins Kloster, diesmal durch das Haupttor, fragte den Pförtner nach Bruder Anselm.

Der Freund ließ nicht lange auf sich warten. Martin erzählte ihm von dem Ungeist, der sich in den Mauern dieses Klosters herumgetrieben hatte, bis eine junge Schönheit an seiner Besessenheit zerbrechen mußte.

»Kommst du mit, Eleonore suchen?« fragte er schließlich. Anselm lächelte.

»Keine Frage. Wo fangen wir an? In Petershausen?«

»Lass' die Scherze. Anselm, mein Bruder, ich verstehe die Frauen nicht.«

»Und ich nicht die Männer. Etwas in ihnen lebt nicht. Und sie brauchen die Frauen, um es zum Leben zu erwecken.«

Christa-Maria Zimmermann

DER SCHMUCK DER SARAZENIN

Darum sammelt euch Schätze im Himmel, wo weder Motte noch Wurm sie zerstören und keine Diebe einbrechen und sie stehlen. Denn wo euer Schatz ist, da wird euer Herz sein.« Der Prediger ließ die ausgebreiteten Arme sinken und legte die Hände über der Brust zusammen. Es ging ein Atemholen durch die große Kirche wie ein Seufzen. Gebannt hatten die dichtgedrängt stehenden Gläubigen der Predigt gelauscht. Die Stimme des grauen Mönches hatte den Raum gefüllt wie eine gewaltige Woge, hatte die Seelen der Zuhörer emporgehoben zu den lichtdurchfluteten Gefilden der Seligen, die den Gerechten erwarten, hatte sie hinabgerissen in Entsetzen und Verzweiflung mit der grauenerregenden Beschreibung aller Höllenqualen, die auf den Reichen und den Geizigen, den Prasser und den Raffer lauern, hatte sie wieder besänftigt mit dem Aufzeigen der Möglichkeiten, diesen Qualen zu entgehen.

Ja, er hatte ihnen die Wahrheit vor Augen gestellt, der

graue Mönch, und niemand hätte seinen Worten widersprechen können. Hatte nicht Gott, der Allmächtige, der Stadt Kaiserswerth in überreichem Maße Huld und Gnade erwiesen, weil er gleich zwei Heilige auf ihrem Grund und Boden hatte leben, wirken und sterben lassen? An ihrem Grab hatten sich Wunder ohne Zahl ereignet, so daß seit nunmehr 620 Jahren Kranke und Hilfesuchende zu den Reliquien der Heiligen Suitbertus und Willeicus pilgerten und um Beistand flehten. War nicht eine Klosteranlage entstanden mit mittlerweile vierzig Chorherren, die Tag und Nacht dem Lobe Gottes und seiner Heiligen dienten? War nicht eine mächtige Kirche erbaut worden über diesen Reliquien, die an Schönheit ihresgleichen suchte und erst vor hundert Jahren durch eine moderne Choranlage erweitert worden war? Hatte man nicht einen Schrein in Auftrag gegeben in der Werkstatt des berühmtesten Goldschmiedes aller Zeiten, des Meister Nikolaus von Verdun, der das goldene Antependium für Klosterneuburg bei Wien und den Schrein für die Gebeine der Heiligen Drei Könige im Hohen Dom zu Köln gefertigt hatte? Meister Nikolaus war längst tot, seine Nachfolger und deren Nachfolger hatten die Schreine für den heiligen Anno in Siegburg und für den heiligen Albinus in Köln und den heiligen Karl in Aachen schon vor Jahrzehnten fertiggestellt. Nur der Schrein für Kaiserswerth wartete noch immer auf seine Vollendung – seit mehr als hundert Jahren.

Hatten die beiden Heiligen das verdient, fragte der graue Mönch anklagend. Mußten sie nicht erzürnt sein, daß ein Jahr nach dem anderen verstrich und ihr schlichter Sarg aus Eichenholz noch immer ohne seine kostbare Hülle war? Die Gläubigen senkten beschämt die Köpfe. Und fürchteten sie denn nicht, daß die Heiligen sich von ihnen abwenden würden? War nicht der jahrelange Krieg und die Eroberung durch König Wilhelm von Holland 1249 schon eine Warnung gewesen? Der Kirchturm, den der Burgvogt Gernandus damals hatte abreißen lassen, um den Feinden kein leichtes Ziel zu bieten, war bis heute nicht wieder aufgebaut worden, obwohl Gernandus es geschworen hatte und sogar eine Schwurhand über dem Westportal hatte einmauern lassen. Die Kaiserswerther nickten bestätigend. Ja, auch das war richtig.

Die Stimme des grauen Mönches schwoll bedrohlich an. »Wer seid denn ihr, daß ihr eure sündigen Glieder schmückt mit Gold und Edelsteinen, daß ihr Beutel voller Gold- und Silberstücke an den Gürteln tragt, daß ihr jedoch das Haus für die heiligen Gebeine Eurer Fürsprecher ohne jeden goldenen Glanz laßt? Wie könnt ihr es wagen, reichgeschmückt vor den Altar Gottes zu treten und eure Augen zu den unfertigen Gestalten des Schreines zu heben, ohne euch zu krümmen vor Scham? Ihr kennt doch die Worte unseres Herrn: Eher geht ein Kamel durch ein Nadelöhr, als daß ein Reicher in den Himmel kommt. Und ihr seht doch, wie wenig noch fehlt! Alle zwölf Apostel sitzen unter ihren Arkaden. Die Gottesmutter Maria thront vor dem Tor des himmlischen Jerusalem. Schmilzt euch nicht das Herz, wenn ihr seht, wie sie lächelt? Der heilige Suitbertus trägt Mitra und Bischofsstab. Schaut König Pippin an und seine Frau, die heilige Plektrudis, die ihm zur Seite stehen und voller Verehrung zu ihm aufschauen. Haben die beiden etwa Jahrzehnte gezögert, dem englischen Missionar Suitbertus die Insel im Rhein zu schenken, auf der später eure Stadt entstanden ist? O nein, sie gaben sofort und aus vollem Herzen. Und auch heutzutage gibt es leuchtende Beispiele von Freigebigkeit. Der verstorbene Chorherr und Thesaurar Tyllman von Nideggen hat in seinem Testament verfügt, daß zwei Jahreseinkünfte seiner Pfründe für die Vergoldung des Schreines verwendet werden sollen. Also folgt ihrem Vorbild. Bringt allen Schmuck, den ihr tragt, und alles Geld, was ihr bei euch habt, als Opfergabe. Der Goldschmied ist schon bestellt, der es einschmelzen und den Schrein damit über-

147

ziehen wird. Und danket Gott für die Gelegenheit, euch von Tand und Flitter und Geld trennen zu können. Denkt daran: Eher geht ein Kamel durch ein Nadelöhr, als daß ein Reicher in den Himmel kommt. Der beste Platz für Gold und Edelsteine ist ein Schrein für Reliquien, denn er ist ein Abbild des himmlischen Jerusalem, der Stadt, die von Gott her aus dem Himmel herabkam, erfüllt von seiner Herrlichkeit. ›Ihre Mauer ist aus Jaspis gebaut, und die Stadt ist aus reinem Gold, wie aus reinem Glas. Die Grundsteine der Stadtmauer sind mit edlen Steinen aller Art geschmückt. Die zwölf Tore sind zwölf Perlen; jedes der Tore besteht aus einer einzigen Perle. Die Straße der Stadt ist aus reinem Gold.‹ So beschreibt es der heilige Johannes in seiner Offenbarung. Für eure sündigen Seelen aber sind Reichtümer eine große Gefahr. Denn der Teufel liebt die Schätze dieser Welt, um die Menschen damit in Versuchung zu führen. Wenn ihr ihm erliegt, so werdet ihr hinabgeschleudert in die ewige Finsternis, und dort wird Heulen und Zähneknirschen sein. Darum sammelt euch Schätze im Himmel, wo weder Motte noch Wurm sie zerstören und keine Diebe einbrechen und sie stehlen. Denn wo euer Schatz ist, da wird euer Herz sein.«

Der Chorherr Bernhardus von Erkenrode, der aus den Augenwinkeln die Gesichter der Kanoniker im Chorgestühl neben ihm und die der Gemeinde im Kirchenschiff beobachtete, nickte zufrieden. Es war eine ausgezeichnete Idee gewesen, den Franziskaner für die Predigt zu gewinnen. Reden konnten die Barfüßer, das mußte ihnen der Neid lassen. Die Kirchendiener hatten Mühe, Ordnung in die Menschenmassen zu bringen, die nach vorne strömten, um ihre Opfergaben in den großen Korb vor dem Suitbertusschrein zu legen. Die Leute waren sichtlich bewegt, viele hatten Tränen in den Augen. Frauen und Männer streiften die Ringe von den Fingern, lösten die Ketten vom Hals und die Schließen von den Mänteln, zogen die Agraffen von den

Hüten und Hauben und leerten ihre Geldbeutel. Sogar Kinder kamen und trennten sich von ihren Kettchen und Ringelchen.

Wieder nickte der Chorherr Bernhardus und faltete zufrieden die Hände über seinem ausgeprägten Bauch. Morgen würde er die Werkstatt benachrichtigen, daß mit der Vergoldung des Schreines begonnen werden könnte. Er wollte gerade in seinen üblichen Hochamtshalbschlaf verfallen, als ihn der Anblick zweier Gestalten in der Menge vor dem Opferkorb hellwach werden ließ. Was wollten die beiden Kerle dort? Sie trugen Bauernkittel und plumpe Beinkleider, darüber kurze Mäntel, alles aus derben, dunklen Stoffen gefertigt, und Holzpantinen an den Füßen. Der eine hatte lehmfarbene Haare und ein ausgemergeltes Gesicht, das übersät war mit Leberflecken, der andere war dunkelhaarig und wulstlippig, mit einem stark hervortretenden Adamsapfel, der beim Schlucken auf und ab hüpfte. Sie zogen die rissigen, verarbeiteten Hände aus den Ärmeln, knieten vor dem Korb nieder und legten zögernd etwas hinein. Es konnte bestenfalls eine schlechte Münze sein, dachte Bernhardus, und doch bedeutete das ein größeres Opfer für sie als für manchen Reichen sein ganzer Geldbeutel. Er sah, wie sie knien blieben und sichtlich überwältigt die angehäuften Kostbarkeiten betrachteten. Als sie sich erhoben, blickten sie sich an, und es war dieser Blick, der den Chorherrn ein leises Prickeln auf der Kopfhaut verspüren ließ, wie er es früher manchmal während der Jagd empfunden hatte, sobald Gefahr im Verzug war. Er versuchte, die beiden im Auge zu behalten, aber sie waren schnell in der Menge verschwunden. Von nun an beobachtete er die Opfernden scharf, und er hatte noch einige Male das Gefühl, daß der eine oder andere Mann ungebührlich lange den Inhalt des Korbes anstarrte. Die meisten kannte er nicht, aber sie sahen alle arm und zugleich verwegen aus.

Der Chorherr faßte einen Entschluß. Er war der Nachfolger des Thesaurars Tyllman von Nideggen, den der Barfüßer so lobend in seiner Predigt erwähnt hatte (was Bernhardus zu einem bitteren Lächeln veranlaßt hatte, denn die großzügige Stiftung war erst nach dem Ableben seines Vorgängers in Kraft getreten und ging somit nicht von dessen, sondern von seiner Pfründe ab). Im Haus des Schatzmeisters würden die heutigen Opfergaben aufbewahrt werden, bis der Goldschmied sie in Empfang nehmen und in seiner Gegenwart auswiegen würde. Bernhardus war ein unerschrockener Mann und in seiner Jugend ein berüchtigter Raufbold gewesen, zudem als Ritterssohn erfahren in allen Waffen. Aber das Leben als Chorherr hatte ihn verweichlicht, und er sah keinen Grund, seine pralle, rosige Haut der geringsten Gefahr auszusetzen. Er würde den Propst bitten, ihm zwei Männer zu geben als Wache vor seinem Haus. Er versuchte, sich das Gesicht des Propstes vorzustellen, wenn er nach dem Hochamt mit dieser Bitte zu ihm ginge. Der ehrwürdige Vater würde entsetzt sein bei der Vorstellung, daß Menschen fähig sein sollten, sich am Eigentum der Heiligen zu vergreifen. Seit der kürzlichen Übernahme seines Amtes in Kaiserswerth war er ohnehin in ständig wachsende Melancholie verfallen über die vielen Mißstände im Stift. Bernhardus zuckte mit den Achseln. Der Teufel hatte nun einmal Macht in der Welt und hielt viele in seinen Klauen. Es war besser, Vorsorge zu treffen. Noch bevor es anfing zu dämmern, mußten zwei Wächter vor dem Schatzmeister-Haus am Stiftsplatz stehen.

* * *

Der Bürgermeister von Kaiserswerth hatte seine Tochter zum Hochamt in die Stiftskirche begleiten wollen, aber als sie schon auf der Straße vor ihrem Haus am Markt gestanden hatten, war ein Bote mit einer dringenden Nachricht gekommen, und so war Lioba Veit nur mit ihrer Tante zur Messe gegangen. Jetzt hatten sich alle Angehörigen des bürgermeisterlichen Haushaltes im Eßzimmer versammelt und warteten, daß Jodocus Veit erschien. Sobald er den Raum betreten hatte, nahmen alle hinter ihren Stühlen Aufstellung, der Hausherr sprach das Tischgebet, rückte seiner älteren Schwester den Stuhl zurecht und hielt ihr seinen Teller hin. Seit dem frühen Tod der Ehefrau des Bürgermeisters hatte die unverheiratete Adelheid Veit alle Pflichten einer Hausherrin übernommen und auch die Mutterstelle bei ihrer einzigen Nichte vertreten.

Der Bürgermeister war im Geist noch bei der dringenden Botschaft und löffelte schweigend seine Suppe, wobei er gedankenverloren seine Tochter ansah, die ihm gegenüber saß. Plötzlich wurde sein Blick scharf.

»Hast du die Kette schon wieder in die Schatulle gelegt, Lioba?«

Das Mädchen, ebenfalls mit eigenen Gedanken beschäftigt, zuckte zusammen. »Die Kette? In die Schatulle? Ich... Nein.«

Jodocus Veit, der gerade den Löffel zum Munde führte, hielt mitten in der Bewegung inne. »Wo hast du sie hingelegt?« fragte er scharf.

In Liobas dunkle Augen kam ein Ausdruck von Erstaunen. Der Vater sprach meistens sehr freundlich mit ihr. »Ich – es ist so, Herr Vater – es war ein Mönch da eben im Hochamt, ein Franziskaner. Und er hat gepredigt, Ihr könnt Euch nicht vorstellen, wie! Sogar Tante Adelheid hat...«

»Wo ist die Kette?«

Lioba schluckte. »Ich – ich habe sie in den Opferkorb gelegt.«

Der Löffel in der Hand des Bürgermeisters fiel klirrend auf den Tellerrand. Der Teller zerbrach. Sein Inhalt lief über die Tischplatte und tropfte auf die Oberschenkel des Bürgermeisters, aber der schien nichts davon zu merken. Seine braune Haut hatte sich ins Grünlichgraue verfärbt. Er starrte seine Tochter an und bewegte die Lippen, aber es kam kein Ton heraus. Alle Anwesenden hatten ihre Löffel sinken lassen und sahen den Hausherrn beklommen an.

»Unser Herr Jesus Christus hat gesagt: ›Eher geht ein Kamel durch ein Nadelöhr, als daß ein Reicher in den Himmel kommt‹«, versuchte Lioba zu erklären.

Ihr Vater fand mühsam seine Sprache wieder. »Du hast die Kette nicht mehr?« fragte er flüsternd, als ob er seinen Ohren nicht trauen wollte.

»Ich habe sie als Opfergabe dargebracht. Der Schrein muß endlich vergoldet werden.«

»Die Kette meiner Urgroßmutter? Das einzige Erbstück aus ihrer Familie?«

»Aber Herr Vater! Was sollen uns Schätze auf Erden, wo Motte und Wurm sie fressen? Der Franziskaner...«

»Schweig still!« donnerte Jodocus Veit, der endlich seine Stimme wieder in voller Lautstärke gebrauchen konnte. »Die Kette gehört dir nicht! Ich habe sie dir nur für den Kirchgang gegeben. Du wirst sie erst an deinem Hochzeitstag bekommen.«

Lioba zögerte. Dies war zweifellos nicht der geeignete Moment, grundsätzliche Dinge zur Sprache zu bringen. Aber sie mußte endlich einmal Farbe bekennen. »Ich will nicht heiraten.«

Ihr Vater rang nach Luft. »Du willst nicht...? Was willst du dann?«

»Ich werde ins Kloster gehen.«

Das Gesicht des Bürgermeister wechselte erneut die Farbe. Es war jetzt dunkelrot. »Darüber bestimme ich! Meine einzige Tochter geht nicht ins Kloster. Und du kannst sicher sein, daß dich keine Äbtissin aufnehmen wird ohne meine Zustimmung, denn es ist der Wille Gottes, daß die Kinder ihren Eltern gehorchen.«

»Es ist der Wille Gottes, daß wir die Nachfolge Jesu Christi antreten«, sagte Lioba ruhig. »Die heilige Clara hat sich auch ihrem Vater widersetzt.«

152

»Schweig!« brüllte Jodocus Veit wieder. »Du vergehst dich gegen das vierte Gebot!« Er funkelte seine Schwester an. »Da siehst du, was du anrichtest mit deiner Frömmelei und deinem Schwärmen von Gottesminne. Ins Kloster! Ich darf gar nicht daran denken! Wir haben doch hier im Stift täglich vor Augen, was das bedeutet. Ein Leben in Verschwendung und Müßiggang und oft sogar in Sünde! Und dafür soll ich mein einziges Kind hergeben?«

»Du übertreibst, Jodocus.« Adelheid Veit hatte sich von dem Vorwurf ihres Bruders nicht aus der Ruhe bringen lassen und sprach gemessen wie immer. »Weil die Stadt Kaiserswerth nicht im besten Einvernehmen mit dem Stift steht, brauchst du die Chorherren doch nicht in Bausch und Bogen zu verdammen. Es gibt Mißstände, gewiß, niemand kann das leugnen. Sie sind überall eingerissen. Deshalb hat Gott der Herr den Heiligen Franziskus geschickt, damit er Seine Kirche rettet.«

»Aber die Kirche will sich nicht retten lassen«, erwiderte Jodocus Veit grimmig. »Hast du vergessen, daß der Papst in Avignon erst vor kurzem vier Franziskaner hat verbrennen lassen, weil sie von dem Gelübde der absoluten Armut nicht ablassen wollten? Die Kirche kann nicht arm sein.«

Adelheid Veit öffnete schon den Mund, um ihm zu antworten, aber ihr Bruder schnitt ihr das Wort ab.

»Versuche nicht, mich in theologische Diskussionen zu verwickeln. Sie sind mir gleichgültig. Auch die Franziskaner sind mir gleichgültig und die Chorherren ebenfalls. Was mich interessiert, ist das Leben meiner Tochter. Und das werde ich bestimmen. Ich führe seit langem Verhandlungen über eine Eheschließung. Und zwar über eine ganz außergewöhnlich vorteilhafte Eheschließung. Sie sind so gut wie abgeschlossen. Du wirst begeistert sein, mein Kind.«

Lioba sah keineswegs begeistert aus. Ihre Augen schimmerten feucht, aber sie weinte nicht. »Als der Vater der heiligen Clara sie verheiraten wollte, ist sie heimlich von zu Hause fortgegangen und hat ihr eigenes Kloster gegründet. Ihre drei Schwestern und ihre Mutter sind ihr später gefolgt. Die Clarissen würden mich nehmen, auch ohne väterlichen Segen.«

Zum zweitenmal während dieser Mahlzeit verschlug es dem Bürgermeister die Sprache. Fassungslos starrte er erst seine Tochter, dann seine Schwester an.

»Denn ich bin gekommen, den Sohn mit seinem Vater zu entzweien und die Tochter mit ihrer Mutter. Wer Vater oder Mutter mehr liebt als mich, ist meiner nicht würdig, spricht der Herr«, sagte Adelheid Veit leise.

Jodocus Veit sprang so heftig auf, daß sein Stuhl zu Boden krachte. »Ihr habt ja den Verstand verloren! Religiösen Wahnsinn nenne ich das. Aber das werde ich euch austreiben, verlaßt euch darauf.« Er stützte sich schwer auf den Tisch, geriet dabei mit den Händen in die verschüttete Suppe, erinnerte sich an den Anfang des Streites und wurde wieder grau im Gesicht. »Wenn du sie wenigstens gehindert hättest, die Kette herzugeben! Das Kind weiß nichts, aber du weißt Bescheid! Wie konntest du das zulassen?«

»Ich mußte weinen«, sagte Adelheid Veit schlicht. »Alle haben geweint. Und als ich merkte, daß sie nicht mehr neben mir stand, war sie schon vorne am Opferkorb. Und da habe ich gedacht, daß es vielleicht Gottes Wille ist.«

Ihr Bruder schnaubte nur, stürmte hinaus und schmetterte die Türe ins Schloß. Adelheid und Lioba Veit sahen sich betroffen an. Sie glichen sich so sehr, daß kein Fremder vermutet hätte, die beiden könnten nicht Mutter und Tochter sein. Nur die dicken, blonden Locken, die in allen Schattierungen von Bernstein und Honig schimmerten, hatte Lioba von ihrer verstorbenen Mutter geerbt, während Adelheids Haare so glatt und schwarz wie Ebenholz waren. Beide hatten die großen, mandelförmigen Augen und die mattbraune Haut, die auch das Aussehen von Jodocus Veit etwas fremdländisch wirken ließ. Sie waren das Erbteil seiner Urgroßmutter, die sein Urgroßvater von einem Kreuzzug in seine Burg an der Anger gebracht hatte. Eine Sarazenin war sie gewesen, oder jedenfalls die Tochter eines Kreuzritters und einer Sarazenin, wenn auch aus vornehmstem Geblüte.

Aber wer wollte das nachprüfen, fragten die Nachbarn, das konnte man glauben oder auch nicht. Die Adelsfamilien der Umgebung jedenfalls hatten es nicht geglaubt, denn die Tochter, die die »Schwarze« dem Herrn auf Burg Winkelhausen geboren hatte und die sie das Leben kostete, galt als nicht ebenbürtig und fand keinen Freier. Ihr Vater gab sie schließlich einem der reichsten Bürger von Kaiserswerth zur Frau und schärfte seinem einzigen Enkel von klein auf ein, daß er von adeligem Geblüte sei und diesen Rang wiedererlangen müsse. Dem Enkel gelang das noch nicht, aber er erzog seinen einzigen Sohn Jodocus in demselben Sinne. Dieser brachte es immerhin fertig, das väterliche Vermögen mit Geschick, Klugheit und Wagemut zu vervielfachen, die Tochter eines verarmten Freiherren zu ehelichen und Bürgermeister von Kaiserswerth zu werden. Das arme Freifräulein starb bei der Geburt ihres ersten Sohnes, der gar nicht erst angefangen hatte zu atmen, und so richtete sich aller Ehrgeiz des Bürgermeisters auf seine einzige Tochter Lioba – ebenso wie die begehrlichen Augen vieler Freier. Denn man hatte die halbsarazenische Ahnin des Mädchens zwar nicht vergessen – was bedeuten schließlich vier oder fünf Generationen, wenn man von den Heldentaten des Ritters Roland sprach, als wären sie erst kürzlich vollbracht worden? –, aber die Anschauungen hatten sich geändert. Der Stern des Adels sank, der freie Mann eroberte immer mehr Positionen, die ihm früher verschlossen gewesen waren, und wer die Zeichen der Zeit erkannte, bewertete eine üppige Mitgift höher als eine makellose Genealogie. Der Bürgermeister Jodocus Veit führte schon seit geraumer Zeit

155

geheime Verhandlungen mit dem Herrn auf Winkelhausen, einem Nachkommen des Bruders seines Urgroßvaters, und seit dieser den kostbarsten Teil der Mitgift gesehen hatte, stand nach Ansicht der Väter einer Hochzeit zwischen der Tochter des Bürgermeisters und dem Erben auf Burg Winkelhausen nichts mehr im Wege.

* * *

Schon zum Mittagsmahl, das er wie üblich allein in seinem Haus am Stiftsplatz einnahm, ließ der Chorherr Bernhardus von Erkenrode sich eine Kanne Wein bringen. Das Hochamt war ihm schier endlos vorgekommen, und die dicken Wolken aus den Weihrauchfässern hatten seinen Mund ausgetrocknet. Durstig leerte er einen Becher und begann, mit einem scharfen Messer den ersten Gang, eine gefüllte Taube, zu zerlegen. Er nagte sie ab bis auf die Knochen, spülte mit einem Becher Wein nach und hob dann den Deckel von den zahlreichen Schüsseln, die auf dem Tisch verteilt standen. Zufrieden lehnte er sich zurück und betrachtete die reiche Auswahl.

Auf einmal stand ihm der Mittagstisch auf der väterlichen Burg vor Augen, eine gewaltige, rohe Holzplatte, die zum Essen auf Böcke gelegt und dann wieder an die Wand gelehnt wurde. Hölzerne Näpfe für das derbe Essen, zerbeulte Humpen für das saure Bier, das tagaus, tagein auf den Tisch kam – nein, mit der üppigen Tafel eines Kanonikers war das nicht zu vergleichen. Er dachte an die endlosen Winterabende in dem kalten, feuchten Gemäuer, an denen der einzige Zeitvertreib im Trinken bestanden hatte, obwohl das Bier den Vater und die Brüder noch streitsüchtiger und gewalttätiger machte, als sie ohnehin schon waren. Gebrüll und Prügeleien gehörten in der großen, düsteren Halle zur Tagesordnung. Dann verkrochen sich die Jagdhunde in die hintersten Winkel, wo der Feuerschein aus dem Kamin und

156

von den blakenden Fackeln nicht hinfiel, und Bernhard, der letzte der sechs Brüder, tat es ihnen gleich, denn selbst wenn sie ausnahmsweise einmal guter Stimmung waren, neigten die Erkenroder zu grausamen Scherzen. Sie waren weit und breit gefürchtet, und ihre verfallende Burg, die an der tiefsten, unwegsamsten Stelle der Ratinger Wälder stand, wurde gemieden wie ein Siechenhaus.

Aber als Bernhard älter wurde, hüteten sich die Brüder, ihn zu reizen, denn der Jüngste hatte den Jähzorn und die blindwütige Bedenkenlosigkeit des Vaters geerbt. Außerdem war er so geschickt mit dem Messer wie keiner sonst und zögerte nicht, es zu gebrauchen. Diese Eigenschaften prädestinierten ihn nicht gerade für einen geistlichen Beruf, aber danach fragte niemand. Die Brüder wurden grün vor Neid, als ein einflußreicher, kinderloser Verwandter dem Jüngsten die Stelle eines Kaiserswerther Chorherren verschaffte. Sie war keineswegs glänzend dotiert, und die ehrgeizigen Familien sahen die Position nicht als erstrebenswert an, aber der Kleinadel der Umgebung lebte bescheiden und war froh, wenn einer der nachgeborenen Söhne Chorherr am Grabe des Heiligen Suitbertus wurde. Erleichtert kehrte Bernhard den düsteren Wäldern um Ratingen den Rücken. Er mußte zwar von seinen Einkünften den Kleriker besolden, der einen Teil seiner Pflichten in der Kirche übernahm, aber das war ein hinnehmbarer Preis für das Kaiserswerther Wohlleben. Nach einigen Jahren war die Gestalt des Chorherrn Bernhardus zum Umfang eines Fasses angeschwollen, seine Augen verschwanden fast in den Fettwülsten, sein Kinn hatte sich verdreifacht.

Mit einem tiefen Seufzer tauchte der Chorherr aus den Erinnerungen an seine karge Jugend auf, probierte eine Scheibe vom Schweinebraten und von der Pastete und entschied sich dann für den goldbraun gebratenen Kapaun. Als die Zimmertüre sich öffnete, blickte er unwillig auf.

»Ich bitte sehr um Verzeihung wegen meines unangemeldeten Erscheinens.« Der Bürgermeister verneigte sich höflich. »Eure Haushälterin hat mich bereits gewarnt, daß Ihr bei Tische seid, aber ich werde Euch gewiß nicht stören.« Natürlich stört Ihr mich, dachte der Chorherr ärgerlich, aber man konnte einen Bürgermeister schließlich nicht hinausweisen. Er knurrte etwas Undeutliches mit vollem Mund, wobei er auf den zweiten Stuhl und dann auf den Tisch deutete. Jodocus Veit nahm Platz, betrachtete die mit Fleischschüsseln, Fischplatten, Gemüse- und Suppenterrinen, Brot- und Gebäckkörben beladene Tafel und winkte dankend ab. »Ich habe heute morgen leider nicht das Hochamt, sondern die Frühmesse besucht. Meine Tochter hat mir die Predigt des Franziskaners in den glühendsten Farben geschildert. Er hat offensichtlich alle Herzen gerührt. Und alle Hände geöffnet.«

Der Chorherr nickte. »Die Vergoldung ist gesichert und wird so schnell wie möglich vorgenommen.«

»Ja – das hörte ich. Das ist auch der Grund für mein Erscheinen.« Er zögerte einen Augenblick und lächelte dann etwas gezwungen. »Meine Tochter hat nämlich eine Kette zu den Opfergaben gelegt, die zwar nicht sehr wertvoll ist, die aber für unsere Familie eine große Bedeutung hat, weil sie traditionsgemäß der ältesten Tochter an ihrem Hochzeitstag übergeben wird. Meiner Lioba gehört sie also noch gar nicht, ich hatte ihr die Kette lediglich für den Kirchgang gegeben. Sie ist schon seit Generationen in unserer Familie. Wie Ihr sicher wißt, stammte meine Urgroßmutter aus dem Morgenland und...«

»Ich interessiere mich nicht für die Familiengeschichte von Krämern«, sagte der Chorherr hochmütig. »Nur Adelige haben eine Genealogie.«

Die Muskeln in den Wangen des königlichen Kaufherrn Jodocus Veit strafften sich einen Augenblick, in seine Augen trat ein gefährliches Funkeln. Dann wurde sein Gesicht wieder ausdruckslos. Man wurde nicht zum reichsten Mann von Kaiserswerth und Bürgermeister dazu, wenn einen das Benehmen eines rüpelhaften Krautjunkers hätte reizen können.

»Dann darf ich vielleicht kurz erklären, daß meine Urgroßmutter die Tochter eines normannischen Grafen und einer sarazenischen Fürstentochter war«, sagte er ruhig. »Mein Urgroßvater, Herr auf Winkelhausen, brachte sie von seinem Kreuzzug mit. Aus ihrem Besitz stammt die Kette.«

Bernhardus leerte ärgerlich seinen Becher. Die Familie von Winkelhausen war älter und vor allem einflußreicher als seine eigene, das wußte er wohl. Aber der Bürgermeister hieß nicht von Winkelhausen, sondern Veit. Was nützte ein adeliger Urgroßvater, wenn die Großmutter offensichtlich unter ihrem Stand geheiratet hatte? Pah! Er füllte den Becher erneut und trank.

»*Pocula ascenditur animae laterna*«, zitierte der Bürgermeister und übersetzte gleich: »Durch den Becher wird entfacht unsres Geists Laterne.«

Der Chorherr verschluckte sich. Mit seinem Latein war kein Staat zu machen, aber das konnte der Bürgermeister nicht wissen. Ob dieser Pfeffersack glaubte, ihn mit seiner Bildung beeindrucken zu können? Was bildete sich der Kerl ein? Ein Ritter schätzte andere Fertigkeiten. Er sah sein Gegenüber lauernd an.

»Ist sie wertvoll, die Kette?«

»Keineswegs. Wie ich bereits sagte, liegt ihr Wert allein in der Bedeutung, die sie für unsere Familie hat. Es gibt angeblich eine Prophezeiung, daß die Nachkommen der Sarazenin aussterben, wenn die Kette nicht mehr in ihrem Besitz ist.« Der Chorherr zog spöttisch die Augenbrauen hoch, und Jodocus Veit nickte zustimmend. »Ihr mögt das für Aberglauben halten, und ich bin geneigt, Euch zuzustimmen, aber Ihr wißt ja, wie hartnäckig sich solche Gerüchte in Familien am Leben halten. Ich möchte meiner Tochter jedenfalls die Kette an ihrem Hochzeitstag umlegen. Sie ist nur aus vergoldetem Silber, wenn auch sehr hübsch gearbeitet, nämlich als Nachbildung einer Weinranke. Deshalb wäre es ein Jammer, sie einzuschmelzen, denn der Goldanteil ist gering, und die ungewöhliche Arbeit wäre vernichtet. Ich werde Euch als Ersatz etwas anbieten, was für den Schrein weit besser geeignet ist.«

Er löste einen kleinen Beutel vom Gürtel und ließ den Inhalt auf die Tischplatte rollen. Chorherr Bernhardus pfiff anerkennend durch die Zähne. Die Gulden hatten den höchsten Goldgehalt von allen Währungen. Der Bürgermeister häufte die Münzen zusammen und schob drei zur Seite.

»Diese drei übergebe ich Euch persönlich für einen guten Zweck, den Ihr selbst bestimmen könnt. Ihr kennt Euch gewiß besser aus als ich unter den ehrbaren Armen dieser Stadt und wißt, wer eine Unterstützung verdient hat.«

Der Chorherr mußte sich beherrschen, um die Hände nicht nach dem Geld auszustrecken. Er kannte sich keineswegs aus unter den ehrbaren Armen dieser Stadt, weil ihm alle Armen herzlich gleichgültig waren, egal ob ehrbar oder nicht, aber das mußte er dem Bürgermeister ja nicht auf die Nase binden.

»Hm, das scheint mir ein sehr vernünftiges Angebot zu sein.« Dann fiel ihm der neue Propst ein, der ständig etwas an ihm auszusetzen hatte. »Ich werde mit dem Propst darüber reden, denn die Kette wurde immerhin während der Heiligen Messe als Opfer dargebracht.«

»Von einem Mädchen, das gar nicht darüber verfügen konnte und das...« Jodocus unterbrach sich und fing sich wieder. »Warum wollt Ihr den Propst mit dieser Frage belästigen? Ihr seid doch selbst erfahren und klug genug, sie zu entscheiden.«

Bernhardus nickte geschmeichelt. »Gewiß, gewiß, das bin ich. Aber es ist eine ungewöhnliche Frage, das müßt Ihr zugeben. Ich kann mich an keine vergleichbare Situation erinnern.« Der Bürgermeister schob schweigend eine vierte und dann eine fünfte Münze zu den dreien. Im Gegensatz zu dem Chorherrn interessierte er sich sehr wohl für die Herkunft aller Leute, mit denen er zu tun hatte (und er kannte auch alle Armen von Kaiserswerth genau). Wie sollte man Erfolg haben bei den Geschäften und im Leben überhaupt, wenn man nur nach dem Augenschein urteilte? Der Propst des Kaiserswerther Stiftes hätte sich sehr gewundert, wenn er erfahren hätte, daß er nicht besser informiert war über seine Chorherren als der Bürgermeister. Jodocus Veit kannte die verkommene Burg im tiefsten Wald zwischen Ratingen und Lintorf, in der Bernhard von Erkenrode aufgewachsen war. Er wußte auch von dem wüsten, zügellosen Leben, das dort geführt wurde, und von dem ergebnislosen Kampf gegen die drohende Armut, und er konnte den Reiz ermessen, den Wohlleben und Luxus auf sein Gegenüber ausübten. Es gab andere Chorherren, die keiner schönen Frau widerstehen konnten (vergebens hatte der sittenstrenge neue Propst bisher gegen die Weiberwirtschaft in einigen Kanonikerhäusern gekämpft), aber der Erkenroder interessierte sich nur für Geld und Gut. Hatte er nicht die hagere alte Witwe Annika als Gönnerin, die seine Küche mit Leckerbissen und ihn mit Geschenken überhäufte?

Jetzt starrte er mit schwimmenden Augen die glänzenden Münzen an. Fünf davon würden ihm gehören. Mit der Hellsicht des Trunkenen erkannte er auf einmal, daß es dem Mann vor ihm überaus dringend um den Schmuck zu tun war und daß er jede Verzögerung, jeden Mitwisser des Handels vermeiden wollte. Bernhard blähte die Nüstern wie ein Hund auf der Fährte. Er witterte etwas.

»Geht jetzt!« befahl er schroff. »Ich muß nachdenken. Ich« – er besann sich auf seinen Stand – »ich muß beten. Ich muß um Erleuchtung bitten für meine Entscheidung.«

Jodocus Veit erkannte, daß weitere Worte im Augenblick zwecklos waren. Er legte die Goldstücke aufeinander, betont langsam, damit man ihr Glänzen möglichst lange sah, ließ sie wieder in den Beutel gleiten, zog ihn zu und befestigte ihn an seinem Gürtel. Doch der Chorherr verfolgte nicht die Münzen mit seinen Blicken, sondern starrte mit gerunzelter Stirn vor sich hin.

»Kommt heute abend wieder, dann werde ich Euch mitteilen, was zu tun ist.«

Er erhob sich leicht schwankend, ging zu seinem Betschemel und ließ sich schwerfällig auf die Knie nieder, ohne seinen Besucher noch einmal anzusehen. Er hörte, wie die Türe sich öffnete und schloß, er hörte die Schritte auf der Treppe und dann die Stimme des Bürgermeisters, der mit der Haushälterin sprach. Er kniete reglos, ohne die Hände zu falten und seine Gebete zu beginnen, stemmte sich schließlich in die Höhe und öffnete die schwere, eiserne Truhe, in der die Kollekten und die Münzeinkünfte aufbewahrt wurden. Als Thesaurar verwaltete er die Gelder des Klosters, für die Naturalien waren Kellermeister und Verwalter zuständig.

Schon in der Sakristei waren die Opfergaben des heutigen Tages in zwei Säcken verstaut worden, die Münzen in einem, der Schmuck im anderen. Bernhard löste den Knoten und wühlte in den Ringen, Ketten, Spangen und Armbändern. Ein Schmuckstück, wie es der Bürgermeister beschrieben hatte, mußte leicht zu finden sein. Da war es auch schon: eine Kette aus ineinander verschlungenen Weinranken, an der ein Medaillon hing. Die Blätter und Trauben wirkten so täuschend echt, als hätte man lebendige Ranken vergoldet und dann verknotet. Der Goldschmied, der eine derartig komplizierte, filigrane Arbeit geliefert hatte, mußte ein Meister seines Faches gewesen sein. Aber der Bürgermeister hatte recht, der Wert lag in der handwerklichen Fertigkeit, nicht in dem dünnen Goldüberzug, durch den an einigen Blättern schon der silberne Untergrund durchschimmerte. Nachdenklich wog der Chorherr das goldene Medaillon in der Hand. Es war so groß wie eine Pflaume und hatte auch

die Form dieser Frucht. Um die breiteste Stelle lief eine
Weinranke, noch meisterhafter gearbeitet als die Kette,
denn das Format war deutlich geringer, doch trotz ihrer
Winzigkeit war jede Beere, jede Blattspitze zu erkennen. Ein
hohles Medaillon hätte viel leichter sein müssen, ein massi-
ves deutlich schwerer, überlegte Bernhardus. Unschlüssig
wog er das Medaillon mit der anderen Hand. Dann ver-
schloß er die Truhe und nahm das Schmuckstück mit zum
Tisch. Der Kapaun wartete immer noch darauf, tranchiert
zu werden, das Messer steckte einladend in seinem Rücken.
Der Chorherr schob Teller und Platten beiseite, um Platz
zu haben. Das Essen konnte warten. Mit einer Behutsam-
keit, die man seinen kurzen, fleischigen Fingern kaum zuge-
traut hätte, untersuchte er das Medaillon, rüttelte zart an
der Ranke, drehte, drückte, pochte, schob. Die Ranke
bewegte sich, ließ sich abnehmen. An ihrer Stelle wurde
ein haarfeiner Strich sichtbar, unterbrochen von einem
winzigen Scharnier. Ein vorsichtiger Druck, und die obere
Hälfte des Medaillons hob sich wie die Schale von einem Ei.
Der Chorherr hielt den Atem an. Das Medaillon war mit
blauem Samt ausgeschlagen. In ihm ruhte eine Perle. Mit zitternden Fingern ließ Bernhardus sie herausgleiten.
Da lag sie auf seiner Handfläche, groß wie eine Murmel,
makellos, schimmernd, und sie war das Vollkommenste,
was der Chorherr in seinem ganzen Leben gesehen hatte. Sie
bewegte sich leicht mit dem Zittern seiner Hand, und dabei
wurde ihr milchweißes Leuchten von hauchzarten rosa und
strohfarbenen Lichtern überspielt. Ihre Form war perfekt,
wie ein riesiger Tautropfen, der sich erst rundet und dann
nach oben streckt und nach unten schwerer wird, bevor er
zu Boden fällt. Ihre Oberfläche war absolut glatt und
geschlossen, ohne eine einzige Unregelmäßigkeit oder Schlie-
re, und trotz ihres Glanzes schien ihr noch etwas von der
matten Feuchtigkeit des Meeres und der Muschel anzuhaf-
ten, die sie in Jahrhunderten gebildet hatten. Sie sah aus,

als habe keine Menschenhand sie je berührt, und tatsächlich war sie nicht durchbohrt.

Der Chorherr spürte, wie seine Augen sich mit Tränen füllten vor so viel unirdischer Schönheit. Dann zwinkerte er, beschämt und ärgerlich. Er mußte zuviel Wein getrunken haben, das machte ihn immer rührselig. Oder war dieser Anblick etwa eine Ausgeburt seiner Trunkenheit? Der Schreck machte ihn mit einem Schlag nüchtern. Er schloß die Augen, öffnete sie wieder. Die Perle lag in seiner Hand. Er untersuchte sie sorgfältig. Sie war genauso makellos, wie sie ihm beim ersten Anblick erschienen war. Er holte tief Atem. Was er da in seiner Hand hielt, war ein Vermögen. Diese Perle war es wert, eine Königskrone, eine Kaiserkrone, ja, die Tiara des Papstes zu schmücken. Vielleicht gab es im ganzen Abendland nicht ihresgleichen! Die Mächtigsten dieser Erde würden ihn, Bernhard von Erkenrode aus den Ratinger Wäldern, mit Ehren und Reichtümern überhäufen, um sie in ihren Besitz zu bringen. Er würde Abt werden im reichsten Kloster des Landes. Oder Bischof. Oder Kardinal. Er würde… er würde…

Er schloß wieder die Augen und sah seine Zukunft in einem Wirbel aus Glanz und Gold und leuchtenden Farben. Einmal schob sich das dunkle Gesicht des Bürgermeisters störend dazwischen, aber er wischte es zur Seite. Die Kette war während der Messe als Opfer dargebracht worden und gehörte dem heiligen Suitbertus, daran war nicht zu rütteln. Und da sie wirklich nicht viel Gold an sich hatte, würde er sie als Thesaurar des Suitbertus-Stiftes in Verwahrung nehmen, bis sich eine bessere Gelegenheit zu ihrer Verwendung bieten würde. Eine sarazenische Prophezeiung über das Ende der Familie! Ha! Warum hatte der Schlaumeier versucht, ihn hereinzulegen? Fünf Goldstücke für einen derartigen Schatz! Es geschah ihm recht, wenn er ihn verlor! Bernhard von Erkenrode mochte nur ein verarmter, kleiner Ritter gewesen sein, aber dem Bürgermeister von Kai-

serswerth war er allemal gewachsen. Die Perle der Sarazenin würde ihm den Weg in die höchsten Ränge der Kirche
öffnen.

Ein Luftzug traf Bernhardus' Gesicht. Instinktiv schloß er
seine Hand um die Perle und sah zur Tür. Vergebens versuchte er, die Kette mit dem weiten Ärmel seines schwarzen
Gewandes zu verbergen.

Er hatte recht gehabt, den Propst um Wächter zu bitten.
Aber sie würden zu spät kommen.

* * *

Auf dem großen freien Platz, der sich rund um die Kaiserswerther Basilika bis zu den Häusern und Höfen der
Chorherren erstreckte, herrschte trotz des unfreundlichen
Wetters ein Gewühl wie in einem Schafspferch. Der 1. März,
der Todestag des heiligen Suitbertus, war ein Festtag für die
ganze Stadt und ihre Umgebung. Von nah und fern strömten die Besucher herbei, passierten die drei Stadttore und
drängten sich durch die beiden engen Pforten, die den einzigen Zugang zum Stiftsgelände bildeten. Diese Immunität
nahm fast ein Drittel des Stadtgebietes ein und war deutlich
größer als der Bereich der Kaiserpfalz, sehr zum Ärger des
Burgvogtes und des Bürgermeisters, denen die Vorrechte
und der Einfluß des Stiftes in der Stadt ein Dorn im Auge
waren.

Frau Barbelin blieb auf der obersten Stufe vor der Haustüre
des Schatzmeisterhauses stehen und versuchte, über die
Köpfe der Menge hinweg den Wagen der Schausteller zu
entdecken, die den tanzenden Bären mit sich führten. Einen
tanzenden Bären! Frau Barbelin konnte sich nicht erinnern, wie viele Patronatsfeste sie schon erlebt hatte, so weit
reichten ihre Zahlenkenntnisse nicht, die beschränkten sich
auf die Mengenangaben, die sie für ihre Rezepte wissen
mußte. Als Küchenmädchen hatte sie angefangen, da hatte
sie noch dicke, blonde Zöpfe gehabt, die ihr bis in die Knie-

kehlen hingen, und jetzt war ihr Haar grau und schütter, und sie war längst zur Köchin im Schatzmeisterhaus aufgestiegen, und jedenfalls hatte es in all den Jahren noch nie einen tanzenden Bären auf dem Patronatsfest gegeben.

Der Bürgermeister hatte recht, das durfte man sich nicht entgehen lassen. Er hatte ihr sogar ein paar Münzen in die Hand gedrückt und ihr empfohlen, einen Becher Glühwein zu trinken oder zwei, das sei eine unerläßliche Medizin bei diesem Wetter. War ein großzügiger Mann, der Herr Bürgermeister. Und ein freundlicher dazu. Ihr Herr Bernhardus würde sie rennen lassen, wenn er etwas vergessen hätte, aber der Herr Bürgermeister wollte seine Handschuhe selbst holen, die er im Zimmer des Chorherrn hatte liegen lassen. Nun ja, man hatte leicht großzügig und freundlich sein, wenn man der reichste Mann von Kaiserswerth war. Obwohl es andererseits wohl doch nicht so leicht war, denn ihr Herr, der hochwürdige Vater Bernhardus, nagte keineswegs am Hungertuche, das mußte sie als seine Köchin ja schließlich am besten wissen, und trotzdem war er geizig wie ein Wucherer, und der Begriff Trinkgeld kam in seinem Wortschatz nicht vor. Und jähzornig war er außerdem. Er hatte ihr schon die Schüsseln an den Kopf geworfen, deren Inhalt ihm nicht paßte, und es war verflixt schwer, ihnen auszuweichen, denn er zielte genau. Wobei es noch schlimmer war, sich in der Reichweite seiner Fäuste zu befinden, die er rücksichtslos einsetzte, wenn er wütend war, denn dann erwischte er einen immer. Die blauen Flecken, die er ihr verschafft hatte, die waren genausowenig zu zählen wie die Patronatsfeste, die sie erlebt hatte.

Da war sein Vorgänger, der Herr Tyllman von Nideggen, ein anderer Mann gewesen, auch nicht der großzügigste, beileibe nicht, aber wenigstens sanft und friedlich. Der Herr Bernhardus hingegen, der wirkte manchmal, als ob ihn der Teufel reiten würde. Und der würde ihn über kurz oder lang holen, wenn er weiter soviel essen und vor allem trinken

166

würde. Die gelehrten Herren hatten einen anderen Ausdruck dafür, sie behaupteten, der Schlag hätte einen getroffen, aber im Grunde wußte doch jeder, daß der Teufel sich die Prasser krallt. Und dann würde sie auf ihre alten Tage wieder einen neuen Herrn kriegen... – aber warum eigentlich nicht, schlimmer als der Chorherr Bernhardus konnte ein neuer auch nicht sein, es würde also nur besser werden für sie.

Frau Barbelin bekreuzigte sich erschrocken. Es war bestimmt eine schwere Sünde, solche Sachen auch nur zu denken. Sie würde auf den Glühwein verzichten und statt dessen eine Kerze stiften, wenigstens eine ganz kleine, für den Heiligen Suitbertus, damit er Fürbitte für sie einlegte zur Vergebung ihrer Sünden. Oder ob sie lieber im Haus bleiben und auf die Befehle des hochwürdigen Herrn warten sollte? Aber er liebte es nicht, wenn man die Tafel früh abräumte, er machte gerne ein Schläfchen und aß und trank dann weiter und wurde wütend, wenn man ihn dabei störte. Ein Brüllen, das ihr eine Gänsehaut über den Körper jagte, unterbrach ihre Gedanken. Das war bestimmt der Bär gewesen! Und da hinten, da wo das große Loch in der Menge war, da mußte er stehen, denn keiner würde sich in seine Nähe trauen, obwohl er angekettet war und an einem Nasenring geführt wurde, wie der Herr Bürgermeister ihr versichert hatte. Frau Barbelin rückte ihre Haube zurecht, wickelte sich fester in ihr großes Schultertuch und schob sich energisch zwischen die dichten Reihen der Menschen. Selbst wenn sie zu spät zurückkäme und der Thesaurar wütend würde – sie wollte den tanzenden Bären sehen. Und sie wollte auch alle anderen Attraktionen sehen. Es war schließlich nur einmal im Jahr Patronatsfest in Kaiserswerth.

Geraume Zeit später stand sie noch immer vergnügt in der Menge, wärmte ihre klammen Finger an einem Becher mit heißem Glühwein – es war schon der zweite – und ließ sich von einem Stand zum anderen schieben. Nicht nur die Kaiserswerther Handwerker, auch fremde Verkäufer zeigten in ihren Buden, auf Bänken und in Kasten alles, was das Herz begehrte, aber Frau Barbelin schaute nur, sie wollte nichts kaufen. Der Anblick des Bären genügte ihr für heute. Nie hatte sie sich vorgestellt, daß ein Tier so grausam, so wild und mörderisch aussehen könnte! Wie gut, daß solche Bestien heutzutage nicht mehr frei herumliefen! Früher sollten sie in den Ratinger Wäldern gehaust haben, da gab es ja heute noch Wölfe, und in besonders strengen, kalten Wintern kamen sie bis an die Stadtmauern von Kaiserswerth. Der Bär würde ihr in Alpträumen erscheinen, das wußte sie jetzt schon, in seiner furchterregenden Größe, mit den riesigen Zähnen, den gelben Krallen und dem aufgerissenen Maul. Als er sich auf die Hinterpfoten erhoben und mit den Vordertatzen durch die Luft geschlagen hatte, war die Menge aufkreischend zurückgewichen. Aber der Bärenführer hatte nur an der Kette gezogen, die an dem Nasenring befestigt war, und da war das Ungetüm hinter ihm hergetrottet wie ein folgsames Hündchen. Und als dann die Musikanten gekommen waren mit Flöte und Fiedel, da hatte es tatsächlich getanzt.

Dagegen waren alle anderen Attraktionen abgefallen. Aber Frau Barbelin hatte sie natürlich trotzdem bewundert, die Gaukler in den hautengen, kunterbunten Gewändern, die das Rad schlagen und auf Händen laufen und mit Keulen und Bällen jonglieren konnten. Und den Mann in der Tracht der fahrenden Scholaren, der zwar längst aus dem Scholarenalter heraus war mit seinem grauen Bart, doch so gelehrt mit seinen Schlangen sprach, daß jeder ihm den Studierten glaubte. Er führte die Schlangen in einem Kasten mit sich, und wenn er mit ihnen parlierte, dann hoben sie die Köpfe und wiegten sie hin und her im Takt seiner Worte, als ob sie tanzen wollten. Und ein Vogelhändler ganz besonderer Art stand da, der brachte die Umstehenden dazu, den Finger auf den Mund zu legen und stille zu sein, und dann sprach er zu seinen Tieren: »Komm, Heinrich, und lache!« Da trat eines der Vögelchen vor, neigte den Kopf zu Erde, erhob ihn wieder und lachte so laut, daß sein kleiner Körper bebte, mit einer ganz hellen Stimme, wie ein Glöcklein. »So lache doch weiter!« befahl der Meister, aber da sagte das Vöglein: »Ich tu's nit! Ich tu's nit!«, und der Vogelhändler mußte das nächste bitten. Frau Barbelin beobachtete ihn genau, aber seine Lippen bewegten sich um keine Haaresbreite, wenn die Vögel sprachen, und es war auch wirklich undenkbar, daß seine dunkle, rauhe Stimme sich in die der Vöglein hätte verwandeln können.

Frau Barbelin spürte eine Hand an ihrem Ärmel, aber sie erschrak nicht. Jedermann wußte, daß in einem solchen Gedränge wie heute die Beutelschneider unterwegs waren, doch Frau Barbelin hatte ihren Beutel zu Hause gelassen und nur das Trinkgeld des Bürgermeisters eingesteckt – und das war fast ausgegeben. Sie drehte sich um und sah, daß ein Alter an ihrem Ärmel zupfte, der in das braune Pilgergewand gekleidet war und die Muschel des heiligen Jakob an der Schulter trug.

»Wollt Ihr ein Wundermittel, das jede Krankheit heilt, junge Frau?« flüsterte er verschwörerisch.

Frau Barbelin verzog verächtlich den Mund. Sie war keine junge Frau, dem Himmel sei Dank, und wer glaubte, ihr damit schmeicheln zu können, mußte ein Dummkopf sein. »Das gibt es nicht!« sagte sie kurzangebunden.

»Aber sicher gibt es das!« Der Alte rückte näher. »Ein Splitter vom Heiligen Kreuz!«

Frau Barbelin betrachtete ihn ungläubig, die rotgeränderten Triefaugen, die eingefallenen Wangen, den sabbernden Mund, in dem nur noch wenige schwärzliche Zahnstummel steckten, den fadenscheinigen, notdürftig geflickten Pilgermantel, durch den der Wind blies. »Ein Splitter vom Heiligen Kreuz? Und der ist in Eurem Besitz?«

»So ist es! Ihr könnt mir vertrauen. Denn ich bin nicht nur

den großen Pilgerweg zum heiligen Jakob von Compostella gezogen. Ich war auch im Heiligen Land. Ich hab' das Grab Christi gesehen und den Hügel von Golgotha, und ich habe einen Splitter mitgebracht vom Heiligen Kreuz.«

Frau Barbelin überlief ein Schauer der Ehrfurcht bei der Nennung der heiligen Namen, aber dann besann sie sich auf ihre Stellung. »Ihr müßt mich nicht für dumm verkaufen. Sucht Euch einen Bauern für Eure Geschichten. Ich bin Mitglied eines Kanoniker-Haushaltes. Da weiß man, daß es mehr falsche Pilger gibt als echte. Und für ihre Reliquien gilt dasselbe. Wahrscheinlich ist Euer Splitter vom Heiligen Kreuz in den Kalkumer Wäldern gewachsen.«

Der Alte protestierte entrüstet, aber Frau Barbelin achtete nicht auf ihn. Bei der Erwähnung des Kanoniker-Haushaltes war ihr siedend heiß eingefallen, daß der Chorherr Bernhardus noch immer vor seiner unabgeräumten Tafel saß. Sie drückte dem Pilger ihren Becher mit Glühwein in die Hand, der nahm ihn verdutzt und trank ihn dann hastig leer, ehe sie sich es anders überlegen konnte, und spürte dankbar, wie eine warme Welle sich in seinem Inneren und dann in den Gliedern ausbreitete. Frau Barbelin setzte kräftig ihre Ellenbogen ein, um so schnell wie möglich an ihre Arbeit zu kommen. Voller Bedauern sah sie, daß an der Kirchhofecke mehrere Musikanten begannen, eine Tanzweise zu spielen, und daß sich ein paar junge Leute an den Händen faßten und zu hüpfen anfingen. Aber da half nun alles nichts, die Pflichten gingen vor. Vielleicht würde sie später noch einmal hinaus können.

Auf dem Stiftsplatz drehte sich jung und alt im Kreise, einige wirbelten sogar zwischen den Gräbern herum, dazwischen sprangen die Kinder und die Hunde, sogar die Greise stampften im Rhythmus der Musik oder schlugen ihre Bier- und Weinkrüge im Takt aneinander. Die Flöte schrillte, die Sackpfeife dröhnte, die Fiedel trieb die Leute zu immer wilderen Sprüngen an. Gerade war eine Weise zu

Ende, die Instrumente hielten den letzten Ton lang aus und brachen dann ab. In die plötzliche Stille hinein ertönte auf einmal eine schreiende Frauenstimme: »Zur Hilfe! Zur Hilfe!«

Alle Köpfe drehten sich, alle Tänzer blieben schwer atmend stehen. Die Stille wuchs. Die Frau schrie immer weiter: »Zur Hilfe! Zur Hilfe!«

Es war Frau Barbelin, die mit weit von sich gestreckten Händen und verrutschter Haube vor der Türe des Schatzmeisterhauses stand und kreischte, als ob ein böser Geist von ihr Besitz ergriffen hätte. Plötzlich rannte sie die Stufen hinunter und stürzte sich, immer noch mit weggestreckten Händen, in die Menge, die vor ihr zurückwich und eine Gasse bildete. Frau Barbelin rannte schreiend auf die Basilika zu, stürzte ins Paradies und wurde dort vom Kirchendiener aufgehalten, der ihr mit seinem Stab den Eintritt verwehrte und streng befahl: »Seid still! Was ist geschehen?«

Die Mauern der Vorhalle verstärkten den Klang seiner Stimme und warfen ihn durch die offenen Arkaden auf den Platz hinaus. Die Menge stand reglos und wartete. Frau Barbelin hörte auf zu schreien und starrte den Kirchendiener an, als ob sie ihn noch nie gesehen hätte. Sie öffnete wieder den Mund, aber es kam kein Ton heraus. Sie drehte sich um und wies mit der Hand auf das Schatzmeisterhaus, und als sie die schweigende Menge erblickte und ihre eigene Hand, fing sie an zu zittern und stieß Heultöne aus wie ein verwundetes Tier. Die Paradiesesmauern schickten sie schauerlich verstärkt über den Platz. Die Leute zogen unwillkürlich die Köpfe ein, die Hunde winselten leise. Der Kirchendiener erbleichte, als er Frau Barbelins erhobene Hand sah.

»Was ist geschehen?« wiederholte er.

»Tot!« stöhnte Frau Barbelin. »Sie sind beide tot.«

Sie schwankte und fiel ohnmächtig zu Boden. Durch die Menge lief ein Schaudern. Ein entsetztes Flüstern begann.

»Habt ihr die Hände gesehen? Das war Blut!« »Die Schürze war auch voller Blut! Ich hab' geglaubt, es sind Flecken vom Kochen, aber es muß Blut gewesen sein.« »Und zwar Menschenblut!« »Oh, grundgütiger Gott! Glaubt ihr etwa, der Chorherr Bernhardus…?« »Wer sonst? Es ist sein Haus.« »Aber sie hat von zweien gesprochen. Wer mag der andere sein?« »So helf doch einer der armen Barbelin auf. Man kann sie doch nicht so auf den Steinen liegen lassen.« »Pst! Da kommen sie!«

Der Kirchendiener hatte sich nach einigem Zögern dazu durchgerungen, das Vespergebet der Chorherren zu stören und dem Propst flüsternd die schreckliche Nachricht zu überbringen. Der hatte den anderen ein Zeichen gemacht, mit der Lesung des Psalters fortzufahren, hatte nur den Verwalter herangewinkt und war mit ihm und dem Kirchendiener in das Paradies hinausgetreten, wo die ohnmächtige Barbelin gerade von mehreren mitleidigen Kaiserswerthern wiederbelebt wurde, und zwar mit dem Inhalt eines Bierkrugs. Nach mehreren tüchtigen Spritzern schlug sie die Augen auf und konnte aufgerichtet und schließlich auf die Füße gebracht werden. Sie geriet wieder ins Schwanken, als sie erst ihre blutbeschmierten Hände und dann den Propst sah, der vor ihr stehen geblieben war, aber der sagte energisch: »Antworte mir! Was ist geschehen?«

Frau Barbelin rang nach Fassung. »Der hochwürdige Herr Bernhardus – er ist tot. Und der Herr Bürgermeister ist auch tot. Sie liegen beide in ihrem Blute. Ich komme und sehe sie liegen und denke, sie sind auf der Treppe gestürzt und will sie aufheben, und da merke ich, daß alles voll Blut ist.« Sie hob anklagend ihre Hände hoch. »Sie sind ermordet worden. O Gott, es waren Mörder in unserem Haus.«

Wieder lief ein Schaudern durch die Menge. Wieder teilte sie sich und bildete eine schweigende Gasse, durch die der Propst, gefolgt von seinen Begleitern, rasch auf das Haus des Schatzmeisters zuging. Das erregte Flüstern begann erneut. Mörder in Kaiserswerth! Mörder in der Stiftsimmunität! Und der erste Mann der Stadt und der Schatzmeister des Stiftes die Opfer! Ermordet! Ein Schicksal, das jeder Gläubige mehr fürchtete als den Tod selbst! Ohne Absolution, ohne Möglichkeit zur Reue vor Gottes Richtstuhl treten zu müssen!

Die Menschen bekreuzigten sich entsetzt. Aber wie war das möglich? Wer hatte es gewagt, am hellichten Tag und noch dazu am Patronatsfest eine so grausige Tat zu begehen? In einem Haus direkt am Stiftplatz, wo ganz Kaiserswerth feierte! Aber vielleicht hatten ausgerechnet der Lärm und das Gedränge dem Mörder Schutz geboten? Alle waren mit Schauen und Schmausen beschäftigt gewesen und mit Singen und Tanzen. Er mußte unter ihnen gewesen sein, er mußte ja den Stiftsplatz überqueren, um zu den Toren der Immunität zu gelangen! Er war an ihnen vorbeigehuscht, das blutbeschmierte Messer und die besudelten Hände in den Ärmeln verborgen!

Wieder bekreuzigte sich jeder. Aber die Gesetze der Stadt und des Stiftes verboten das Waffentragen! Wer mit einem stehenden langen Messer erwischt wurde, verlor die rechte Hand! Doch was scherte sich ein Mörder um Gesetze? Er mußte ein Messer gehabt haben, sonst lägen die beiden Toten jetzt nicht in ihrem Blute. Da! Die Türe öffnete sich. Der Kirchendiener erschien und rannte mit wehendem Gewand zu einem Haus an der Ecke des Stiftsplatzes, donnerte gegen die Türe, um die Dringlichkeit seines Begehrens zu verdeutlichen, sprach hastig mit einem Diener und dann mit dem Kanoniker Anselmus, der, ohne auch nur seinen Mantel umzulegen, mit ihm zum Schatzmeisterhaus zurückhastete. Aha! Der Chorherr Anselmus war der Heilkundige des Stiftes und für alle Krankheiten zuständig. Aber was sollte er bei zwei Leichen? Ob vielleicht...?

Da erschien der Kirchendiener schon wieder. Diesmal eilte

er zur Basilika, wo die Chorherren gerade die Vespergebete beendet hatten, und schickte, wie die ihm Nachdrängenden hörten, einen seiner Kollegen zum Burgvogt, den anderen zum Ratsherrn Konrad Vois. Aha! Das Stift hatte zwar seine eigene Gerichtsbarkeit, aber in diesem Falle wollte man wohl die Mithilfe des Burgrafen und der Stadt erbitten, vor allem, weil es ja einer der städtischen Honoratioren war, der in der Immunität ermordet worden war. Nach erstaunlich kurzer Zeit hörte man hinter der Basilika Stimmen, Schritte und Waffengeklirr. Graf Egbert höchstpersönlich erschien, begleitet von einem Trupp Soldaten. Was hatte das zu bedeuten? Ob man etwa einen Hinweis auf den Mörder gefunden hatte? Auch der Ratsherr hatte zwei städtische Büttel im Gefolge, die neben den Soldaten vor der Treppe Aufstellung nahmen.

Ein Graupelschauer fegte über den Stiftsplatz, der Wind blies eiskalt, die Dämmerung kroch über die Stadtmauern. Die Menschen standen wie eine Mauer vor dem Schatzmeisterhaus und warteten. Die einheimischen und auswärtigen Handwerker und Bauern hatten ihre Erzeugnisse zusammengepackt und die Buden abgebaut, die Gaukler, Scholaren, Musikanten, Händler und Schausteller wußten, daß ihre Künste jetzt nicht mehr gefragt waren, aber auch sie drängten sich zwischen die Kaiserswerther und warteten mit ihnen. Ihre Geduld wurde belohnt.

»Durchsucht alle Schänken, Herbergen, Straßen der Stadt. Fragt an den Toren nach. Die Mörder sind zwei Männer in Bauernkleidern, der eine rotblond und mager, der andere dunkelhaarig mit wulstigen Lippen. Chorherr Bernhardus lebt noch und hat sie gesehen. Sie haben dem Bürgermeister einen Beutel voller Goldstücke geraubt. Der Chorherr hat die Kollektentruhe verteidigt, aus ihr fehlt nichts. Ihr habt die Erlaubnis des Propstes, auch alle Häuser des Stiftes zu durchsuchen. Vielleicht halten sie sich noch in der Nähe versteckt.«

Die Soldaten standen direkt vor ihm, aber der Burggraf war es gewohnt, seine Befehle zu brüllen, und seine Stimme schallte über den Stiftsplatz. Ein erregtes Gemurmel erhob sich. Ja, war denn das zu fassen? Am Eigentum des heiligen Suitbertus hatten sie sich vergreifen wollen, diese Frevler? Sie hatten die Kostbarkeiten rauben wollen, die jeder einzelne schweren Herzens geopfert hatte, damit der Schrein endlich fertiggestellt werden konnte? Die Anstrengungen der ganzen Stadt hatten sie zunichte machen wollen aus reiner Geldgier? Die Besänftigung der Heiligen und ihre vervielfachte Fürbitte hatten sie verhindern wollen? Sie sollten schon sehen, wohin das führte! Durch die ganze Stadt würde man sie schleifen lassen, bis ihnen die Haut in Fetzen herunterhing! Aufs Rad würde man sie flechten und ihnen jeden Knochen im Leibe brechen! Die Augen würde man ihnen ausstechen und die Zungen herausreißen! Die Stimmen auf dem Marktplatz schwollen bedrohlich an.

Die Soldaten hatten sich in Bewegung gesetzt. Ein Trupp marschierte zum nördlichen, der zweite zum östlichen Stiftstor, der dritte verteilte sich auf dem Stiftsplatz. Jeweils zwei Soldaten gingen zu den Häusern der Kanoniker und begannen die Durchsuchung. Nach einiger Zeit trugen die beiden Stadtbüttel, angeführt vom Ratsherrn, eine Bahre aus dem Schatzmeisterhaus, auf der eine verhüllte Gestalt lag. Die Menschen verstummten. Dann formierte sich eine lange, schweigende Prozession, die die Leiche des Bürgermeisters zu seinem Haus am Marktplatz begleitete.

Ein Trüpplein von Unentwegten harrte noch auf dem Stiftsplatz aus. Die berichteten später, daß man die Mörder noch am selben Abend gefaßt hatte. Zwei heruntergekommene Kerle waren es, denen das Verbrechen ins Gesicht geschrieben stand, mochten sie noch so winseln und zittern und ihre Unschuld beteuern. Der Wirt vom »Wilden Mann« könnte bezeugen, daß sie seit dem Hochamt bei ihm gesessen und getrunken hätten, hatten sie geschrien, aber die Soldaten hatten sie mit ein paar Fausthieben zum Schweigen gebracht. Was war schließlich das Wort eines Wirtes gegen das des Chorherrn Bernhardus? Wenn der sie wiedererkannte, und daran bestand kein Zweifel, denn man hatte die zwei Galgenvögel ja auf seine Beschreibung hin gefaßt, dann war ihr Schicksal besiegelt. Sie mußten freilich ein Geständnis ablegen, ehe sie verurteilt werden konnten, aber das würde der Henker schon aus ihnen herauskitzeln. Wenn er ihnen erst die Daumenschrauben anlegte und sie aufs Streckbett spannte, dann würden sie schon gestehen, daß sie den Herrn Bürgermeister – Gott sei seiner armen Seele gnädig – umgebracht und beraubt und den Chorherrn Bernhardus schwer verletzt hatten. Und auch, wo das Gold und das Messer versteckt waren, denn weder das eine noch das andere hatten die Soldaten gefunden.

* * *

Die Verletzungen des Chorherrn waren nicht so schwer, wie man zunächst befürchtet hatte. Er war mit ein paar Schnitten an Hals und Händen davon gekommen, was an ein Wunder grenze, wie er dem Propst und dem Burgvogt in seinem Bericht über den Tathergang mehrmals versicherte. Demnach hatte Bernhardus sich von oben auf die Räuber gestürzt, die am Fuß der Treppe noch mit dem Bürgermeister beschäftigt waren, und hatte den einen mit einem Fußtritt in den Unterleib zeitweise außer Gefecht gesetzt. Die beiden hatten wohl geplant, sich auch der Kollektentruhe zu bemächtigen, aber als sie den Schatz im Beutel des Bürgermeisters und die Kampfbereitschaft des Chorherren entdeckt hatten, waren sie nach einer halbherzigen Attacke auf ihn verschwunden.
Bernhardus hatte versucht, dem Bürgermeister aufzuhelfen, im Glauben, dieser sei nur verletzt, hatte dann das blutgetränkte Wams und darunter die Herzwunde entdeckt und war ohnmächtig zusammengebrochen. Ein üppiges

Mahl und danach ein Kampf mit Räubern und schließlich eine Leiche in den Armen – das streckte selbst einen starken Mann zu Boden. (Chorherr Anselmus dachte bei sich, daß wohl auch der Alkohol daran beteiligt war, denn Bernhardus roch wie ein Weinfaß, aber das behielt er für sich.) Am nächsten Tag fühlte sich der Thesaurar zwar noch geschwächt vom Blutverlust und von der langen Ohnmacht und war höchst übellaunig, weil seine Wunden schmerzten, aber das hinderte ihn nicht, bei Frau Barbelin ein üppiges Mittagsmahl zu bestellen. Er mußte schließlich wieder zu Kräften kommen. Er hatte sich gerade am Tisch niedergelassen, als die Haushälterin die Türe öffnete. Zum Teufel mit der Alten! Der Chorherr unterdrückte mühsam einen Fluch, der sich bei seinem Stand verbot. Konnte diese Schlampe denn nicht begreifen, daß er in Ruhe essen wollte?

»Die Tochter des Bürgermeisters möchte Euch sprechen.«

»Ich bin nicht zu sprechen!« blaffte der Chorherr.

Die alte Barbelin wurde energisch zur Seite geschoben. Ein Mädchen in schwarzen Kleidern stand im Raum.

»Verzeiht mir, aber es dauert nicht lange, hochwürdiger Vater. Ich muß Euch nur etwas fragen.«

Die Hand des Chorherrn war unwillkürlich an seinen Hals gefahren und zupfte jetzt nervös an dem schwarzen Samtkragen herum. Lioba Veit war ihrem Vater wie aus dem Gesicht geschnitten, aber ihre Züge waren weicher, die Wangen runder, der Umriß zarter. Zu den dunklen Augen und den feingezeichneten, schwarzen Brauen bildeten die hellen Haare einen auffallenden Kontrast. Sie krausten sich in dichten Locken um das bräunliche Gesicht und fielen in üppigen Wellen weit über die Schultern. Sie war so schön wie eine Heilige auf einem Kirchenbild. Der Chorherr räusperte sich mehrmals.

»Nimm Platz, mein Kind«, sagte er unerwartet milde. »Was kann ich für dich tun?«

Frau Barbelin ging hinaus und verzog dabei den Mund zu

einem spöttischen Lächeln. Wenn man nur die hagere Witwe Annika zu sehen bekam, dann konnte einem der Anblick von Lioba Veit schon die Sprache verschlagen. Das Mädchen war bei der Türe stehengeblieben und ließ seine Blicke durch den Raum wandern. Holzgetäfel an den Wänden, Butzenscheiben in den Fenstern, ein Teppich auf dem Boden, ein Alkovenbett mit dicken, gemusterten Vorhängen, der Tisch überladen von Schüsseln – das war der Luxus, von dem der heilige Franziskus gesagt hatte, daß jeder in der Nachfolge Christi ihm entsagen müsse.

»So nimm doch Platz!« wiederholte der Chorherr. Was wollte das Mädchen? Es setzte sich zögernd auf einen Schemel ihm gegenüber und betrachtete ihn schweigend.

Vergebens versuchte Lioba, ein immer stärker werdendes Gefühl der Abneigung zu unterdrücken. Dieser Mann mit seinem fetten, geröteten Gesicht, den kleinen, lauernden Augen, den Speckrollen um Kinn und Nacken, der feisten Gestalt, deren Massigkeit durch die dunkle Chorherrn-Tracht nur notdürftig verborgen wurde, dieser Mann sah nicht so aus, als ob er sich je um die Nachfolge Christi Gedanken gemacht oder sich gar darum bemüht hätte. Da war der Franziskaner gestern mit seinen eingefallenen Wangen und den zernarbten, bloßen Füßen, der so begeistert mit strahlenden Augen die Herrlichkeiten des Himmels beschrieben hatte und… Lioba gab sich einen Ruck. Das waren unchristliche Gedanken. Man mußte allen Mitmenschen mit Liebe und Nachsicht begegnen. Außerdem hatte sie ein Anliegen. Der Chorherr war der letzte Mensch, der ihren Vater lebend gesehen hatte.

»Mein Vater war gestern bei Euch«, sagte sie unvermittelt.

»Würdet Ihr mir wohl erzählen, was er gesagt hat?«

»Wir haben nur sehr kurz miteinander gesprochen«, erwiderte der Chorherr ausweichend.

»Jedes Wort ist wichtig für mich. Bitte!«

»Warum?«

Lioba seufzte tief auf. »Wir sind im Streit auseinandergegangen. Es ist eine schreckliche Last auf meiner Seele, daß er voller Zorn auf mich in die Ewigkeit gegangen sein könnte. Ich wüßte so gerne – ich hoffe so sehr –, daß er Euch vielleicht etwas Freundliches über mich und meine Absichten gesagt hat.«

»Über deine Absichten?«

»Hat er nichts davon gesagt? Ich möchte ins Kloster gehen, zu den Clarissen.«

»Hm, lass' mich nachdenken. Es fällt mir nicht leicht, mich zu erinnern, es war so ein schreckliches Erlebnis, mußt du wissen, der Kampf mit den Räubern, und dann die Entdeckung, daß sie deinen Vater getötet hatten, in meinem Kopf drehte sich alles. Ich hatte auch gestern Mühe, die Fragen des Propstes und des Vogtes zu beantworten. Hm. Zu den Clarissen? Nein, daran kann ich mich nicht erinnern, und das hätte ich bestimmt behalten. Nein, von den Clarissen hat er nicht gesprochen, ganz sicher nicht.«

Er hatte nach jedem Satz einen Schluck aus seinem Becher genommen. Er sollte lieber weniger trinken, dann könnte er besser nachdenken, dachte Lioba ärgerlich.

»Hat er auch nichts von einer Kette gesagt?«

»Von einer Kette? Was hat die mit den Clarissen zu tun?«

»Gar nichts. Ich soll sie an meinem Hochzeitstag tragen, aber der wird ja nicht stattfinden, und ich habe sie gestern in den Opferkorb gelegt.«

Er trank schon wieder. »Eine Kette. Hm. Nein. Von einer Kette haben wir bestimmt nicht gesprochen. Jetzt fällt es mir wieder ein. Er wollte mir einen Beutel voller Goldstücke geben für die Vergoldung des Schreines. Und ich habe gesagt, daß das nicht nötig sei, denn bei der Kollekte sei mehr als genug zusammengekommen. Dann hat er mir angeboten, ich könne mich bei ihm melden, falls doch noch etwas fehlte, und ist gegangen. Den Beutel haben dann die Räuber erwischt, der war von seinem Gürtel abgerissen.«

Der Becher war schon wieder leer. Lioba krauste die feinen Augenbrauen.

»Er hat nichts von der Kette gesagt«, wiederholte sie langsam. Ihr trauriges Gesicht hellte sich auf. »Ich hatte befürchtet, er würde Euch bitten, sie zurückzugeben. Aber das kann doch nur heißen, daß er sich mit meinem Entschluß abgefunden hatte und nicht mehr mit einer Hochzeit rechnete, meint Ihr nicht auch?«

Der Chorherr hatte den Mund voller Wein und konnte nur nicken.

»Und er hat Euch Geld angeboten für die Vergoldung des Schreines. Das ist auch ein gutes Zeichen. Er wußte, wieviel mir daran lag. Er muß mir verziehen haben, nicht wahr?«

»Hm. Doch ja, das scheint mir auch so.«

Lioba erhob sich. »Ich danke Euch sehr! Ihr könnt Euch gar nicht vorstellen, wie erleichtert ich bin«

Auch der Chorherr war aufgestanden. »Warte noch! Ich glaube, mir ist noch etwas eingefallen.«

Lioba sah ihn erwartungsvoll an. Sein Gesicht war noch röter geworden, auf Stirn und Oberlippe perlten Schweißtropfen, er atmete mit offenem Mund, als ob die Luft ihm knapp würde. Ein säuerlicher Dunst nach ungewaschener Haut, ungelüfteten Kleidern, faulem Atem und Alkohol umgab ihn. Er sieht aus wie ein Schwein, dachte Lioba angewidert. Wie ein riesiges, fettes, schmutziges Schwein. Und er starrt mich so gierig an, als ob er mich fressen wollte. Unwillkürlich wich sie zurück.

»Es hat etwas mit den Clarissen zu tun«, murmelte der Chorherr. »Was hast du von den Clarissen gesagt?«

»Ich will bei ihnen eintreten. Ich werde in ein Clarissenkloster gehen. Aber Ihr habt Euch doch eben erinnert, daß Ihr mit meinem Vater bestimmt nicht darüber gesprochen habt?«

Bernhardus achtete nicht auf ihre Worte. »Weißt du, was die Clarissen mit dir machen werden?« Er trat neben sie und griff nach ihren Haaren. »Sie werden dich kahl scheren. Du wirst all deine goldenen Locken verlieren. Willst du das?« Seine Hände glitten über die glänzenden Haare, dann über den Hals des Mädchens, über die schmalen Schultern – so behutsam, wie sie über die filigrane Ranke des Medaillons gefahren waren.

»Was willst du bei den Clarissen«, flüsterte er heiser. »Du bist zu schade fürs Kloster.«

Eine Augenblick stand Lioba starr. Dann schlug der Stolz der Ahnin wie eine Flamme in ihr hoch.

»Nimm deine stinkenden Finger von mir, du widerlicher Fettwanst!« zischte sie.

Eine dunkelrote Welle schoß in das Gesicht des Erkenroders. Der Jähzorn, für den seine Familie berüchtigt war, packte ihn mit derselben Heftigkeit wie am Tag zuvor. Er preßte das Mädchen an sich. Lioba stemmte ihre Hände gegen seine Brust und versuchte mit aller Kraft, sich aus seinem Griff zu befreien. Dabei verschob sie sein Gewand, der Halsausschnitt öffnete sich. Auf dem gefälteten Hemd des Chorherren glänzte die Weinrankenkette der Sarazenin. Der Schock fuhr Lioba in die Glieder, daß ihre Arme schwach wurden. Wieder wurde sie an den fetten Leib gepreßt.

»Du Lügner!« keuchte sie. »Du Dieb! Was glaubst du, was der Propst mit dir macht, wenn er davon erfährt?«

Die fleischigen Finger legten sich um ihren Hals und drückten zu. Lioba rang nach Luft. Ein gurgelndes Stöhnen kam aus ihrem Mund.

»Das hat dein Vater auch gesagt. Und du wirst enden wie er!« Er packte fester zu und schüttelte sie. Ihr Kopf flog hin und her. Die Haare umhüllten seine Hände wie Stränge aus Seide. Er spürte es nicht. Er drückte beide Daumen mit aller Kraft in ihre Halsgrube.

Keinen Laut hatte er gestern gehört, kein Knarren, kein Quietschen der Türe. Erst am Luftzug hatte er gemerkt, daß sie geöffnet worden war, wer weiß wie lange schon. Und am

Gesicht des Bürgermeisters hatte er erkannt, daß es keinen Sinn hatte, den Schatz zu verstecken oder seine Absicht zu leugnen. Jodocus Veit hatte geahnt, was geschehen würde. Er war lautlos die Treppe emporgeschlichen, hatte den Chorherrn beobachtet und wußte alles.

»Nimm deine Finger von meiner Perle, du Betrüger! Was glaubst du, was der Propst mit dir macht, wenn er davon erfährt?«

Er hatte nicht weiter sprechen können. Er hatte den Kopf gesenkt und ungläubig auf das Tranchiermesser gestarrt, das bis zum Heft in seiner Brust steckte. Dann war er langsam zusammengebrochen.

Bernhard von Erkenrode spürte auch jetzt den wilden Triumph, der ihn erfüllt hatte, als er die am Boden liegende Gestalt betrachtet hatte. Das Messerwerfen war eine Fähigkeit, die einem in Fleisch und Blut übergegangen war, wenn man sie zwanzig Jahre lang praktiziert hatte. Er hatte sich ein paar Schnitte beibringen müssen, um einen Überfall plausibel zu machen, aber das war die Sache wohl wert. Er kam er wieder zu sich und betrachtete seine Hände. Das Mädchen hing schlaff darin. Ihr Kopf war zur Seite gesunken, die Arme fielen leblos herab, die Beine waren eingeknickt. Als der Chorherr sie losließ, sank sie zusammen.

Als die alte Barbelin kam, um den Tisch abzuräumen, sah sie mit Verwunderung, daß der Chorherr die Speisen fast unberührt gelassen hatte. Er mußte wohl doch kränker sein, als es den Anschein hatte. Er lag in seinem Alkoven, bis zum Hals zugedeckt, und sah so mitgenommen aus, daß Frau Barbelin kaum wagte, das Wort an ihn zu richten.

»Soll ich abräumen, Hochwürden?«

»Laß alles stehen. Ich werde später essen. Dieses Mädchen hat mir den Appetit verdorben. Rennt hinter dem Barfüßer her, damit der sie zu den Clarissen bringt.«

»Aber er ist schon beim Angelus-Läuten aufgebrochen.«

»Das habe ich ihr auch gesagt. Aber sie wollte keine Vernunft annehmen. Störrisch wie ein Esel. Ließ sich einfach nicht zurückhalten.« Seine Stimme wurde weinerlich. »Ich vertrage solche Aufregungen nicht. Und das sage ich dir, ich will heute niemanden mehr sehen. Keine Menschenseele. Und wenn es der Propst persönlich ist, sag ihm, er soll morgen wieder kommen.«

»Und was ist mit Eurem Bett? Soll ich Euch die Kissen aufschütteln?«

»Nein!« Er spürte den leblosen Körper in seinem Rücken und preßte sich dagegen. »Nein! Verschwinde endlich! Ich brauche Ruhe!«

Frau Barbelin zog sich gekränkt zurück und war immer noch schlechter Laune, als einige Zeit später der Türklopfer betätigt wurde. Auch der Chorherr oben in seinem Zimmer hörte das Geräusch. Er blies die Kerzen aus, öffnete die Türe einen Spalt und blickte hinunter. Im Flur stand Barbelin, einen Kienspan in der erhobenen Hand, der sein zuckendes Licht auf die Frau in der offenen Türe warf. Sie hatte das Gesicht des Bürgermeisters. Wieder fuhr die Hand des Chorherrn zum Hals. Hör auf, Gespenster zu sehen, ermahnte er sich zornig. Da unten steht eine Frau. Sie trägt eine Frauenhaube und spricht mit einer Frauenstimme. Was sagt sie da?

»Es ist schon dunkel, und sie ist immer noch nicht zu Hause. Ich kann mir das nicht erklären.«

»Ich kann Euch nur versichern, daß sie dieses Haus schon vor Stunden verlassen hat. Ich habe sie selbst nach oben gebracht, und sie ist nur ganz kurz geblieben.«

Die dunklen Mandelaugen der Frau folgten ihrer deutenden Hand nach oben zum Studierzimmer des Chorherrn, und Bernhardus trat unwillkürlich zurück, als er ihren Blick auf sich spürte. Warum tat er das, fragte er sich ärgerlich. Die Frau konnte ihn unmöglich sehen, er stand hinter der Türe im dunklen Zimmer, und sie hatte die Flamme vor Augen.

»Aber wo ist sie dann?« Die Frau weinte fast.

»Fort ist sie«, sagte Frau Barbelin barsch.

»Fort?« Die Frau faßte haltsuchend nach dem Türklopfer.

»Jawohl, fort! Dem Barfüßer ist sie nachgelaufen, damit der sie zu den Clarissen bringt. Mein Herr hat's mir erzählt. Er hat ihr noch gut zugeredet und versucht, sie davon abzubringen, aber sie war nicht zu halten. Sobald sie gehört hat, daß der Graue schon nach Düsseldorf aufgebrochen ist, da ist sie losgerannt.«

»Aber – aber sie mußte doch etwas mitnehmen. Sie hat ja nur die Sachen, die sie auf dem Leibe trägt.«

»Nun, mehr braucht sie auch nicht«, sagte Frau Barbelin praktisch. »Im Gegenteil, es ist noch zuviel. Ihre Schuhe und Strümpfe zum Beispiel, die kann sie verschenken.«

»Aber sie hat sich nicht von mir verabschiedet. Sie ist gegangen ohne ein Wort? Ich kann das nicht glauben.«

»Ihr müßt das verstehen, Frau Adelheid.« Die Stimme der alten Barbelin klang mitleidig. »Es war keine Zeit zum Abschiednehmen. Der Barfüßer war schon fort, und sie wollte ihn einholen. Vielleicht wollte sie Euch auch nicht das Herz schwer machen.«

»Mir das Herz schwer machen?« Adelheid Veit wischte sich die Tränen ab und versuchte ein zittriges Lächeln. »Sie weiß doch, daß mein Herz voller Freude ist bei dem Gedanken, daß unser größter Wunsch in Erfüllung geht. Meine Lioba wird eine Nachfolgerin der heiligen Clara! Achte nicht auf meine Tränen. Die kommen aus einer weltlichen Schwäche, die ich schnell überwinden werde. Hab Dank für deine Nachricht. Ich bin jetzt beruhigt.«

Sie wandte sich zum Gehen. Frau Barbelin schloß die Türe und ging zurück in ihre Küche, wobei sie etwas vor sich hin brummte, von dem der Chorherr nur »verrückte Betschwester« verstand. Er seufzte vor Erleichterung. Diese Klippe war umschifft. Jetzt mußte er nur noch die Leiche verschwinden lassen, dann konnte ihm niemand mehr seinen Schatz streitig machen. Er schlug die Decke des Betts zurück und betrachtete die Tote. Sie war so zart und schmächtig wie ein Kind, er würde sie mühelos unter seinem weiten Mantel verbergen können. Die meisten Kanoniker nahmen es nicht genau mit ihren Pflichten, nur wenige erschienen zum mitternächtlichen Chorgebet. Wenn er etwas früher sein Haus verließ und auf seinem Weg zur Kirche einen kleinen Umweg machte, so würde das niemandem auffallen.

In der Nacht ging er langsam die Treppe hinunter und lauschte. Aus dem Kämmerchen neben der Küche drang das Schnarchen der alten Barbelin. Die Stufen knarrten unter seinem Gewicht. Kein Grund zur Besorgnis, beruhigte er sich selbst, er kam schließlich nur seiner Verpflichtung zum Chorgebet nach. Er verließ das Haus durch die Hintertüre und betrachtete prüfend die Fenster der Nachbarhäuser. Kein Lichtschein war zu sehen. Man konnte nicht ausschließen, daß ein schlafloser Kanoniker hinausblickte, aber dieses Risiko mußte eingegangen werden. So lange wie möglich hielt sich Bernhardus im Schatten des Hauses und der Stallgebäude. Der Mond war fast voll, das war nicht zu ändern, doch sein Licht wurde durch jagende Wolken gedämpft. Der Chorherr überquerte schnell den Hof.

Als die Wiesen gedüngt werden mußten, war die große Abfallgrube geleert worden, so weit das möglich war, ganz leer wurde sie natürlich nie, es blieb immer ein Bodensatz zurück, und der würde mittlerweile schon wieder in die Höhe gestiegen sein. Der Chorherr wuchtete den Deckel empor und ließ ihn wieder zu Boden gleiten. Es stank, als ob Luzifer, der Herr der Hölle, in einer Wolke aus Schwefel und verbranntem Pech erschienen sei.

Bernhardus kniete sich an den Rand der Grube. Er öffnete seinen Mantel und löste den Gürtel, mit dem er das Mädchen gegen seinen Bauch gebunden hatte. Er faßte sie um die Mitte und versuchte, sie anzuheben, aber ihr Kopf blieb an seiner Brust liegen. Er spürte, wie ihm der Schweiß ausbrach. Sie war tot! Wie konnte sie sich dann an ihn klammern? Er zerrte heftig, wurde immer unbeherrschter, riß an ihren Haaren. Endlich hatte er sie vom Leibe. Am liebsten hätte er sie mit einem Stoß in der Grube verschwinden lassen, aber er bezwang sich. Sie würde mit einem lauten Platschen untergehen, und er durfte jetzt kein Geräusch machen. Nur noch wenige Minuten, dann war es geschafft. Er spürte, wie ihm der Schweiß vom Gesicht tropfte. Er faßte sie an beiden Füßen, schob sie langsam über den Rand, ließ sie kopfüber nach unten hängen. Da kam der Mond hinter den Wolken hervor. Der Chorherr beugte sich vor, um zu sehen, ob die Leiche schon die Oberfläche der stinkenden Flüssigkeit erreicht hatte. Er zuckte zusammen, als er die nackten Beine und den entblößten Unterleib sah. Er starrte die zarten Glieder an, hin und her gerissen zwischen Abscheu und Verlangen. Die Röcke waren herabgeglitten und verdeckten den Oberkörper und das Gesicht der Toten. Die Spitzen der nach unten strömenden Haare berührten schon die schwarze Brühe. Aufatmend ließ Bernhardus die kleinen Füße los. Jetzt würde die Tote lautlos in ihr feuchtes Grab sinken.

Und während sie sank, sah er in dem grünweißen Licht des Mondes einen langen, funkelnden Strahl in ihren Haaren aufblitzen. Dann war sie verschwunden.

Das Funkeln hatte nur den Bruchteil eines Lidschlags lang gedauert, aber der Chorherr hatte das Gefühl, als sei der Strahl wie ein Dolch in sein Herz gefahren. Er schnappte nach Luft. Sie hatte keinen Schmuck getragen, kein Kettchen, kein Armband, keinen Haarreif – nichts, was blitzen konnte. Er fuhr mit beiden Händen an seinen Nacken, tastete, tastete noch einmal. Die Kette war fort. Und mit ihr das Medaillon. Mit zitternden Fingern nestelte er sein Wams auf, dann das Hemd, suchte seinen Oberkörper ab. Die Kette konnte gerissen und in seine Kleider gerutscht sein, und im nächsten Augenblick würde er sie finden, jawohl, das würde er!

Er fand sie nicht. Er riß sich die Sachen vom Leib, untersuchte jede Falte, jede Biese. Sein Kleinod blieb verschwunden.

Wie betäubt hockte Bernhardus am Rand der Grube. Die Kette mußte sich in den dicken Haaren des Mädchens verfangen haben und gerissen sein, als er an ihnen gezerrt hatte. Er beugte sich vor und starrte in die Tiefe. Etwas Weißes schimmerte in der dunklen Flüssigkeit. Er beugte sich weiter vor und strengte seine Augen an. Ihre Füße! Es mußten ihre Füße sein! Sie war noch nicht versunken. Es gab noch eine Möglichkeit, seine Kette zu retten.

Er fuhr in sein Hemd, rannte zum Schuppen hinüber, riß eine Leiter von den Haltern an der Wand und rannte zurück. Der Stallknecht schreckte von seinem Strohlager hoch, erkannte den Chorherrn und kam verstört auf die Füße.

»Herr Bernhardus, was tut Ihr?«

»Ich muß sie retten!« schrie Bernhardus. »Ich muß sie retten!«

Er hievte die Leiter über den Rand, sie fand Grund, er rüttelte, sie stand fest. Er war von einer so verzweifelten Hast getrieben, daß er die Sprossen mehr hinunter rutschte als stieg. Das Holz riß die Schnitte an seinen Händen auf, aber das spürte er nicht. Da waren die Füße! Er klammerte sich mit einer Hand an der Leiter fest, bückte sich ächzend, bekam die Füße zu packen, zog. Die Leiche war viel schwerer als vorhin, die Kleider mußten sich schon vollgesogen haben. Er zog weiter, keuchte, stemmte das stinkende, triefende Bündel in die Höhe, wuchtete es sich über die Schulter, wühlte in den Haaren. Da war die Kette! Und da war das Medaillon! Er griff danach, riß daran. Es löste sich nicht. Er hörte sein eigenes Keuchen, immer hastiger, immer lauter. Die giftigen Dämpfe füllten seine Lunge, drangen in sein Hirn, ließen ihn schwanken. Ganz weit weg rief eine Stimme seinen Namen. Das Medaillon – er mußte das Medaillon haben! Die Kette mochte zerbrechen und versinken, aber er mußte das Medaillon haben. Er umklammerte es, ließ die Leiche von seiner Schulter gleiten, so daß ihr ganzes Gewicht an der Kette hing. Die Kette riß. Die Leiche versank. Das Medaillon blieb in seiner Hand.

Er hatte es. Er hatte sein Medaillon wieder. Er umklammerte es mit zitternden Fingern. Warum kreisten feurige Sterne vor seinen Augen? Und woher kam das laute Rauschen? Es schwoll zu einem Dröhnen an, das seinen Kopf zu zersprengen schien. Seine Finger lösten sich. Die Leitersprosse entglitt seinem Griff. Das Medaillon verschwand im Schlamm. Der schwere Körper des Chorherren, der ohnmächtig in die giftige Brühe fiel, begrub es unter sich.

* * *

Als man die beiden Leichen barg, fand man in den Haaren des Mädchen wenige Glieder einer zerrissenen Kette. Der Goldschmied, der an der Fertigstellung des Suitbertusschreines arbeitete, brachte es nicht übers Herz, die ungewöhnliche Arbeit einzuschmelzen. Er nahm sie als Vorbild für die goldenen Weinranken, die noch heute den Suitbertusschrein schmücken.

Gerhard Herm

WEHE, WENN GOTT
DIE AUGEN ÖFFNET

Sieh dir doch einmal den vornehmen Herrn genauer an, lieber Leser! Da erblickst du ein kleines Männlein, entstellt an der linken Wange, weil hier ein Eitergeschwür aufgebrochen ist, das oftmals wieder anschwillt. Ein Bruch des Nasenbeines gibt mir seit der Kindheit ein lächerliches Aussehen. Doch würde ich mich deshalb nicht beklagen, wenn ich dafür über irgendwelche inneren Vorzüge verfügte. Leider bin ich jedoch ein elender Kerl, jähzornig, zu störrisch, um Gutes zu tun, neidisch, spottsüchtig, obwohl ich eigentlich selber ausgelacht werden sollte. Keinen verschone ich, wie es doch Christenpflicht wäre. Ich bin ein Schlemmer und Heuchler, ein Geizhals und Verleumder. Und damit ich mit der Aufzählung meiner Laster ein Ende mache: Ich bin schlimmer, als man es sagen oder glauben kann.«

Na na, lieber Tiethmar, dachte ich, die »Chronik« meines ehemaligen Schülers aus der Hand legend, übertreibst du nicht ein bißchen mit deinen Selbstbezichtigungen? Das

189

muß doch den Verdacht wachrufen, du hättest einfach darunter gelitten, daß deine äußere Erscheinung, im Vergleich mit den hochgewachsenen sächsischen und fränkischen Herrn, die dich umgaben, ein bißchen dürftig wirkte, und hättest deshalb zusätzlich noch etwas Asche auf dein tonsuriertes Haupt gestreut. Aber was willst du denn? Du hast es bis zum Herrn des Bistums Merseburg gebracht. Du bist Kirchenfürst und enger Vertrauter des derzeitigen Kaisers. Du kanntest auch die schöne Theophanu.

Natürlich weiß ich sehr wohl, was dich zu jener Zeit wirklich gekränkt hat, Thietmar. Du selbst an den Stufen des Throns, kleingewachsen, dazu noch diese unheilbare Fistel im Gesicht, und auf dem Sessel über dir die Armenierin mit den Mandelaugen, gehüllt in eine Aura aus Unnahbarkeit, Würde und Geheimnis. Rührt daher etwa dein Selbsthaß, deine Lust, dich selbst geringer zu machen, als du es wirklich bist, daß es ein solches Mißverhältnis gab zwischen deiner Erscheinung und der ihren? Kam vielleicht noch hinzu, daß du auch noch Kleriker bist und somit in Theophanus Augen nichts weiter warst als ein bares Neutrum? Thietmar, guter Freund, das alles würde doch auch bedeuten, daß du sie heimlich angebetet, verehrt, sogar geliebt hast. Natürlich – ich lachte in mich hinein –, so muß es gewesen sein, wie denn auch anders. Tröste dich indes, mein armer Alter (denn alt bist du ja in der seither verstrichenen Zeit geworden), es dürfte allen so ergangen sein wie dir, auch den hochgewachsenen, kriegsgewohnten Herrn in Theophanus Umgebung, den Fürsten, Grafen, Rittern vom Main, vom Rhein, vom Neckar und der Unstrut. Sie hätten ja samt und sonders kein Blut in den Adern gehabt haben dürfen, um dieser Frau nicht zu erliegen. Tröste dich, du verzagte Seele: Keinen von ihnen konnte Theophanu mit anderen Augen betrachten als dich, keinen einzigen. Sie hätte es selbst dann nicht gedurft, wenn der eine oder andere der Herrn für sie zur Versuchung geworden wäre. Es war ihr verboten, in ihnen etwas anderes zu sehen als Figuren auf dem Schachbrett, und das wußten doch außer ihr selbst nur noch wir beide, ich, dein Freund Gorazd, und du – was zugleich heißt: Sie wiederum wußte, was dir offenbar war, und so standest du ihr im Grunde näher als all die übrigen Wappenträger. Daß aber Theophanu dir dies auch nach der Rückkehr von unserer Reise nicht zeigen konnte – Thietmar! –, das mußt du doch einsehen. Es war uns gelungen, ihr Geheimnis noch weiter zu verschleiern. Und sie durfte, weder im Interesse ihres Sohnes, noch des Reiches, oder sogar der ganzen Christenheit, nicht einmal andeutungsweise zu erkennen geben, daß es so etwas wie ein Geheimnis um sie überhaupt gab.

Ich mußte zum zweiten Mal lachen – diesmal über mich selbst. Wenn Thietmar sich über sein Verhältnis zu Theophanu nicht völlig klar gewesen wäre, hätte er doch sicherlich, der Eitelkeit aller Autoren nachgebend, in seiner »Chronik« zumindest angedeutet, was er von ihr wußte. Das ist jedoch keineswegs der Fall. Über Gott und die Welt verbreitet er sich, über götzenanbetende Slawen, deutsche Glaubenskämpfer und Kaiser Otto III., dem wir beide letzten Endes zu Krone und Thron verhalfen. Zu dem, was er durch mich erfahren oder in Konstantinopel gehört hat, fehlen jedoch jegliche Hinweise, selbst die allergeringsten. Nur aus dem lamentierenden Ton, den Thietmar gelegentlich anschlägt, ließe sich äußerstenfalls schließen, daß es ihn bei der Niederschrift seines Berichtes manchmal quälte, etwas zu wissen, das er nicht sagen durfte.

Immerhin, dachte ich dann, unsere geheime Glaubensformel, den Segenswunsch »Bog miluj«, Gott erbarme dich, hätte er wenigstens einmal verwenden können; es hätte nicht den mindesten Verdacht hervorgerufen. Aber nein, so übervorsichtig war mein Thietmar, daß er nicht einmal sie zu gebrauchen wagte (was freilich mir und meinen Mitbrüdern letzten Endes doch nur recht sein kann: Unsere

Gemeinschaft war bedroht, seit sie existiert, und ist es noch immer; wir müssen also jedem dankbar sein, der uns zu schützen sucht).

Im Garten des bescheidenen Anwesens sitzend, das anderswo als Kloster gegolten hätte, blickte ich auf den in den Farben des Sonnenuntergangs glühenden Ochrida-See hinab und dankte Gott, daß ich nach so vielen Wanderjahren wieder dort sein durfte, wo ich hingehörte, dem einzigen Platz auf dieser Welt, an dem die Wahrheit wohnt. Er war meine Heimat von Jugend an.

»Gut also«, sagte Methodios, »wenn du von diesem Stein aus eine halbe Stunde nach Norden gehst, was findest du da?«

»Einen zweiten Stein, der genauso aussieht wie dieser«, sagte ich, um in kindlichem Eifer hinzuzufügen: »Und wenn ich noch weiter gehe, einen dritten, einen vierten und einen fünften. Ebenso ist es, wenn ich nach Süden gehe.«

»Wo aber würdest du den allerersten dieser Steine finden, oder, je nachdem, den letzten?«

»Den ersten an der libyschen Küste, den letzten am Ufer der Drina.«

»Warum an der Drina?«

»Weil von dort an der Fluß die Linie markiert, die in Afrika beginnt.«

»Wie sieht die Linie aus?«

»Sie ist schnurgerade.«

»Nenne mir ihre Bedeutung!«

»Die Linie trennt den Orient vom Okzident.«

»Wer hat sie gezogen?«

»Das erste Mal der Kaiser Augustus von Rom, das zweite Mal der Kaiser Arcadius von Byzanz und sein Bruder Honorius.«

»Ein drittes Mal gab es also nicht?«

»Nein. Seit dem zweiten Mal ist sie gültig geblieben bis auf den heutigen Tag.«

»Wer, außer uns, weiß das noch?«

Meine schmale Knabenbrust wölbend, erwiderte ich stolz: »Niemand weiß es außer uns.«

Methodios, der Staretz, bei dem ich meine ersten drei Lehrjahre absolviert hatte, lächelte, hob aber zugleich den Zeigefinger. »Bekannt«, korrigierte er, »ist es vielen, bewußt jedoch nur uns. Zwischen Kennen und Wissen besteht ein ziemlich großer Unterschied – doch das ist im Moment noch etwas zu hoch für dich.«

Er hatte recht. Für einen zehnjährigen Jungen war es in der Tat reichlich schwer, zwischen dem zu unterscheiden, was man nur kennen, und dem, was man wissen mußte, und noch bedeutend schwerer, das Bekannte anzuwenden, das Gewußte aber zu verschweigen. Anwenden hieß etwa: Methodios als den Popen zu sehen, der in der Kirche Liturgien sang und von seinen Schäflein Branko genannt wurde. Verschweigen mußte man hingegen, daß er in Wirklichkeit ein Staretz mit Namen Methodios war.

Zur Praxis des Anwendens gehörte es ferner, die Evangelien als Quelle der Wahrheit anzuerkennen – das konnte man sogar guten Gewissens tun, denn ihre Urheber kommen der Wahrheit sehr, sehr nahe. Nicht erwähnt werden durfte jedoch, daß sie keineswegs die ganze Wahrheit gekannt (oder bekannt gemacht) hatten – selbst dann nicht, wenn man, wie ich, im zehnten Sommer seines Lebens von dieser umfassenderen Wahrheit kaum etwas wußte. Einem Kind fiel es schon schwer genug, mit der Einsicht zurechtzukommen, daß die Erwachsenen offenbar auf einer Grenze zwischen zwei verschiedenen Wirklichkeiten balancierten: der allgemein bekannten und jener, die sie geheimhielten. Gerade deswegen wurde uns jedoch derart systematisch eingebleut, daß wir auch im täglichen Leben an oder auf einer höchst realen Trennlinie lebten – was aber ebenfalls geheimgehalten werden mußte.

Später, als mir diese Art von Doppelexistenz bereits ganz

natürlich erschien, machte mich Methodios damit vertraut, daß sich auch die Wahrheit, von der nur unsere Älteren wußten, vor allem durch eine Grenze definierte.

Gott, lernte ich, hatte die Welt wohl erschaffen, lehnte es aber ab, sie selbst zu regieren. Diese Aufgabe kam seinen Söhnen Satana-El und Micha-El zu, doch blieb den Menschen die Freiheit, sich für den einen oder anderen von ihnen zu entscheiden. Sie konnten mit Micha-El zusammen die Schöpfung zu vollenden versuchen oder im Bund mit Satana-El auf deren Zerstörung hinarbeiten. Der Schöpfer selbst war nicht gesonnen, die eine oder die andere Seite bei ihrem Treiben zu behindern. Taugte sein Werk, würde es bestehen bleiben, hatte er bei der Arbeit daran zu viele Fehler gemacht, würde, ja sollte es wieder untergehen. Ab und an wandte er seine Aufmerksamkeit aber doch dem Treiben der miteinander rivalisierenden Söhne zu. Unsere Staretzen meinten, es geschehe nur alle tausend Jahre einmal, denn schließlich habe Gott sich noch um wichtigere Dinge als die Erde und ihre Bewohner zu kümmern. Schon die Himmel allein machten ihm Arbeit genug.

Was der Djed von dieser etwas volkstümlichen Interpretation einer ganzen Glaubenslehre hielt, wußte niemand außer den Gosti. Nur sie hatten Zugang zum Oberhaupt unserer Gemeinschaft, hielten es aber für geboten, das geistige Fassungsvermögen der Staretzen nicht über Gebühr zu belasten, indem sie mit ihnen theologische Finessen diskutierten. Es war für diese Mönche (wie man sie anderswo genannt hätte) schon schwer genug, eine Gemeinde zusammenzuhalten, deren Mitglieder sich täglich fragen mußten, ob sie nicht im Begriff seien, die wichtigste aller existierenden Grenzen zu überschreiten, nämlich die zwischen dem Reich des Weltzerstörers Satana-El und jenem des Weltvollenders Micha-El. So ist es auch verständlich, daß ihnen in besonders schwierigen Situationen immer wieder dieses Not- und Stoßgebet »Bog miluj« über die Lippen kam – denn natürlich hegten wir die Überzeugung, Gottes Schöpfung müsse nicht nur erhalten, sondern auch weiterentwickelt werden. Und wir waren auch durchaus bereit, dafür zu kämpfen, sei's an der Front, die durch unser eigenes Inneres lief, sei's an einer sichtbaren Linie, hinter der wir uns mit Waffen verschanzen konnten. Wobei ich zugeben muß, daß viele von uns, mich eingeschlossen, diese letztere Alternative bevorzugt hätten. Aber dann, in einem Alter, in dem ich mit Schwert, Speer, Dolch und Eisenkeule schon recht gut umgehen konnte, ließen die Gosti mich wissen, daß ich dazu bestimmt worden sei, weder auf die eine noch auf die andere Weise für unsere Gemeinschaft zu kämpfen. Vielmehr müsse ich verhindern helfen, daß Gott, wenn er demnächst wieder auf seine Schöpfung herabblicke, eine der schwersten Wunden, die ihr von Menschen zugefügt worden war, nicht erblicke. Sie meinten die künstliche Grenze zwischen Orient und Okzident.

Das Jahr 1000 nach christlicher Zeitrechnung kam herauf. Deshalb wurde ich mit der Geschichte des Mädchens Theophanu bekannt gemacht und dann zu ihr, der nunmehrigen Kaiserin des von Deutschen neugegründeten römischen Reiches, nach Quedlinburg geschickt. Die Armenierin mit den Mandelaugen empfing mich wie einen Bruder, den sie lange entbehrt hatte. Ich betrachtete sie von Anfang an als das, was sie ja wirklich war: meine Schwester im Wissen um den wirklichen Zustand der Welt.

Nachdem Burchard von Babenberg den Audienzsaal im Quedlinburger Schloß verlassen hatte, kam ich durch die Seitentür herein. Offenbar in Gedanken versunken, stand Theophanu an einem der schmalen Fenster und blickte auf die gegenüberliegenden bewaldeten Höhen. Da ihr Haarknoten geöffnet war, wußte ich, wie es um sie stand: Die Kaiserin hatte Kopfschmerzen.

Ich trat hinter sie, schob die schwarze, bis zum Gürtel herabreichende Lockenflut auseinander und begann, ihre Nackenmuskeln zu massieren. Mit leisem Stöhnen ließ Theophanu sich die Behandlung gefallen.

»Danke, Gorazd«, murmelte sie schließlich. »Du bist immer noch der einzige, der mir helfen kann.«

»Du hast es in letzter Zeit zu oft«, sagte ich. »Auch deine Augen gefallen mir nicht.«

Theophanu schob meine Hände beiseite und drehte sich um. »Ist es ein Wunder?«

Ich schüttelte den Kopf. »Hat er dir sehr hart zugesetzt, dieser durchtriebene Baier?«

»Sie legen allmählich Daumenschrauben an. Sehr höflich natürlich, aber es läuft immer auf die gleiche Frage hinaus: bin ich eine purpurgeborene Kaisertochter oder bin ich es nicht?«

»Und? Konnntest du Burchard noch einmal zufriedenstellen?«

»Ich habe mich verhalten wie immer: von Kopf bis Fuß die Verkörperung beleidigter Würde.«

»Aber?«

»Er ist nicht dumm. Klug genug, um uns halbwegs zu durchschauen. Zu klug, um offen zu drohen. Der Kerl will mich einfach zermürben.«

»Immer noch besser, als dir ein zweites Mal deinen Sohn wegzunehmen.«

»Schon richtig, Gorazd. Aber wie lange werde ich ihm und seinesgleichen widerstehen können?«

Das, dachte ich, ist in der Tat die entscheidende Frage. Otto, Theophanus Sohn, war rechtmäßig gewählter König des von seinem Großvater begründeten Reiches, in dem Sachsen, Franken, Baiern, Schwaben, Lothringer, Burgunder, Friesen und Italiener einigermaßen friedlich zusammenlebten, aber er zählte erst elf Jahre. Ein Babenberger hatte ihn nach dem Tod Ottos II. bereits einmal in seine Gewalt gebracht und selbst nach der Krone gegriffen. Dieser Usurpationsversuch war zwar gescheitert, konnte jedoch jederzeit wiederholt werden. Die Fronde der aufmüpfigen Stammesherzöge und Markgrafen wurde immer mächtiger. Vor allem südlich des Mains lebte eine ganze Reihe edelgeborener Herren, die nicht länger von einem Herrscher aus dem sächsischen Haus der Ottonen das Knie beugen wollten. Bis jetzt hatte Theophanu derlei heimlichen Gelüsten noch widerstehen können, was für eine seit acht Jahren verwitwete Herrscherin keine geringe Leistung gewesen war. Ob sie damit noch sehr viel länger durchkommen würde, durfte indessen bezweifelt werden. Die süddeutschen Fürsten glaubten mittlerweile, eine Lücke in ihrem unsichtbaren Panzer entdeckt zu haben, und versuchten nun beharrlich, sie zu erweitern. War Theophanu eine Porphyrogenneta, wie man ihren Schwiegervater Otto I. – mittlerweile »Otto der Große« genannt – hatte glauben machen, eine im Purpursaal der byzantinischen Kaiser geborene Prinzessin, oder war sie es nicht? So lautete die Frage, mit der die Herren operierten – aus naheliegenden Gründen. Traf nämlich das letztere zu, dann konnte man der Kaiserin vorwerfen, sie habe ihre Würde unter Vorspiegelung falscher Tatsachen erschlichen, weshalb Mutter und Sohn aus guten rechtlichen Gründen abgesetzt und in Schande davongejagt werden müßten.

»Hast du dein Angebot noch einmal erneuert?« fragte ich. »Einen Mann ihrer Wahl nach Konstantinopel zu schicken, damit er die Wahrheit über mich herausfinden kann?« Resigniert winkte Theophanu ab. »Es wäre ein dummer Zug gewesen. So direkt hat Burchard gar nicht erkennen lassen, daß er an meiner Herkunft zweifelt. Mit einem derartigen Angebot hätte ich ihm also nur in die Hände gearbeitet.«

Anerkennend beugte ich den Kopf. Theophanu war eine kluge Frau. Durch nichts auf ihr Herrscheramt vorbereitet und doch in der Lage, einen erfahrenen Politiker wie

Burchard zu durchschauen, denn natürlich hatte er sie gerade zu einem derartigen Angebot veranlassen wollen.

»Außerdem«, fuhr die Kaiserin fort, »hätte ich dem Babenberger Gelegenheit geboten, mich daran zu erinnern, daß schon zweimal eine Gruppe fränkischer, baierischer und schwäbischer Herrn an den Bosporus gereist ist, um mit meiner Erlaubnis in den byzantinischen Archiven zu forschen.« Wieder mußte ich ihr insgeheim zustimmen: keine dieser Delegationen war je zurückgekommen. Die eine – hieß es – sei in die Hände von Piraten gefallen, die andere im Bergland zwischen Adria und Ägäis verschollen. Natürlich hätte Burchard dies sofort erwähnt und, süffisant, wie er sein konnte, ein paar passende Vermutungen daran angeknüpft. Wir aber, meine Mitbrüder am Ochrida-See und ich, konnten – natürlich! – nicht ein drittes Mal Botschafter aus Deutschland irgendwo östlich von Italien verschwinden lassen. »Was nun?« sagte Theophanu. »Wir haben nicht mehr viele Pfeile im Köcher.«

»Genaugenommen«, erwiderte ich, »haben wir nur noch einen einzigen.«

Überrascht hob die Frau in dem purpurverbrämten Kleid den Kopf. Die dunklen, etwas schrägstehenden Augen wirkten weniger trüb als noch Minuten zuvor.

»Nämlich?«

»Wir müssen das alte Manöver doch noch einmal wiederholen.«

»Aber…«

»Nichts aber, Theophanu. Der ausgesandte Kundschafter wird dieses Mal zurückkehren.« Bevor sie erneut den Mund öffnen konnte, hob ich die Hand und fügte hinzu: »Wenn wir den richtigen Mann finden, besteht dennoch keine Gefahr, daß die Wahrheit ans Licht kommt.«

»Wer sollte dieser…?«

»Er muß jung sein, neugierig, natürlich auch kräftig genug, um die Reise zu überstehen, aber vor allem muß er soviel

Vorstellungskraft besitzen, daß wir ihn mit unserer Wahrheit beeindrucken können. Nicht zuletzt sollte es natürlich ein königstreuer Sachse aus bester Familie sein.«

Theophanus Blick bohrte sich in mein Gesicht. »Das klingt, als hättest du schon jemanden im Auge.«

»Erst seit ich anfing, ihn zu beschreiben. Trotzdem scheint es mir eine brauchbare Eingebung zu sein.«

»Wer also...?«

»Du hast ihn flüchtig kennengelernt. Er zählt erst sechzehn Jahre, ist aber trotzdem bereits für eine Domherrenpfründe in Magdeburg vorgesehen. Jüngster Sohn des Grafen Siegfried von Walbeck und recht gut aussehend. Da er vor Wißbegierde geradezu platzt, versorge ich ihn gelegentlich mit Informationen aus – nun ja, aus unserer Welt. Sie beeindrucken ihn ganz außerordentlich.«

»Ein sechzehnjähriger Junge!« rief Theophanu.

Ich lächelte sie an. »Er wird dir gefallen, Täubchen.«

So kam Thietmar, nachmals Bischof von Merseburg, in die Geschichte herein, die er später nicht zu erzählen wagte.

»Schon nach den ersten Tagen unseres Zusammenseins«, heißt es in meinem Abschlußbericht, den ich nach Ochrida schickte und jetzt wieder hervorgeholt habe, »schon nach den ersten Tagen unseres Zusammenseins war ich sicher, die richtige Wahl getroffen zu haben. Der kleine Walbeck bestand alle Prüfungen, denen ich ihn, ohne daß er es merkte, unterziehen mußte. Er war, obgleich von Geistlichen erzogen, relativ vorurteilsfrei, verfügte über eine Bildung, die meine auf gewissen Gebieten in den Schatten stellte, konnte folgerichtig denken, wagte es auch, von dieser Fähigkeit Gebrauch zu machen, besaß erstaunlich gute Manieren und ließ jeglichen Adelshochmut vermissen. Die Aussicht auf eine, obgleich gefährliche, Reise in ferne, unbekannte Gegenden berauschte ihn geradezu. Und von seinem ersten Gespräch mit Theophanu kam er beinahe betäubt zurück – verständlicherweise: Ihr Anblick, ihre Art, auf hoheitsvolle Weise freundlich zu sein, die majestätische Unnahbarkeit, mit der sie sich dennoch umgab, hatten schon erfahrenere Männer als ihn aus den Stiefeln gehauen (wie man bei uns zu sagen pflegt). Ich bin sicher, daß sie für immer eine Ikone in seinem Herzen bleiben und alle Marienbilder, an denen er sein Bedürfnis nach weiblicher Nähe bisher befriedigt hatte, überstrahlen würde. Auch bei den quasi offiziellen Prüfungen, die unabdingbar waren, schnitt Thietmar hervorragend ab.

Die etwas skeptischen Herren, denen Theophanu das Angebot machte, ein drittes Mal nach ihrer Herkunft forschen zu lassen, ließen sich von der Ernsthaftigkeit überzeugen, mit der Thietmar (meinen Instruktionen folgend) vortrug, was von der Reise nach Konstantinopel zu erwarten sei, wie sie seiner Ansicht nach am sichersten bestanden werden könne, welche Urkunden er sich im Magnaura-Palast vorlegen lassen, welche Fragen an welche Würdenträger richten wolle. Den Rest tat Theophanus feierliche Versicherung, sie werde sich einem Gottesurteil unterwerfen, wenn Thietmar nicht lebend zurückkehre und also weiterhin die Zweifel an ihrer Geburt im Purpursaal unausgeräumt blieben.

Später – da waren wir schon drei oder vier Wochen unterwegs – fielen mir auch einige Schwächen des jungen Mannes auf: Er neigte zur Bequemlichkeit, war nur ein mäßiger Reiter und hatte den Hang, seine eigene Person, sein Verhalten, sein Denken auf geradezu penetrante Weise immer wieder und oft bei den unpassendsten Gelegenheiten in Frage zu stellen; Thietmar besaß nur ein sehr mangelhaft entwickeltes Selbstbewußtsein. Aber, sagte ich mir, an das Schlafen auf nackter Erde wird er sich zwangsläufig gewöhnen müssen und sein Pferd schon an der Kandare zu halten lernen, wenn er die ersten schmerzhaften Stürze überstanden hat. Was schließlich seine Lust am Selbstzweifel anbetraf: Sie konnte uns eigentlich nur dienlich sein. Er würde ja mit einer Reihe von Tatsachen konfrontiert werden, die einen von seiner eigenen Vollkommenheit überzeugten Menschen störrisch gemacht hätten, einen noch ungeformten Charakter wie ihn jedoch nur beeindrucken konnten. Beeindrucken aber mußten wir ihn, und zwar mit allen Mitteln. Ja, ich hatte durchaus einen guten Griff getan, als ich auf Thietmar setzte.

Vom längeren Teil unserer Hinreise ist eigentlich wenig zu berichten: Erst Venedig, dann Ragusa, kurzer Aufenthalt in Monemvasia auf der Peloponnes, Durchquerung der Ägäis, nächste Rast in Callipolis am Eingang des Hellespont, der schmalen Durchfahrt zum Marmarameer, alles bei angenehmem Wetter und gerade den richtigen Winden. Dafür, daß wir allerorten freundlich empfangen und ausgiebig bewirtet wurden, hatten unsere Leute gesorgt. Ich war geradezu stolz auf die Art und Weise, wie sie uns Wege ebneten und Schwierigkeiten aus dem Weg räumten. Thietmar in seiner Unerfahrenheit hingegen hielt es für ganz normal, so und nicht anders durch teilweise recht gefährliche Piratenreviere zu reisen. Er genoß die Fahrt und fragte unsere Gastgeber nach allem aus, was ihm neu war oder befremdlich erschien. Als an Steuerbord die Ruinen von Troja auftauchten, verfiel er in großäugiges Staunen; der Ort hatte ihm bis dahin als eine reine Erfindung der Sänger gegolten. Vollkommen erschlagen war er dann, als sich die Türme von Konstantinopel zum ersten Mal am Horizont abzeichneten. Insgeheim schien der junge Mann auch bezweifelt zu haben, daß diese größte Stadt und stärkste Festung der Christenheit tatsächlich existierte. Aber nun sah er sie wirklich, sah dieses riesige Schiff aus Stein, das mit spitzem Bug in die blaue See hinausragte, als wolle es jede Minute ablegen und davonsegeln, sah die Kirchenkuppeln, die das Sonnenlicht reflektierten, vor allem aber den gewaltigen Magnaura-Palast hoch über den Wassern, eine Stadt in der Stadt und ihrerseits überragt von eigenen Türmen und eigenen Kuppeln.

Ich beschloß, ihn von da an nicht mehr zur Besinnung kommen zu lassen. Konstantinopel mußte ihn verschlingen, überwältigen, in einen ständigen Taumel versetzen, so daß, wenn er es wieder verließ, seine Erinnerungen einer Fata Morgana glichen, die im Gedächtnis des Jungen zugleich verblassen und dennoch immer üppigere Formen annehmen mußten.

Das gelang mir auch. Thietmar war später nie in der Lage, genau zu beschreiben, was er gesehen, gehört, gerochen, erfahren hatte. Bunte Nebel umfingen ihn, wann immer er an seine Erlebnisse in der Stadt über dem Goldenen Horn zu denken versuchte. (Vermutlich einer der Gründe dafür, daß Konstantinopel in seiner »Chronik« überhaupt nicht erwähnt wird.)

In voller Klarheit – auch dafür hatte ich gesorgt – stand ihm nach seiner Rückkehr lediglich der Besuch bei Aschot Essaiyan vor Augen, einem Hofbeamten, der schon drei Kaisern gedient hatte, zuletzt jenem Ohannes Tzimiskes, bei dem Otto I. vor zwanzig Jahren für seinen Sohn um die Hand einer pupurgeborenen Prinzessin anhielt. Wie Tzimiskes war auch er ein Armenier. (Aber an diese Tatbestände konnte Thietmar selbst im Alter noch nicht rühren, es wäre für Otto III. zu belastend gewesen.)

Aschot empfing uns im abgelegensten Teil des Magnaura-Palastes, dem Boukoleon. Das hieß, daß wir die ganze riesige Anlage von vorne bis hinten durchqueren mußten, beginnend unter der gigantischen Kuppel des Eingangstores, einem Raum, in dem die Garden herumlungerten, Würdenträger in üppigen Gewändern plaudernd beieinander standen, Menschen aus allen Teilen des byzantinischen Reiches darauf warteten, bei irgendeinem Minister vorgelassen zu werden. Ihre Gespräche und das Klirren von Waffen verwoben sich zu einem Klangteppich, der jede Verständigung von Mann zu Mann unmöglich machte. Die Kuppel dröhnte wie eine angeschlagene Glocke, durch kleine Fensterluken auf ihrem Dach stachen goldene Balken aus Sonnenlicht herein.

Im nächsten Palastquartier, der Daphne, einem Labyrinth aus Höfen, Durchgängen, schmalen Passagen, hätten wir uns ohne Führer mit Sicherheit verlaufen. Nicht anders wäre es uns in den Palastgärten ergangen. Verschlungene Wege führten durch kleine Gehölze, luftige Haine, vorbei an Brunnen, an Volièren voll exotischer Vögel, an Gitterwänden, hinter denen Panther, Tiger, Löwen ruhelos umherwanderten oder in der Sonne dösten. Manche Tiere standen auch direkt neben dem Weg, Ziegen etwa oder überlebensgroße Pfauen; erst auf den zweiten Blick erkannte man, daß es Automaten aus Metall und Edelsteinen waren, das Meckern klang blechern, wenn ein Pfauenhahn sein Rad schlug, klirrten die Federn, als ob Schwerter aufeinanderschlügen.

Vorbei an der berühmten Statue des Stiers, der von einem Löwen niedergerissen wird, erreichten wir schließlich die Treppen, die zum Boukoleon hinabführten, einen tiefgelegenen Bau, über den sich das Marmarameer wie ein Berg aus blauem Glas emporzuwölben schien. Wahrhaftig, die byzantinischen Herrscher wissen wohl, wie man einen fremden Gast mit Eindrücken zu Boden schlägt, ehe ihm gestattet wird, vor ihre geheiligte Person zu treten. Thietmar hätte längst nicht mehr sagen können, ob er sich noch in der diesseitigen oder der jenseitigen Welt befand; es mußte Aschot seine undankbare Aufgabe beträchtlich erleichtern – ebenso der Umstand, daß es in Konstantinopel gerade keinen amtierenden Kaiser gab. Um die Nachfolge von Tzimiskes stritten sich noch mehrere Prätendenten.

Der Armenier empfing uns auf einer blumenumrankten Terrasse mit Blick zum asiatischen Ufer des Bosporus. Er war die Freundlichkeit in Person, strahlte aber dennoch die gleiche Unnahbarkeit aus wie Theophanu.

Thietmar mußte eine Reihe teilnahmsvoller Fragen über

sich ergehen lassen: wie die Reise gewesen sei, wie man ihn untergebracht und ob er schon einige der Wunder von Konstantinopel gesehen habe, die Hagia Sophia etwa, den unterirdischen Palast Kaiser Justinians, das Hippodrom, die thrakische Landmauer. Da der junge Mann von seinen neugewonnenen Eindrücken beinahe überquoll und nun heraussprudeln konnte, was ihn fasziniert, erstaunt, überwältigt habe, verlor er auch seine anfängliche Befangenheit. Aschot warf hie und da ein paar Ergänzungen ein, wies auf Orte oder Bauwerke hin, die einen Besuch noch lohnen würden, und begann dann seinerseits Fragen zu stellen.

Wie es denn bestellt sei um das Reich im fernen Westen, dessen Kaiser sich aus unerfindlichen Gründen als Nachfolger der Caesaren betrachteten. Welche Nachbarstaaten es anerkennten, welche nicht. Kämen seine Herrscher mit den Päpsten – die ja ihrerseits beanspruchten, das römische Imperium zu verkörpern – in Frieden zurecht? Ohne daß Thietmar es, am Anfang wenigstens, richtig mitbekam, klang in diesen scheinbar beiläufig vorgetragenen Bemerkungen, allmählich eine gewisse Schärfe mit, denn selbstverständlich erhob Byzanz den Anspruch, das zweite, neue, vollkommenere Rom zu sein und gestand weder den sächsischen Kaisern noch den Päpsten das Recht zu, sich als Nachfolger eines Augustus oder Diokletian zu betrachten.

Als Aschot sich endlich nach dem Zweck unseres Besuches im Magnaurapalast erkundigte, muß Thietmar schon gespürt haben, daß der Mann mit dem schmalen Backenbart ihm nicht unbedingt in Freundlichkeit zugetan war. Immer häufiger warf er mir hilfesuchende Blicke zu, doch ich hatte beschlossen (und mit dem Armenier vereinbart), nur den unbeteiligten Begleiter zu spielen, in das Gespräch aber keineswegs einzugreifen.

Ah ja, sagte Aschot, es bestünden also Zweifel an der kaiserlichen Herkunft der... Theophanu sei ihr Name?

Verblüfft ob dieser Formulierung, versuchte Thietmar seine

Frage neu zu formulieren, verhedderte sich dabei jedoch derart, daß der Armenier fast amüsiert hinzufügen konnte, was ihn denn glauben mache, ein kaiserlich byzantinischer Hofbeamter vermöge bei der Lösung solcher Probleme behilflich zu sein.

Wie? Eine Bestätigung erheische er, daß diese... nun ja, Theophanu, zur Zeit von Ohannes I., genannt Tzimiskes, im Purpursaal geboren worden sei?

Der Ausdruck ungläubigen Erstaunens legte sich über Aschots ganzes Gesicht.

Ja wisse man denn im Westen nicht, daß Tzimiskes, der nur sieben Jahre lang die kaiserlichen Purpurschuhe trug, eine Art Usurpator gewesen sei und – dies zum einen – überhaupt keine Töchter gehabt habe? Zum zweiten aber, daß, wäre er mit Nachkommen gesegnet gewesen, selbige keinerlei offiziellen Rang besessen hätten, schon gar nicht den eines purpurgeboren Prinzen oder einer Porphyrogenneta? Ich sehe heute noch, wie Thietmar zurückfuhr, wie ein vollkommen verstörter Blick in seine Augen trat und seine Hände sich um die Sessellehne klammerten, daß die Knöchel weiß hervortraten. Da war er in der vollkommenen Gewißheit nach Konstantinopel gekommen, ein einziges Wort aus berufenem Mund würde bestätigen, daß Theophanu war, was sie zu sein vorgab, und nun – diese niederschmetternde Auskunft. Beinahe flehend sah er zu mir herüber, und ich war tatsächlich einen Moment lang versucht, trotz aller Vorbehalte und Absprachen in das Gespräch einzugreifen. Aschot jedoch kam mir zuvor. Freundlich beugte er sich vor und tätschelte den Arm des jungen Mannes.

Ach, jetzt begreife er erst den Sinn der gestellten Frage. Nicht von einer Tochter des Tzimiskes sei die Rede, sondern von der letzten überhaupt geborenen Porphyrogenneta, einer Tochter also Kaiser Romanos' II. Ja, der habe Kinder gehabt, darunter ein weibliches. So sei es in der Tat. Mit einem Seufzer der Erleichterung fiel Thietmar gegen die

Lehne seines Sessels zurück – voreilig, wie er umgehend erfahren sollte.

Diese nun wirklich purpurgeborene Prinzessin, setzte Aschot fast gelangweilt hinzu, sei auf den Namen Anna getauft und mit Wladimir, dem Großfürsten von Kiew, verheiratet worden. Von einer Theophanu wisse er nun wirklich... oder vielleicht doch? Habe der Brautwerber Ottos, ein gewisser Liudprand von Cremona, sich damals, nach langen Bittgängen zum kaiserlichen Hof, nicht damit zufrieden gegeben, irgendein Mädchen aus gutem Hause als Bettgenossin für den Sohn seines Herrn zu akzeptieren, damit wenigstens ein Abglanz der byzantinischen Herrlichkeit auf die Familie aus dem fernen Westen falle?... Ja, doch, in diesem Zusammenhang könne er sich des Namens Theophanu erinnern, wenn auch vage, sehr vage. Aber purpurgeboren...? Sie? In einer um Verzeihung bittenden Geste hob Aschot die Hände. Wie könne man nur solch unsinnigen Gerüchten glauben? Wirklich, mein Bester, wie könne man!

Es war eine perfekte Vorstellung gewesen. Aschot hatte Thietmar nicht einfach übermittelt, was er sagen mußte, sondern ihm die Botschaft geradezu eingebrannt. Er hatte ihm eine Wunde beigebracht, die offen bleiben würde. Danach gab er sich auch noch den Anschein, ihn über seine Verwirrung hinwegtrösten zu wollen, aber davon bekam Thietmar so gut wie nichts mehr mit: nichts von dem prunkvoll gedeckten Tisch im Inneren des Boukoleon-Palastes, nichts von den höflichen Gästen, die Interesse an seiner Person und seiner Heimat heuchelten, nichts von dem, was er aß oder trank. Erstarrt saß der junge Mann vor den silbernen Platten voll Fisch, Geflügel und Obst, automatisch führte er den Löffel, die zweizinkige Gabel (ein Instrument, das ihm unbekannt sein mußte) oder den Becher zum Mund, automatisch beantwortete er alle an ihn gerichteten Fragen.

Als wir viel später aufbrachen, zog Aschot mich zur Seite: »War es nicht zu brutal, wie ich ihn behandelt habe?«

»Nein«, sagte ich, »es mußte genauso sein. Du hast ihn niedergeworfen, meine Aufgabe wird es sein, ihn wieder aufzurichten.« Etwas zweifelnd blickte der Armenier mich an. Dann seufzte er und murmelte: »Bog miluj.«

»Ja«, sagte ich, »möge der Herr sich unser erbarmen.«

Für die Rückreise war der Landweg vorgesehen. Ich wußte, daß es grausam werden würde, zumal für jemanden, der wahre Strapazen noch nicht kennengelernt und sein Leben noch nie hatte verteidigen müssen.

Beim Ritt durch das Strimon-Tal wurden wir dort, wo eine schmale Straße nach Westen, in Richtung Thessalonike, abbiegt, zum ersten Mal überfallen. Ich wußte, daß die ganze Gegend von Räuberbanden geradezu verseucht war und hatte deshalb allen eingeschärft, besonders wachsam zu sein. Aber dann polterte plötzlich eine halbe Geröllhalde auf uns herab – die beliebteste Methode, Reisende zum Halten zu zwingen –, und ehe wir uns von dem Schrecken erholt hatten, sirrten bereits die Pfeile. Ich riß Thietmars Pferd von den Füßen und zwang ihn, hinter dem Körper des Tieres Deckung zu nehmen. Wir anderen nahmen die Bogen zur Hand, denn meist genügte es ja, den Banditen zu zeigen, daß man keine leichte Beute sei; die wenigsten von ihnen hatten Lust, ihr Leben aufs Spiel zu setzen, so auch in diesem Fall. Als die Kerle erkannt hatten, daß wir schießen konnten, wagten sie sich aus ihrer Deckung gar nicht erst heraus, nagelten uns aber trotzdem über eine Stunde lang fest. Nachdem ihnen auch daran die Lust vergangen war, brauchten wir noch den ganzen Rest des Tages, um die Geröllbrocken wieder aus dem Weg zu räumen. Drei von unseren Leuten hatten leichte Wunden erlitten, unter ihnen Thietmar. Ein blutiger Riß zog sich über seine linke Wange.

»Nichts Gefährliches«, sagte ich zu ihm. »In drei, vier Tagen ist das geheilt. Wie wär's, wenn du dich ein wenig im Schießen üben würdest?«

Zu meinem Erstaunen gefiel ihm der Vorschlag außerordentlich gut. Und zu meiner noch größeren Verwunderung erwies er sich im Umgang mit Pfeil und Bogen als sehr geschickt. Schon nach wenigen Tagen konnte ich ihn mit unseren besten Schützen auf die Jagd schicken, wenn wir frisches Fleisch brauchten; er kam selten ohne einen Hasen oder ein paar Wildhühner zurück.

Mit meiner Diagnose allerdings hatte ich unrecht gehabt: Seine Backenwunde heilte nicht, sie würde wahrscheinlich nie ganz heilen: der Pfeil, der ihn gestreift hatte, mußte mit Primelsaft bestrichen gewesen sein, einem in unseren Breiten gern gebrauchten Gift.

Über das Gespräch auf der Terrasse des Boukoleon hatten wir seit dem Tag, an dem es stattfand, noch kein Wort verloren. Thietmar litt viel zu sehr, um an die ihm von Aschot zugefügte innere Wunde rühren zu können. Erstorben seine Neugierde, versiegt seine Plauderlust, mit betonter Gleichgültigkeit verfolgte er, was um ihn herum vorging, musterte die Welt aus zusammengekniffenen Augen und saß abends scheinbar in sich gekehrt am Feuer, was ihn, zumal wenn verwehte Lichter über sein Gesicht hin huschten, hagerer, männlicher, erwachsener wirken ließ. Ich selbst tat nichts, um den Jungen aus seiner Versunkenheit zu reißen, sagte mir aber, daß es dabei auf Dauer nicht bleiben könne. Das wirklich einschneidende Erlebnis dieser Reise stand ihm ja noch bevor. Wenn die Zeit dafür gekommen war, mußte Thietmar wieder aufnahmefähig und beeindruckbar sein. Der Ochrida-See rückte täglich um eben eine Tagesstrecke näher. Trotzdem war ich entschlossen, nichts übers Knie zu brechen, sondern den Dingen ihren Lauf zu lassen (schloß solche Überlegungen jedoch stets mit einem immer dringlicheren Bog miluj ab).

Der Herr half mir dann auch. Wir näherten uns schon jenem höchsten makedonischen Bergzug, der meine Heimat vor den kalten Ostwinden schützt, da flogen uns zum zweiten Mal die Pfeile einer Bande von Wegelagerern um die Ohren. Der dank seiner Schießkünste auch kaltblütiger gewordene Thietmar glitt sofort aus dem Sattel, suchte Deckung und begann Geschoß mit Geschoß zu beantworten. Binnen einer halben Stunde war dann alles vorbei, ohne daß wir auch nur Verwundete gehabt hätten – nicht so die Banditen. Sie ließen einen Toten zurück, der Pfeil in seiner Brust trug Thietmars Zeichen.

Selbst für Männer, die vom Leben in den Bergen abgestumpft sind, ist es noch immer ein schockartiges Erlebnis, vor jemandem zu stehen, den sie selbst ums Leben gebracht haben. Man glaubt, eine Schwelle übertreten zu haben, hinter die keiner mehr zurückkann, und auch dem eigenen Tod ein gutes Stück näher gerückt zu sein. Die Luft, die man atmet, scheint kälter geworden zu sein, die Welt zugleich unwirtlicher und unwirklicher. Das gilt besonders dann, wenn es sich um das erste menschliche Opfer handelt, das man gewissermaßen sich selbst dargebracht hat.

Thietmar glich, als ich ihm den toten Banditen zeigte und auf den Pfeil wies, der ihn gefällt hatte, für Sekunden nicht mehr einem nur erwachsenen, sondern einem uralten Mann: In seinem Knabengesicht zeichnete sich der Greis ab, der er einstmals sein würde. Trotz dieses mitleiderregenden Anblicks überwog jedoch in meinem Inneren die befriedigende Gewißheit, ich sei von Micha-El erhört worden.

Wir hatten noch drei Tage bis nach Ochrida, in dieser Frist löste sich Thietmars Erstarrung: er konnte wieder sprechen, weil er einfach mit irgendeiner Menschenseele sprechen mußte. So begann ich, ihm von den Menschen zu erzählen, die in diesen Bergen lebten, vor allem von ihren Ansichten über Gott und die Welt (also unsere eigenen). Da aber der Knabe an meiner Seite zum Glück ein ungemein gelehrter Knabe war, brauchte ich nicht einmal besonders viele Worte zu machen.

Auf einer baumlosen Hochebene, die wir im Trab überquerten, hielt er plötzlich sein Pferd an und rief: »Manichäismus! Die Häresie der Häresien!«

»Verurteilt vom heiligen Augustinus«, bestätigte ich, »und seither noch von vielen anderen kirchlichen Autoritäten als ketzerisch bezeichnet.«

Glühend vor Erregung kam er mir nachgesprengt. »Wer dieser Lehre anhängt, leugnet Gott.«

»Nicht im mindesten«, sagte ich. »Wer dieser Lehre anhängt, befreit Gott lediglich von einer Anzahl beschwerlicher Aufgaben, vor allem von der Pflicht, sich ständig befragen lassen zu müssen, ob dies recht getan, jenes nicht richtig gewesen sei. Die Manichäer bescheiden sich damit, erst nach Ablauf ihres Lebens zu erfahren, wie sie vor ihrem himmlischen Richter bestanden hätten. Um so mehr müssen sie sich hienieden bemühen, seine Gesetze zu erkennen und sie einzuhalten.«

»Bekannt«, schrie Thietmar, »bekannt und verworfen! Es ist nichts anderes als gotteslästerliche Anmaßung.«

»In der Tat«, gab ich zu, »solches Verhalten scheint von einer Art Selbstherrlichkeit zu zeugen. Aber wenn du die ganze Angelegenheit etwas unvoreingenommener betrachtest, mein lieber Thietmar, drängt sich dir dann nicht die Einsicht auf, daß es zunächst einmal ungeheuer mühsam ist, so zu leben?«

Das gab meinem jungen Freund für eine Weile zu denken, denn, wie gesagt, er gehörte nicht zu denen, die es in den Domschulen verlernt haben, ihren eigenen Verstand zu benutzen.

In sich versunken trabte er neben mir. Ich begann vor mich hinzusummen und fragte dann, was er denn sonst noch über die Manichäer wisse. Babylon, erklärte er mit ernster Miene, Persien, von daher stamme diese finstere Lehre.

Armenien, ergänzte ich, dort sei sie zuletzt noch geduldet worden, aber dann hätten die Manichäer auch das Land um den Ararat verlassen müssen.

Davon hatte er noch nichts gehört.

Ich erzählte ihm deshalb, wie sie (also unsere Leute) auf ihrer Flucht ganz Kleinasien durchquert hatten, um schließlich in einer Gegend, die dem Kaukasus ähnlich war, wieder Fuß zu fassen; ohne Berge konnten sie nun einmal nicht leben, nur Gebirge boten ihnen Schutz und Sicherheit.

Es war auch ein Appell an seinen Sinn für die Erhabenheit der Landschaft, durch die wir zogen, ebenso natürlich an die Vorliebe aller Knaben für romantische, von romantischen Gestalten belebte Szenerien. Thietmars Gesichtsausdruck verriet, daß er tatsächlich beindruckt war.

Ich unterbrach meine Rede, schickte ein letztes Stoßgebet zum Himmel und sagte dann: »Theophanu ist auch eine Armenierin«, um gleich darauf mein Pferd anzuhalten und nach vorne zu weisen. Unter uns lag, in seiner ganzen, von Kirschblüten, Pfirsichblüten und Pflaumenblüten gesäumten Pracht, zwischen strahlend weißen Felsen und leuchtend grünen, mit roten Dächern übersäten Hängen, blauer als der Sommerhimmel, funkelnder als ein Saphir, majestätisch wie das Auge Gottes, der Ochrida-See.

Was hier Wahrheit war – diese simple Überzeugung macht den Kern meines ganzen Glaubens aus – konnte nirgendwo auf der Welt unwahr sein.

Aus den Augenwinkeln musterte ich den jungen Mann, der neben mir sein Pferd zügelte. Thietmar sah aus, als hätte er eine Offenbarung empfangen.

»Bog miluj«, murmelte ich. Die beiden kurzen Worte eignen sich auch als Dankgebet.

Während der nächsten Tage lebte ich wieder so, wie ein Mensch, zumindest meines Schlages, leben soll und leben möchte: unter den Brüdern, mit denen ich aufgewachsen war, einen Frieden genießend, den wir als unverdientes Geschenk des Himmels betrachten, die kurze Pause im immerwährenden Streit zwischen dem Weltvollender und seinem Widersacher. Der späte Bergfrühling bescherte uns milde Tage. Der See war noch zu kalt für längere Bäder, aber die Hausmauern speicherten bereits soviel Tageswärme, daß man abends noch lange im Freien sitzen konnte. Der Bruder Kellermeister und der Bruder Brennmeister (wie man die für unsere Notdurft sorgenden Staretzen in einem westlichen Kloster genannt hätte) rückten einige ihrer Kostbarkeiten heraus, desgleichen der Bruder Küchenmeister. So bog sich der Tisch unter Dörrfleisch und Fisch, unter Käse und Brot, und der Duft des Pflaumenschnapses nahm nicht nur alle Gerüche des Sommers vorweg, sondern bezeugte auch, daß dieses Elixier keineswegs von stofflicher, sondern von rein geistiger Natur war, eine Schöpfung ganzer Generationen pflanzenkundiger Mönche und erfahrener Alchimisten.

Natürlich hatte ich am meisten zu erzählen Keiner meiner Mitbrüder kannte das nördliche Revier, in dem Theophanu lebte, seit sie von uns weggegangen war, wohingegen fast alle von den Älteren schon die Hafenstädte an der Adria und natürlich auch Konstantinopel besucht hatten.

Unvermeidlicherweise hakte sich unser Gespräch schließlich an Thietmar fest. War er unvoreingenommen genug, um die Welt auch von unserer Warte aus betrachten zu können? Würde er verstehen, warum wir damals, vor nunmehr zwanzig Jahren, in einen politischen Handel eingegriffen hatten, der den Okzident gegen den Orient hätte aufbringen können, mit höchst schädlichen Folgen für beide? Ja konnte er überhaupt die Überlegungen nachvollziehen, die wir, eine von der römischen wie der byzantinischen Kirche verfolgte Minderheit, damals in die Tat umgesetzt hatten, um sie vor schwerem Unheil zu schützen? Nun war Thietmar der Mann, der dafür sorgen sollte, daß unser Werk nicht zunichte wurde. War er wirklich dazu in der Lage?

Ich sagte: »Wenn einer es ist, dann dieser kleine Bursche.« »Er muß etwas decken, das in seinen Augen Betrug ist«, wandte Kyrill, der älteste von uns, ein.

»Sicherlich wird ihm das schwerfallen«, gab ich zu, »und er wird mit sich kämpfen bis zuletzt, aber im entscheidenden Moment wird er das Richtige tun.«

»Wann ist dieser entscheidende Moment gekommen?« wollte ein anderer wissen.

»Wenn er vor Theophanu tritt.« Da der Fragensteller mich etwas verwundert anblickte, setzte ich hinzu: »Du kennst Theophanu als das junge Mädchen, das sie einmal war. Inzwischen ist eine wahrhafte Herrscherin aus ihr geworden – und eine schöne Frau.«

In der ganzen Woche, die ich bei meinen Mitbrüdern verbrachte, kam Thietmar mir kein einziges Mal unter die Augen. Erst als sie vorüber war, ließ mich der Gosti rufen, bei dem er wohnte, und gab mir den Auftrag, mit ihm zu der schnurgeraden Grenzlinie zu reiten, die in Afrika beginnt und an der Drina endet.

Auch den dritten Stein, zu dem ich ihn geführt hatte, betrachtete Thietmar mit kaum geringerem Interesse als die beiden ersten, obwohl an keinem von ihnen etwas Besonderes zu erkennen war, weder Ornament noch Wappen oder Zahl. Was Thietmar faszinierte, lag dennoch auf der Hand, der Umstand nämlich, daß alle zusammen eine schnurgerade, wie mit dem Pflug gezogene Linie bezeichneten, deren Anfang und Ende, getrennt durch Berge, Schluchten, Flüsse, selbst das Meer, Hunderte von Meilen auseinanderlagen. Die davon ausgehende Magie hatte ich schon als Kind zu spüren gemeint, aber sehr weit war ja auch mein Schützling vom Kindesalter noch nicht entfernt.

Als wir uns niedersetzten, um ein karges Mahl einzunehmen, sagte er, ohne mich dabei anzusehen: »Ich hätte es nie geglaubt.«

»Was?«

»Daß sie diesen Schnitt durch die Welt auch noch markiert haben.«

»Du kennst die Geschichte dieser Grenze.«

Etwas unwillig winkte er ab. »Natürlich, Gorazd. Mark Anton und Kaiser Augustus hatten beschlossen, ihr Reich zu teilen: der eine sollte im Osten, der andere im Westen herrschen. Später gewann Augustus das ganze Imperium zurück, und jedermann glaubte, die Scheidelinie sei damit bedeutungslos geworden. Aber dem war nicht so. Kaum hatten Orient und Okzident sich zum zweiten Mal auseinandergelebt, da galt sie von neuem. Es ist, als ob jemand von Anfang an genau gewußt hätte, wo die Grenze zwischen Abendland und Morgenland verläuft und vor allem...«

»Ja?«

»Daß sie so schnurgerade verläuft. Das ist doch...«

»Was?« hakte ich nach. »Ungewöhnlich? Merkwürdig? Sonderbar?«

»Nein«, sagte er, »es ist unheimlich.«

Auch das hatte ich in jungen Jahren genauso empfunden. Aber inzwischen wußte ich ja mehr über die ohnehin und viel fundamentaler aufgeteilte Welt als damals; ihr Bild war mir gewissermaßen in Fleisch und Blut eingegangen. Anders Thietmar. Er wußte es erst seit kurzem.

In langen, umwegreichen Gesprächen hatte der Gosti ihn an unsere Einsichten und Erkenntnisse herangeführt, nicht so wie Theologen es getan hätten, nehme ich an (denn ich war ja nicht dabei), sondern in der Art, wie wir uns untereinander zu verständigen pflegen: mit Geschichten, Berichten aus alter Zeit und Beispielen, die verdeutlichten, daß von jeher zwei Mächte um die Herrschaft über den Menschen kämpfen. Es gab davon unzählige.

»Warum gerade Theophanu?« fragte Thietmar plötzlich.

»Sie war zur Stelle«, sagte ich. »Sie erfüllt alle Erwartungen, die ein Herrscher an die Frau seines künftigen Nachfolgers stellen muß. Dazu kam natürlich, daß sie, wie Tzimiskes, aus einer alten armenischen Familie stammte.«

»Und daß sie eine von euch war«, fügte Thietmar hinzu.

214

Der Junge gebrauchte noch immer seinen eigenen Kopf. Das gefiel mir an ihm. Ich nickte. »Auch das kam hinzu – aber vor allem erleichterte es uns das ganze Unternehmen.«

»In welcher Weise?«

»Denke nach, Thietmar! Kaiser Otto begehrte eine Porphyrogenneta, es war jedoch keine zu haben, weil Tzimiskes die Tochter von Romanos bereits an Wladimir vergeben hatte, und zwar aus guten politischen Gründen: Die Kiewer Rus – so nennen sich diese Leute – beherrschten mit ihren Drachenbooten das ganze Meer nördlich Kleinasiens, für Byzanz eine ungeheuere Gefahr. Tzimiskes hatte die Wahl, militärisch gegen Wladimir und seine Kämpfer vorzugehen, wozu er jedoch zu schwach gewesen wäre, oder sie auf die eigene Seite zu ziehen. Klugerweise entschied sich das ›Pantöffelchen‹ – so nannten ihn seine Soldaten – für die zweite Möglichkeit, indem er dem Großfürsten das Kostbarste anbot, was es auf der Welt gibt: eine Porphyrogenneta. Allerdings forderte er dafür seinen Preis.«

»Ja«, sagte Thietmar im Ton eines guten Schülers, der es für beleidigend hält, unnötigen Prüfungen unterzogen zu werden, »ja, die Rus mußten dafür Christen werden.«

»Byzantinische Christen«, verbesserte ich, »keine katholischen. Gläubige, die sich nach Konstantinopel hin ausrichten, nicht nach Rom.«

»Gut, gut.« Der junge Mann verharrte in seiner unwirschen Stimmung. »Das wurden sie dann ja auch. Hätte man Kaiser Otto dies nicht beibringen können?«

»Wie denn? Mit vernünftigen Argumenten vielleicht?«

»Zum Beispiel.«

»Ihm also sagen: ein Halbbarbar aus Kiew war uns wichtiger als du, großer Kaiser des Westens?«

Etwas gequält grinste Thietmar mich an. »Entschuldige, Gorazd, das war eine dumme Bemerkung.« Dann hob er das Kinn: »Trotzdem, alles andere mußte von vornherein auf Betrug hinauslaufen.«

»Dessen war auch Tzimiskes sich bewußt. Es hätte ihm jedoch keinerlei Skrupel bereitet, eine x-beliebige byzantinische Adelsdame, nach Möglichkeit aus seiner eigenen Familie, als kaiserliche Prinzessin auszugeben. Tatsächlich hatte er eine solche Frau bereits ausgesucht.«

»Ein Manöver, das ihr dann durchkreuzt habt?«

»Ja.«

»Ich verstehe immer noch nicht ganz, warum?«

»Denke nach!« sagte ich zum zweiten Mal. »Der Betrug, den Tzimiskes plante, wäre früher oder später aufgedeckt worden. Und dann?«

»Dann wäre Kaiser Otto vermutlich von Italien aus gegen Byzanz vorgerückt.«

»Zumindest bis zu dieser Linie, an der wir stehen.«

Meine Erklärung ließ ihn hochschnellen. Er starrte verblüfft in die Luft hinaus, um dann den Kopf wieder in meine Richtung zu wenden. »Du meinst…?«

»Augustus und Mark Anton«, sagte ich, »Arcadius und Honorius. Die Welt wäre zum dritten Mal in zwei feindliche Hälften zerspalten worden – an ihrer empfindlichsten Naht.«

»Ja«, murmelte Thietmar, »ja, natürlich…« Die geradezu ungeheuerlichen Folgerungen, die sich aus der von mir vorgetragenen Überlegung ergeben mußten, ließen ihn verstummen. Er sank auf den Stein zurück, auf dem er gesessen hatte. Man konnte geradezu sehen, wie es in seinem Kopf arbeitete.

Endlich hatte er sich dann zur nächsten Frage durchgewühlt. »Aber mit Theophanu habt ihr Otto ja auch betrogen. Weshalb hätte das nicht ans Tageslicht kommen können?«

»Einmal«, sagte ich, »weil Theophanu zu uns gehörte: Sie kennt diese Grenzlinie hier und wußte, daß es ihre Aufgabe war, den Bruch zu verhindern. Der von Tzimiskes ausgesuchten Dame hingegen hätten wir das erst mühsam beibringen oder sie sogar in die Lehre von der geteilten Welt einführen müssen. Höchst zweifelhaft, daß uns dies gelungen wäre. Zum zweiten: Theophanu konnten wir beschützen, sie wußte, welche Möglichkeiten wir hatten und war deshalb auch bereit, sich helfen zu lassen; mit der anderen hätten wir es zumindest schwerer gehabt. Und drittens schließlich«, ich lächelte ihn an, »haben wir diese Reise ja unternommen, um die letzten Zweifel an ihrer Herkunft auszuräumen.«

»Sie zu vertuschen, meinst du.«

»Die Kaiserin davor zu bewahren, daß sie gestürzt wird, denn auch das könnte dazu führen, daß aus Ost und West wieder zwei feindliche Lager werden.«

Gedankenschwer nickte Thietmar, was ihn wie einen Mann erscheinen ließ, auf dessen Rücken die halbe Welt lastet.

»Ja, so hat es auch Sergios ausgedrückt«, er meinte den Gosti.

»Was sagte er noch?«

»Er nannte sie die Hüterin der Grenze. Theophanu dürfe nicht fallen, ehe die Möglichkeit eines Bruches vollkommen ausgeschlossen sei.«

»Das heißt«, ergänzte ich, »ehe ihr Sohn in der Lage ist, die Regierung im Reich seines Großvaters zu übernehmen. Otto III. ist ein Geschöpf beider Welthälften, des Okzidents wie des Orients, und somit der beste Garant dafür, daß es zu diesem dritten Bruch nicht kommen wird.«

»Wenigstens zu seinen Lebzeiten.«

»Wenigstens bis zu dem Moment, in dem Gott die Augen öffnet, um nachzusehen, welcher von seinen Söhnen gerade die Oberhand hat und ob seine Schöpfung es wert ist, weiterhin erhalten zu bleiben. Das geschieht schon sehr bald.«

»In nur neun Jahren. Weiß er es?«

»Otto? Er kennt die Aufgabe, die ihn erwartet – schließlich bin ich sein Lehrer.«

»Du?«

»Ja.«

Ein tiefer Atemzug hob Thietmars Brust. »Nimmst du auch mich als Schüler an?«

Ich legte eine Hand auf seine Schulter. »Bist du das nicht schon längst?«

Über unsere Rückreise nach Quedlinburg ist nichts Nennenswertes zu berichten. Auf relativ sicheren Wegen ritten wir vom Ochrida-See (der Abschied von diesem Hort der ungefilterten Wahrheit brach mir fast das Herz) zur Küste hinüber, wo uns ein ragusanisches Schiff erwartete. In dessen Heimathafen, der Republik des heiligen Blasius, bestiegen wir einen venezianischen Segler und am westlichen Ufer der Lagune unsere Pferde. Von da an war es ein Ritt, der in den Frühsommer und aus dem Frühsommer wieder in den Spätfrühling führte. Ab Erfurt gehörten wir zu einer Kavalkade des Erzbischofs von Würzburg, die sich, noch ehe wir den Fuß des Harzgebirges erreichten, um mehr als das Doppelte vergrößert hatte: Der ganze Adel des Reiches war auf dem Weg zu einem von Theophanu einberufenen Hoftag. Die geistlichen Herren, so erfuhren wir, seien entschlossen, der Kaiserin den Rücken zu stärken und sie bei ihren Auseinandersetzungen mit den Stammesherzögen und den anderen weltlichen Fürsten zu unterstützen.

Leicht, sagte mir Hildibald von Worms, würde es trotzdem nicht werden, um mich dann auf die Seite zu ziehen und zu fragen: »Ist sie nun die richtige Frau oder nicht?«

Ich wunderte mich noch, daß er die Frage so allgemein formulierte, begriff aber rasch, daß es zumindest für ihn – immerhin den Kanzler des Reiches – weniger darauf ankam, ob Theophanu nun eine purpurgeborene Prinzessin war oder nicht. Solange an der Frau aus dem Osten kein allzu großer Makel haftete, würde er, der Wormser, für sie eintreten. So erwiderte ich denn, auf Thietmar weisend: »Er war in Konstantinopel. Er hat mit einem der obersten Hofbeamten gesprochen. Er kommt lebend zurück.«

Amüsiert blinzelte Hildibert mich an. »Nun wohl, das mag genügen. Befiehl dem jungen Mann, vor der Fürstenversammlung nur auf Fragen zu antworten, die ich ihm stelle, jedem anderen gegenüber aber so verschlossen zu bleiben wie eine Geldschatulle.«

Als sei ihm noch etwas eingefallen, setzte er dann hinzu: »Du bist doch derjenige, der Prinz Otto in den – nennen wir es östlichen Angelegenheiten unterrichtet?«

»Ja«, sagte ich. »Warum fragt Ihr?«

»Vielleicht findest du einmal die Zeit, auch mir ein Privatissimum über diese Dinge zu geben.«

»Mit Vergnügen«, erklärte ich. »Was interessiert Euch denn am meisten?«

Er blinzelte erneut. »Ist dir der Name Bogomilen ein Begriff?« Ich hatte das Gefühl, eine kalte Hand griffe nach meinem Herzen. Hildibald merkte es mir offenbar an, denn er deutete auf sein Brustkreuz. »Wie du siehst, bin ich ein im Glauben sehr gefestigter Mann.«

Eine Spur erleichterter erwiderte ich: »Wer würde es wagen, daran zu zweifeln?«

»Also?«

»Die Bogomilen gehören offenbar zur Sekte der Manichäer. Man nennt sie so, weil ihnen bei jeder Gelegenheit der Anruf Bog miluj über die Lippen kommt. Das heißt…«

Gelangweilt winkte Hildibald ab. »Ich weiß, mein Lieber, ich weiß.« Dann schüttelte er den Kopf. »Manichäer, sieh an! Sie scheinen unter allen möglichen Namen bekannt zu sein. Und man hört immer wieder von ihnen. Schade, daß man nur selten einen ihrer Vertreter kennenlernt.«

»Weshalb ist das schade?« fragte ich vorsichtig.

»Die Neugierde, mein Lieber, die sündige Neugierde. Unsere Mutter Kirche läßt bei der Erklärung der Welt keine Frage offen. Und doch, und doch…«

Jäh fuhr er herum, sein Zeigefinger bohrte sich in meine Brust.

»Wann blickt Gott das nächste Mal auf seine Schöpfung herab?«

»In neun Jahren«, erwiderte ich prompt, um mich sofort zu verfluchen. Der Wormser hatte mir eine Falle gestellt, und ich war blind hineingetappt.

Hildibald indessen lachte. »Siehst du, das zum Beispiel ist etwas, was unsere Mutter Kirche offenbar nicht weiß. Aber«, erneut blinzelte er mich an, »sollte man es deshalb einfach in den Wind schlagen?« Sein Gesicht zersplitterte in einem einzigen Grinsen. Gleich darauf gab der Bischof, der auch Kanzler war, seinem Tier die Sporen und gliederte sich wieder in die Spitzengruppe der Kavalkade ein. Ich hingegen wartete mit jagendem Herzen auf Thietmar, der, obwohl inzwischen ein guter Reiter, etwas zurückgefallen war.

»Was wollte der Hildibald von dir?« fragte er, sein Pferd gegen meines drängend.

Ich teilte es ihm kommentarlos mit.

Großäugig vor Verwunderung starrte der junge Mann mir ins Gesicht. »Und was hat es zu bedeuten?«

»Das wage ich mir selbst kaum einzureden.«

»Nämlich?«

»Die Gosti müssen einen Bruder nach Worms geschickt haben, der sehr überzeugend zu reden verstand.«

»Glaubst du wirklich?«

»Je mehr ich darüber nachdenke, um so wahrscheinlicher mutet es mich an. Wie anders sollte es zu erklären sein, daß die geistlichen Würdenträger plötzlich auf Theophanus Seite übergegangen sind? Diese Herren blicken der tausendsten Wiederkehr des Jahres, in dem ihr Erlöser geboren wurde, ebenfalls mit Sorge entgegen, wenn auch aus anderen Gründen als wir. Die Vorstellung, Gott könne eben diesen Zeitpunkt auswählen, um Gericht zu halten, ist ihnen vertraut. Nichts wissen sie hingegen vom Wettstreit Satana-Els mit Micha-El. Nun scheint man den Wormser darauf hingewiesen zu haben, daß es mehr als nur einen Grund gibt, das Ende des alten oder den Beginn des neuen Milleniums zu fürchten. Und da Hildibald offenbar zu den Leuten gehört, die sich gerne nach mehr als einer Seite hin absichern – schließlich hat man am Rhein noch vor einigen Generationen zu den heidnischen Göttern gebetet –, hält er es auf einmal für geboten, dem Schöpfer nach Möglichkeit eine befriedete Welt zu zeigen, wenn er demnächst wieder herabblickt. Wirklich, Thietmar, weder seine etwas hinterhältigen Fragen noch seine Entscheidung, an Theophanus Herkunft nicht länger herumzurätseln, kann ich mir anders als so erklären. Glaubensbrüder von uns gibt es längst überall im Abendland, auch am Rhein. Und wahrscheinlich haben die Gosti mit deren Hilfe auf Hildibald, vielleicht sogar auf ein paar weitere Reichsfürsten eingewirkt. Wie mir scheint, mit Erfolg. Bog miluj!«

»Bog miluj«, wiederholte Thietmar – ich muß gestehen: zu meiner Befriedigung. Dann, als sei ihm ein Stein vom Herzen gefallen: »Also haben wir nichts zu befürchten?«

»Ich glaube: nein. Niemand wird dich unter Eid befragen. Wahrscheinlich interessiert sich überhaupt kein Mensch für das, was wir herausgefunden haben.«

Es war eine der treffendsten Voraussagen, die ich je gemacht hatte.

In Quedlinburg erwies es sich dann überdies, daß wir uns ohnehin nicht hätten sorgen müssen – dank Theophanu. Vor dem hoch über der Stadt gelegenen Schloß trat die Armenierin den Würdenträgern des Reiches entgegen. Es war ein Anblick, den keiner von ihnen je vergessen würde. Theophanu trug weder Krone noch den Purpur, fegte aber dennoch jeden Zweifel an ihrem Recht, so dazustehen, hinweg. Ein Frühlingssturm schien um die klobigen, ungefügen Mauern zu brausen.

Dann begann der Stiftschor zu singen, es war eine griechische Hymne. Dann brach auch noch die Sonne aus den Wolken und hüllte die schwarzhaarige, mandeläugige Frau in einen Mantel aus gleißendem Licht. Dann trat der junge Otto an ihre Seite und in den Glanz, der seine Mutter umgab.

Und da endlich löste sich der Bann, unter dem die versammelten Männer standen, in einem einzigen Huldigungsruf. Schwerter wurden präsentiert, die Knie beugten sich von selbst. Es war getan. Meine Brüder hatten die richtige Frau zur Kaiserin gemacht.

Beim Festmahl am Abend dieses Tages saß Thietmar zwischen Hildibald und Theophanu; es genügte, um auch ihre letzten Widersacher verstummen zu lassen. Der junge Mann war in Byzanz gewesen und heil zurückgekommen. Seine Haltung drückte aus, daß er die Wahrheit kannte. Niemand hielt es für notwendig, ihn näher zu befragen.

Ich wurde am Morgen darauf von Theophanu empfangen – und erfuhr, daß sie den Sommer nicht mehr erleben würde. Das traf dann auch zu.

Als Gott neun Jahre später die Augen aufschlug, sah er dennoch eine Welt, die es wert schien, noch weitere tausend Jahre lang erhalten zu werden. In Rom regierte Otto III., in Konstantinopel sein kaiserlicher Bruder Romanos III. Und kein Graben drohte zwischen ihnen aufzubrechen.

Thietmar wurde erst Domherr in Magdeburg, dann Bischof von Merseburg. Dort an der Ostgrenze des Reiches unternahm er schließlich den Versuch, seine Zeit zu beschreiben, wobei ihm klar geworden sein muß, daß es eine Wahrheit gab, die man nicht zu Papier bringen durfte – sowohl in unserem Interesse wie in seinem eigenen, aber vor allem jener Wahrheit selbst zuliebe.

Nachdem Theophanu gestorben war, kehrte ich ich an diesen See zurück, der zuweilen dem Auge Gottes gleicht, um fürderhin mit meinen Brüdern das Leben auf dem Kampfplatz der beiden Gottessöhne zu bestehen.

Inzwischen war es dunkel geworden. Das Gewässer zu meinen Füßen hatte sich unter wolkigen Nebeln versteckt, die im Mondlicht wie die Schneehaube eines fernen Berggipfels schimmerten. Ich entzündete eine Lampe, schob meine Aufzeichnungen wie auch die »Chronik« Thietmars zur Seite und griff nach dem Brief, der zusammen mit seinem Buch bei mir eingetroffen war. Offenbar hatte er ihn nicht diktiert, sondern selbst zu Papier gebracht – unglückseligerweise: mit seiner Handschrift allein hätte der nunmehrige Bischof es nicht einmal zum Dorfkaplan gebracht.

»Was mir durch den Kopf geht«, entzifferte ich mühsam, »ist dies, lieber Gorazd: Der Gosti hat mir damals gesagt, nach Eurer Überzeugung setze sich die Welt nur aus einer begrenzten Anzahl unteilbarer Größen zusammen. Somit könne es in dieser Welt nur dadurch zu Veränderungen kommen, daß diese fixen Größen immer neue Verbindungen miteinander eingingen, Verbindungen, deren jede den meisten älteren ähnlich seien. Da mir nun die Logik Eures Systems von jeher am meisten eingeleuchtet hat, frage ich mich, ob es nicht denkbar wäre, daß immer wieder einmal im Lauf der Zeiten ein neuer Gorazd, ein neuer Thietmar über die Erde schreiten, und frage ferner, ob dies eine schöne oder eine schreckliche Vorstellung sei.

Bedenke doch: Als Gott zuletzt die Augen öffnete, muß er beschlossen haben, die Welt fürs erste noch weitere tausend Jahre fortbestehen zu lassen; jene Narbe im Gesicht der Erde, die Du mir gezeigt hast, schien ja nicht aufgebrochen zu sein. Aber wie, frage ich außerdem, wird es am Ende dieses zweiten Milleniums sein, welches ja notwendigerweise (denn das geht aus dem oben Gesagten hervor) zustande kommen muß? Und welche Möglichkeiten, Gott zu befriedigen, wären uns beiden gegeben, wenn wir zu dieser Frist noch einmal in unwesentlich veränderter Gestalt (ich hoffentlich ohne diese widerwärtige Fistel) zusammenträfen? Alter Freund und Lehrer, es ist eine Vorstellung, die mir Angst einjagt, weshalb ich weder dir noch meiner Wenigkeit wünsche, sie möge eintreten. Vorsichtshalber bete ich dennoch schon jetzt um genügend viel Kraft und List für den Fall, daß es doch geschieht. Aber natürlich bete ich auch (wie es meines Amtes ist) für diejenigen, die, wenn du und ich doch verschont bleiben sollten, bei diesem nächsten Mal an unserer Stelle stehen.

Andererseits – meine Charakterschwächen sind Dir ja bestens bekannt – andererseits, lieber Gorazd, eine weitere Überlegung läßt mir unsere mögliche Wiederkunft dann doch in etwas günstigerem Licht erscheinen: die Theophanu der zweiten Jahrtausendwende hätte ich schon ganz gerne kennengelernt – und könnte mir denken, daß es Dir in dieser Hinsicht nicht anders geht.«

»Erraten, Thietmar, erraten«, sagte ich zu den krakeligen Buchstaben, die mir seltsamerweise sein Gesicht vor Augen riefen, »so in der Tat, geht es auch mir.«

Die übrigen von ihm angestellten Überlegung hingegen bemühte ich mich zu vergessen. Ich bin ein alter Mann und möchte nachts gut schlafen.

Susanne Thal
EGO TE ABSOLVO

Na, was glaubt Er, Laurenz? Bekommen wir heute endlich wieder ein gutes Stück Fleisch auf den Tisch?«
Laurenz, ein hoch aufgeschossener, etwas einfältiger Küchendiener mit dünnem Haar, sah kurz fragend zu Johann van der Beeck hinüber und rührte dann weiter in einem großen Topf mit Kohlsuppe. Van der Beeck, um einiges kleiner als der Bedienstete, rückte das Gürteltuch, das *cingulum*, seiner weißen Prämonstratenser-Soutane zurecht. Dem weißhaarigen Cellerer des Klosters sah man die langen Jahre der Küchenaufsicht an seinem Bauchumfang deutlich an. Nicht nur an der Leibesmitte, sondern auch am Hals schien ihn die Soutane zu beengen. Ihr Kragen schnitt in seinen fetten Hals und preßte zwei Fettrollen hervor, was die hochrote Färbung seines Kopfes erklärte. Seine Leibesfülle hinderte ihn allerdings nicht daran, selbst Kleinigkeiten aufmerksam zu registrieren und scharfzüngig zu kommentieren.

»Na los, bequem Er sich her! Sieh Er sich das an! Steck Er seine Nase hinein!« Spöttisch blitzten unter buschigen Brauen seine funkelnden Augen dem ungelenk herbeitappenden Küchengehilfen entgegen. Dieser vertauschte nur widerwillig seinen Platz am Herdfeuer gegen den am Tisch unter dem Fenster, durch dessen Ritzen die kalte Dezemberluft in die Küche zog. »Selig sind die, die nicht sehen und doch glauben, spricht der Herr. Ich weiß, Laurenz. Aber wenn es ums Essen geht, müssen wir von diesem Grundsatz eine Ausnahme machen. Beim Essen hängt die Seligkeit entschieden nicht vom Glauben ab, sondern allein vom Sehen, Riechen und vor allem vom Schmecken. Merk Er sich das!«

Während van der Beeck so den Diener mit den Grundlagen der Kochkunst vertraut machte, wickelte er ein Stück Rindfleisch aus einem schmierigen Lappen. Er legte es auf den Holztisch und setzte zu einer genauen Begutachtung an. Er drückte seine Daumen kräftig in das Fleisch, drehte es von einer Seite auf die andere, schnüffelte vorsichtig, indem er sich mit einer Hand den Geruch des Fleisches zuwedelte. Angewidert verzog sich sein Mund. »Nun, was sagt Er zu diesem Stück Fleisch, Laurenz?« Laurenz war der Untersuchung van der Beecks aufmerksam, aber verständnislos gefolgt. Jetzt drückte er seinerseits die Finger in das Fleisch, drehte es hin und her und schnupperte. »Ja, hm, ich weiß nicht, Bruder van der Beeck…«, stotterte er.

»Bravo, Laurenz«, unterbrach ihn van der Beeck ironisch. »Wenn ich Seine höchst treffende und geistreiche Beurteilung zu Ende führen darf? Ich weiß nicht, was die kleinen, weißen, possierlichen Tierchen in dem Fleisch zu suchen haben. Ich weiß nicht, ob Bruder Steinhewer aus unserer Meierei diesen Blauschimmel hier zur Veredelung seiner Käse brauchen kann. Mit einem Wort: Ich weiß nicht, wie man dieses Fleisch noch essen kann. Das wollte Er sagen, nicht wahr, Laurenz. Und so hätte Er wahrhaftig gut gesprochen.« Laurenz räusperte sich. »Will Er noch etwas hinzufügen, Laurenz?« Laurenz schwieg verlegen.

»Ich sehe, wir sind uns einig. Dieses Stück Fleisch ist
schlicht...«. Knarrend öffnete sich die Tür der Küche, und
der Prior der Abtei, Arnold ten Haeve, trat ein. »...ungenießbar«, führte van der Beeck nach einem kurzen Blick zur
Tür seinen Satz zu Ende.

»Was ist mal wieder ungenießbar?« fragte ten Haeve. Im
Gegensatz zum Cellerer war ten Haeve selbst in Ordenstracht eine elegante Erscheinung. Seine scharfgeschnittenen
Gesichtszüge verliehen dem hageren Mann in den Vierzigern
einen asketischen Ausdruck. Das energisch vorgereckte
Kinn, die zusammengepreßten Lippen und die ganze Körperhaltung verrieten einen starken Willen.

»Nun, ten Haeve, wir sprachen gerade darüber, was unsere Mitbrüder wohl sagen werden, wenn sie von unserem
Braten hier gekostet haben. Vorausgesetzt, sie sind danach
überhaupt noch in der Lage, irgend etwas zu äußern.«

»In der Tat, es riecht etwas«, sagte ten Haeve vorsichtig.

»Oh, das, das ist nicht das Fleisch. Das ist doch das Beste:
unsere Kohlsuppe. Die gab es zwar auch schon gestern und
vorgestern, aber sie hat einen unleugbaren Vorzug: Sie ist
genießbar.«

Der Prior sah kurz auf das Fleisch: »Was ist denn mit dem
Fleisch passiert? Habt Ihr etwa zu lange gewartet, bis Ihr
es verarbeitet...«

»Ha, zu lange gewartet«, fiel ihm van der Beeck ins Wort
und verdrehte die Augen. »In unseren Vorratsräumen
braucht es des langen Wartens nicht. Selbst wenn das Fleisch
frisch angeliefert würde, was man von diesem Stück wirklich nicht sagen kann, könnte man in diesen feuchten
Löchern nachgerade zuschauen, wie es verfault und vergammelt. Wie schon der Apostel Paulus sagte: Nichts hat
in dieser Welt Bestand. In unseren Vorratsräumen kann
man sich von der Wahrheit dieses Satzes überzeugen. Aber

daß alles *so* unbeständig ist, das hat auch Paulus nicht gewußt.«

»Die Zeiten werden entschieden immer schlechter«, seufzte van der Beeck. »In diesem erzprotestantischen Meer Preußen hatte es unsere kleine Prämonstratenser-Klosterinsel Hamborn immer schon schwer, nicht von einer Flut verschluckt zu werden, aber seit Abt Athanasius krank geworden ist, scheinen sämtliche Dämme zu brechen. Als ich seinerzeit in dieses Kloster eintrat, haben wir hier immerhin noch sehr gut gegessen, wie es sich für ein Kloster von Adeligen auch gehört.« Van der Beeck schnalzte mit der Zunge und strich sich versonnen über seinen Bauch. »Rindfleisch, Schweinefleisch, was wir wollten. Zart und weich wie Butter. Manchmal Fisch, köstliche Bachforellen, frisches Gemüse, aber jetzt...« Er erwachte aus seiner Verzückung, und sein Zorn gewann wieder die Oberhand. »Seitdem Abt Athanasius krank ist... Nichts wird mehr im Kloster gemacht. Die Räume sind feucht, das Essen ist miserabel. Und warum? Nur weil Athanasius plötzlich die Nächstenliebe entdeckt hat. Eine Tugend, die ihm vor zwei Jahren, als er selbst noch richtig essen konnte, wahrlich ziemlich fremd war«, sagte er und blickte beifallheischend um sich. »Er hat den Leuten bei ihren Abgaben ans Kloster weiß Gott nie etwas geschenkt. Kommt aber jetzt ein Bauer, uns den Zehnten zu bringen, schickt er ihn zurück mit den Worten: ›Ich erlasse dir deine Schulden, mein Sohn. Aber schließe einen alten, sterbenden Mann in deine Gebete mit ein.‹ Die ganze Umgebung betet seit nun schon zwei Jahren für ihn. Daran liegt es bestimmt nicht, wenn er dereinst vielleicht doch in der Hölle schmoren muß.«

»Ich weiß, van der Beeck, dem Kloster geht es nicht gut. Nicht nur den Bauern gegenüber ist Athanasius zu nachgiebig. Auch bei den Verhandlungen um die Steuern, die der preußische König uns auferlegt, zeigte er zuletzt keinerlei Verhandlungsgeschick mehr. Die Folge: Wir haben kein

Holz mehr, unsere Fischereirechte im Rhein sind verpfändet, unsere eigenen Fischteiche sind schlammige Tümpel geworden, und wir sind zum asketischen Leben gezwungen.«

»Genau, sehr unfreiwillig. Ein wahres Wort, Prior«, fiel van der Beeck wieder ein.

»Fürwahr, Athanasius hat sich zu einem großen Wohltäter entwickelt.«

»Wieso er? Wir! Er muß ja ohnehin strenge Diät halten.«

»Wenn bald die Prüfungen für Athanasius vorbei sein werden, dann…«

»Bald vorbei sein werden?« Van der Beeck schaute kurz fragend zu ten Haeve auf.

»Ich wußte gar nicht, daß Ihr über seherische Qualitäten verfügt, ten Haeve. Immerhin prophezeit Athanasius schon seit zwei Jahren tagtäglich sein Ableben. Bisher hat er sich als zäher erwiesen als sogar dieser alte Schinken da.« Er wies auf den von der Decke herabbaumelnden Fleischklumpen, der im Qualm des Herdfeuers geräuchert wurde. »Wie oft schon stand es schlecht um ihn. Erst ist er die lange Treppe der Bibliothek heruntergestürzt und hat sich beide Beine gebrochen. Tagelang lag er im Fieberdelirium. Bruder Landsberg, der Medicus, war am Ende seiner Kunst. Uns blieben bloß noch die Sterbesakramente, doch als wir mit dem heiligen Öl seine Kammer betraten, erlangte er das Bewußtsein wieder und erholte sich wie durch ein Wunder. Gut, er konnte ab diesem Zeitpunkt nicht mehr laufen. Dann die Lungenentzündung. Wieder bekam er hohes Fieber, und als die letzte Ölung drohte, erholte er sich plötzlich. Er kann nicht mehr laufen und seit der Lungenentzündung auch nicht mehr richtig atmen, aber er kann noch Anordnungen und Befehle geben. Wobei ich mir nicht anmaße zu beurteilen, ob das wirklich ein Segen ist.«

Ten Haeve nickte erbittert: »Darüber kann man in der Tat geteilter Meinung sein. Wenn er mich gleich dreimal hintereinander zu sich ruft, um mir denselben kuriosen Befehl jedesmal neu zu erteilen, ist das alles andere als ersprießlich. Seine Vergeßlichkeit wird noch zu einer Gefahr für das Wohl des Klosters.«

»Vergeßlich, lieber Prior, ist er nur, was die Gegenwart angeht«, präzisierte van der Beeck. »Was länger als zwanzig Jahre her ist, daran erinnert er sich noch haargenau. Wiewohl, ich muß bekennen, daß mich der Speiseplan des Klosters von vor vierzig Jahren nicht besonders interessiert. Aber immerhin: wenn man ihn fragt, was man im Kloster zum Geburtstag des Herrn vor vierzig Jahren aß, weiß er es noch. Es muß übrigens wesentlich delikater gewesen sein als heute. Auch die Geschichten aus Köln, wo er einmal einen Pfarrer vertreten mußte, erzählt er mir immer wieder. Daß eine gewisse Annamaria immer in weißen, engen, aufwendig bestickten Leinenblusen zur Beichte ging, wohl um unseren Herrn zu beeindrucken...«, van der Beeck sandte einen verzückten Blick an die rußgeschwärzte Küchendecke. »Oder auch ihn selber. Daß die Haare einer gewissen Juliane aus ähnlichen Gründen blond und wellig bis über das prallgefüllte Mieder fielen, ...«

»Van der Beeck, Ihr werdet gewöhnlich«, wies ihn ten Haeve kopfschüttelnd zurecht.

»So? Jedenfalls weiß er aus dieser Zeit noch alles haargenau. Er erinnert sich an Kleidung und Haartrachten seiner Pfarrkinder, an Namen und Ereignisse. Das muß eine erlebnisreiche Zeit für ihn gewesen sein.« Van der Beeck fuhr sich wieder genüßlich mit der Zunge über die Lippen. Der Speiseplan von vor vierzig Jahren schien ihn zu beschäftigen, der sich so wohltuend von der faden Kohlsuppe der Gegenwart unterschied.

»Manchmal vergißt er sogar meinen Namen«, nahm ten Haeve das Gespräch wieder auf. »Dabei bin ich schon fast zwanzig Jahre hier.« Sein Mund verzog sich zu einem bitteren Grinsen. Kein Mensch sollte so alt werden, dachte er, und schon gar nicht, wenn er eine so verantwortungsvolle Position innehat. »Seine Vergeßlichkeit ist wirklich erstaunlich.«

»Vergeßlichkeit«, ertönte eine näselnde Stimme von der Küchentür her, »ist in diesem Haus allerdings kein Privileg des Alters.«

Van der Beeck und der Prior wandten sich schuldbewußt um. Herein tänzelte Heinrich Kannegießer, ein Schauspieler, der das Krippenspiel betreute, das wie jedes Jahr von den Lateinschülern des Klosters aufgeführt werden sollte. Seine weißgepuderte Perücke, die in einen langen Zopf auslief, war verrutscht und gab den Blick frei auf einen Kranz von dunkelblonden Haarstoppeln, die eine Glatze einrahmten. Falten und Runzeln waren selbst mit reichlich aufgeschmierter Schminke nur unzureichend zu kaschieren und ließen auf ein entbehrungsreiches, inzwischen wohl über fünfzigjähriges Leben schließen. Sein schwarzer Rock mit langen Schößen war an den aufgebauschten langen Ärmeln abgewetzt und glänzte speckig.

»Gibt es wieder Ärger bei den Proben?« versuchte ten Haeve die Aufmerksamkeit von den despektierlichen Bemerkungen über den Abt abzulenken.

»Diese Lateinschüler sind nicht in der Lage, zwei Sätze zu behalten. Sie taugen höchstens dazu, Ochs' und Esel darzustellen. Die Schafe auf der Weide sind für sie schon eine schauspielerische Herausforderung, an der sie scheitern«, beklagte sich Kannegießer. Mit einer gezierten Geste griff er sich an den Kopf, als litte er unter quälenden Kopfschmerzen, und rückte dann seine Perücke gerade. »Ich kann mit diesen groben Kerlen nicht arbeiten, es gibt hier kein Talent, kein Feingefühl.«

»Meister«, beschwichtigte ihn ten Haeve, »Ihr seid hier nicht am Wiener Hoftheater.«

»Nur zu wahr, zu wahr!« seufzte Heinrich Kannegießer aus tiefstem Herzen.

»Es handelt sich nur um ein einfaches Krippenspiel...«

»Sehr einfach, unerträglich einfach!«

»...und Euer dramatischer Ehrgeiz ist hierbei ganz unangebracht.«

»Aber der Ausdruck, es fehlt diesen Bauerntölpeln an Ausdruck! Ich kann das nicht länger mit ansehen, ich werfe alles hin«, jammerte Kannegießer auf.

»Aber Meister«, umwarb ihn ten Haeve, »Ihr könnt uns doch jetzt nicht im Stich lassen. Ohne Euch wird das Ganze eine völlige Katastrophe.«

Geschmeichelt lenkte Kannegießer ein. »Nun ja. In der Tat, da mögt Ihr recht haben. Aber es gibt ein Problem. Dieser widerspenstige Philip von Daum weigert sich plötzlich, die Maria zu spielen, und ohne Maria – das werdet Ihr einsehen – kann ich an der Weihnachtsgeschichte nicht weiter arbeiten.«

»Seid geduldiger mit ihm. Der Junge ist als verwöhnter Kindskopf hierhergekommen. Er muß noch viel lernen, auch wenn er in letzter Zeit wieder schwieriger geworden ist.«

»Kein Wunder, bei der Behandlung, die Vater Athanasius ihm angedeihen läßt«, brummte van der Beeck.

»Ich rede mit ihm, er wird sich seiner Aufgabe nicht entziehen, seid versichert.« Gemeinsam mit Heinrich Kannegießer machte sich ten Haeve auf den Weg zum Probenraum.

Van der Beeck wandte sich wieder der Kohlsuppe zu.

»He, Laurenz, an die Arbeit. Schneide Er noch mehr Zwiebeln in die Kohlsuppe. Das gibt einen kräftigeren Geschmack.« Hoffentlich hatte dieser Schauspieler nicht zuviel von ihrem Gespräch mitbekommen, dachte van der Beeck und begutachtete kritisch jeden Handgriff des Küchendieners. Andererseits, was würde es schon schaden? Athanasius würde er sicher nichts davon erzählen. Ein seltsamer Vogel, dieser Heinrich Kannegießer. Für seinen Geschmack viel zu affektiert und eitel. Erzählte immer von den prachtvollen Theatern der deutschen Fürstenhöfe, an denen er glanzvolle Auftritte gefeiert hatte. Und dabei war er arm wie eine Kirchenmaus. Er verdiente gerade genug, um sich und seiner Frau Louise, die er offenbar vergötterte, ein bescheidenes Dasein in der Stadt zu ermöglichen. Dann war da noch diese Manie für irgendeinen Stückeschreiber, einen Ausländer noch dazu, wie hieß er doch gleich? Ach ja: Shakespeare. Der schien für Kannegießer eine Art Heiliger zu sein, ständig führte er Zitate von ihm im Munde. Was hatte er letztens noch mit seiner hohlen, näselnden Stimme von sich gegeben, als er zum ersten Mal die Kohlsuppe vorgesetzt bekam? »Sein oder Nichtsein, das ist hier die Frage.« Doch, das hatte ihm gefallen. Van der Beeck lachte leise in sich hinein. Das paßte nicht nur zum Essen hier im Kloster, sondern überhaupt zu allem, zu Athanasius und zur Situation des Klosters.

* * *

Mit finster zusammengezogenen Augenbrauen und trotzig die Arme verschränkt stand Philip von Daum am Fenster des Sommerrefektoriums, das wegen seiner Größe als Raum für die weihnachtliche Aufführung gedacht war. Er blickte in den frostigen Wintertag hinaus, der ebenso trübe war wie seine Stimmung. Den Lauf des entfernten Rheins zeigten aufsteigende Nebelschwaden an, die von einem trägen Westwind langsam über die Sümpfe zum Kloster getrieben wurden. Schwarzgraue Wolken hingen wie Blei im Osten und drohten dem ohnehin kurzen Tag den Garaus zu machen. Er wäre am liebsten davongestürmt und nie mehr zurückgekommen. Weg von diesem Ort, an dem er nur noch gequält und gedemütigt wurde. Was hatte er dem senilen Greis denn getan, daß er ihn so schmählich behandelte? Manchmal ging eben sein Temperament mit ihm durch, und er konnte sich nicht beherrschen. Aber warum mußte ihm das auch immer wieder beim Alten passieren? Bei dem wenigstens könnte er sich doch zusammennehmen. Von Daum seufzte tief. Dafür, daß ihm gestern der ›Tyrann‹ herausgerutscht war, würde der sich bestimmt eine schöne Strafe ausdenken. Er hielt es einfach nicht mehr aus. Immer hackte der Alte auf ihm herum. Und jetzt sollte er auch noch die Maria spielen. Das war seine Idee. Er als einziger Adliger unter diesen Bauernlümmeln. In Demut sollte er sich üben. Und dann noch eine Weiberrolle! Er wußte schon, warum er ihn dafür ausgewählt hatte. Wegen seines weibischen Aussehens. Er haßte seine weichen Wangen, auf denen sich trotz seiner achtzehn Jahre kein Haar zeigen wollte, haßte seine kleine und zierliche Statur, die ihn fast wie ein Mädchen wirken ließ, und seine schmalen Hände und Füße.

»Das Mönchlein mit den Pfirsichwangen, fast zu hübsch für einen rechten Gottesdiener«, mit solchen und ähnlichen Anzüglichkeiten pflegte Athanasius ihn zu bedenken. Triefend vor Hohn und Herablassung. Er hatte dann so einen wissenden Ausdruck in den Augen und so eine Art, den faltigen Mund angewidert zu verziehen. In letzter Zeit wurden diese Kommentare immer zotiger und ekelhafter. »Du spielst also die Maria, da ist dein Joseph ja glücklich zu schätzen.« Oh, es war unerträglich. Er könnte den Alten…

»Bruder von Daum«, störte ihn ten Haeve mit schneidender Stimme aus seinen Gedanken auf, »mir ist zu Ohren gekommen, daß Ihr Euch den Anordnungen widersetzt und Euch unbotmäßig verhalten habt. Ihr habt eine Aufgabe zugeteilt bekommen, und Ihr werdet sie auch in aller Demut und so gut Ihr könnt erfüllen.«

»Ich bin dafür nicht geeignet«, entgegnete Philip von Daum trotzig.

»Es ist nicht an Euch, das zu entscheiden«, sagte ten Haeve kurz und mit einer Festigkeit in der Stimme, die keinen Widerspruch zuließ. »Wir sind hier, um freudig dem Herrn zu dienen, auf welche Art auch immer. Das ist die Bedeutung unseres Gelübdes. Wir können uns nicht aussuchen, zu welchem Dienst wir berufen werden. Und wenn uns die Aufgabe auch nicht gefällt, ist es unsere Pflicht, sie dennoch mit dem größten Eifer zu erfüllen und unsere Abneigung zu überwinden.«

»Aber...« Der Prior warf dem Novizen bei diesem ersten Widerwort bereits einen strengen Blick zu, so daß dieser eingeschüchtert den Blick senkte. »Ich werde gehorchen und mein Bestes tun«, sagte er leise und ging zu der kleinen, aus Brettern gezimmerten Bühne hinüber, wo Heinrich Kannegießer und die kleine Schar der Lateinschüler ihn erleichtert empfingen.

Ten Haeve war unerbittlich und erwartete unbedingten Gehorsam, aber dennoch fiel es Philip von Daum nicht so schwer, von ihm Befehle anzunehmen. Er hielt ihm nicht seine Mädchenhaftigkeit vor, sondern erinnerte ihn an seine Pflicht und sein Gelübde. Wäre doch endlich ten Haeve Abt des Klosters! dachte er, während er seinen Platz neben der kleinen Krippe mit der Jesuspuppe wieder einnahm.

* * *

Ten Haeve betrat leise die Prälatur. Geräuschlos ging er durch das Empfangs- und Arbeitszimmer des Abtes Athanasius von Breidenbach, dann durch die kleine Kapelle direkt in das Schlafgemach. Eine Kerze blakte stark und warf zittriges Licht auf das Bett des Abtes. Unruhig tanzten die Schatten auf seinem Gesicht. Tiefe Furchen hatte das Alter hineingegraben. Die lange Zeit der Krankheit hatte es noch weiter einfallen lassen. Lange, gelblich weiße Haare lagen strähnig über dem Kopfkissen und umrahmten gemeinsam mit einigen dünnen, weißen Bartfisseln das bleiche Antlitz. Mit geschlossenen Augen lag er regungslos auf dem Rücken und hielt seine Hände über der Bettdecke gefaltet. Für einen Moment dachte ten Haeve, Athanasius sei gestorben. Er beugte sich über das Bett. Nein. Sein Atem ging flach, war kaum hörbar, aber er ging. Sogar regelmäßig. Der Abt stöhnte leise und schlug die Augen auf. Als er unmittelbar vor sich die Haare und das Ohr ten Haeves sah, der noch immer lauschend über ihn gebeugt an seinem Bett stand, erschrak er.

»Erbarmen«, stöhnte er, »der Teufel... ich erkenne ihn an seinem Fell... er ist gekommen, mich zu holen.«

Ten Haeve zuckte zurück. »Vater Athanasius...«

»Noch nicht...bitte, nein... Gott!«

Athansius stieß mit den Händen nach ten Haeves Kopf. Schreckgeweitet suchten seine Augen nach der vertrauten Umgebung seiner Schlafkammer.

»Vater Athanasius, kommt zu Euch. Ich bin es, ten Haeve.«

»Wer? Ten Haeve?«

»Ja, Euer Stellvertreter. Ich komme jeden Abend, um mit Euch zu sprechen. Erinnert Euch doch.«

»Ah«, dämmerte es langsam Athanasius, »ah, Ihr seid es, ten Haeve.«

»Ja, ich bin es.«

Der starre Ausdruck löste sich langsam im Gesicht des Abtes.

»Vater, braucht Ihr noch etwas für die Nacht?«

»Nacht? Wie spät ist es denn?«

»Die Glocke hat bereits zur Komplet gerufen, gleich beginnt die Nachtmesse.« Ten Haeve nahm von der Bettkommode des Abtes eine kleine Schere und schnäuzte den Docht der Kerze, die nun zu qualmen aufhörte und ruhig und hell zu leuchten begann. Ein mächtiger Schrank aus glänzend poliertem Eichenholz und ein zierlich gearbeiteter Tisch mit zwei samtbezogenen Stühlen traten aus dem Dunkel hervor, die zusammen mit dem Bett und der Kommode die ganze Einrichtung des Raumes bildeten.

»Die Nachtmesse... die Nachtmesse, sagt Ihr?« krächzte

der Abt. »Wieso kommt Ihr erst jetzt? Warum habt Ihr mich nicht heute morgen geweckt? Ich hätte...«

»Abt Athanasius, ich war heute morgen bei Euch. Heute morgen wie jeden Morgen«, unterbrach ten Haeve ungeduldig.

»Tatsächlich?« flüsterte der Abt zweifelnd und hob unter großen Anstrengungen seinen Kopf aus den Kissen. »Ich habe es vergessen.« Athanasius versuchte angestrengt, sich den heutigen Morgen in Erinnerung zu rufen.

»Nun«, überbrückte der Prior die Pause, »ich habe Euch, glaube ich, noch nicht von dem Fortgang unseres Krippenspiels berichtet. Seit Heinrich Kannegießer, der alte Schauspieler, vor zwei Wochen die Proben übernommen hat, gibt es Fortschritte. Ich glaube, wenn von Daum seine durchaus berechtigte Abneigung gegen die Verstellung überwunden hat, dann kann es dieses Jahr sehr...«

»Wer, sagt Ihr, leitet die Proben?«

»Heinrich Kannegießer, ein alter Schaupieler. Ich habe ihn Euch vor zwei Wochen vorgestellt.«

»Ach ja. Heinrich Kannegießer. Ich... ich habe mit ihm schon gesprochen. Hat manchmal etwas gewagte Ansichten, der Mann. Aber er führt eine vorbildliche Ehe«, sagte der Abt und begann zu kichern.

»Ja, jetzt erinnere ich mich wieder«, sagte er plötzlich nach einer längeren Gesprächspause.

»Woran?« fragte ten Haeve gelangweilt.

»An heute morgen.« Die Augen des Abtes wurden zusehends lebhafter und seine Stimme kräftiger. »Habe ich nicht befohlen, daß heute eine besondere Messe für das Seelenheil der Kranken und Sterbenden gelesen werden soll? Ist das ausgeführt worden?«

»Nein. Ihr hattet heute morgen nichts von einer besonderen Messe gesagt, Athanasius.«

»Ihr glaubt also, ich lüge? Ich lade also Eurer Meinung nach kurz vor meinem Ableben die Sünde der Lüge auf meine Seele?« In den Augen des Abtes spiegelte sich das gelbe Licht der Kerze.

»Nein«, erwiderte ten Haeve betreten, »gewiß nicht. Zumindest nicht absichtlich, und wo keine Absicht vorliegt, da…«

»Ich weiß genau, was ich gesagt habe und was nicht«, schnitt ihm der Abt das Wort ab. »Erspart mir also Eure Spitzfindigkeiten. Redet mir meine Vergeßlichkeit nicht ein. Ihr solltet heute eine Messe für die Kranken und Sterbenden lesen lassen, und Ihr habt Euch meinem Befehl widersetzt. Von uns zweien, scheint mir, seid Ihr der Vergeßliche.« Er sah den Prior giftig an. »Ihr scheint nämlich zu vergessen, wer Ihr seid: ein einfacher Pater, und ich, ich bin Euer Abt, dem Ihr bedingungslosen Gehorsam geschworen habt.«

Ten Haeve hatte den Kopf gesenkt und fixierte den Boden vor dem Bett des Abtes.

»Auf die Knie, Prior!« zischte der Abt heiser.

Ten Haeve hob ungläubig den Kopf und setzte zu einer Erwiderung an. Dann besann er sich und ging widerwillig in die Knie.

»Könnte ich bloß aufstehen. Ich würde den Schlendrian im Kloster schon austreiben. Wir sind hier, um den Herrn zu loben. Die Welt ist nichts, das ewige Leben aber alles. Wir haben mit dem Eintritt ins Kloster mit der Welt abgeschlossen. Das asketische und gottgefällige Leben in immerwährender Anbetung des Herrn, das ist unser einziger Daseinszweck.« Athanasius hustete hohl. Das Reden strengte ihn an. Dann blickte er mit tückischem Lächeln auf den gebeugten Kopf ten Haeves. »Ich weiß, Ihr seid ehrgeizig. Ihr möchtet Abt werden. Aber noch bin ich es. Noch lebe ich. Erst nach meinem Tod könnt Ihr mich beerben, lieber Prior. Wenn Ihr Euch aber weiterhin als derart unfähig erweisen solltet, die wichtigsten religiösen Aufgaben des Klosters zu erfüllen, zwingt Ihr mich, über meinen Nachfolger neu nachzudenken. Für Euch ist alles schon arrangiert, aber vergeßt nicht: Noch habe ich die Macht, das im Nu zu ändern.«

Ten Haeve kniete reglos vor dem Bett des Abtes.

»Ja, ich weiß, das schmeckt Euch nicht. Ich weiß.« Er sah spöttisch auf ten Haeves Hinterkopf. »Also, ich warte.«

»Vater Athanasius, ich…«, preßte ten Haeve rauh hervor und krallte die Hände in seine Oberschenkel. Ein kurzer Ruck ging durch seinen Körper, als er mit festerer Stimme fortfuhr: »Ich bitte Euch um Entschuldigung.«

Athanasius lächelte zufrieden. »Sehr schön, ten Haeve. Achtet meine Befehle, und ich könnte Euch noch einmal…«

Ein heftiger Hustenanfall unterbrach die Worte des Abtes. Er lief blau an. »So helft mir doch«, stieß er hervor und rang verzweifelt nach Luft. Ten Haeve erhob sich und richtete den Abt wieder auf. Der Husten beruhigte sich. Entkräftet, am ganzen Körper zitternd, keuchte er schließlich: »Ten Haeve, könntet Ihr mir nicht etwas Kräuterschnaps besorgen? Nur er hilft noch gegen meinen Husten«, brachte Athanasius mit weinerlicher Stimme hervor. »Bitte. Ich kann doch sonst wieder die ganze Nacht nicht schlafen.«

Auch ten Haeve zitterte jetzt. Allerdings vor Empörung. Dieser tyrannische, senile, tattrige Greis hatte ihn wieder einmal gedemütigt. Er hatte ihn auf die Knie gezwungen und ihn um Entschuldigung bitten lassen. Wofür? Für die eigene Senilität. Ein jämmerlicher Schwachkopf, der nicht länger mehr an die Spitze eines Klosters gehörte. Und jetzt sollte er ihm zum Dank auch noch dabei behilflich sein, an seinen Schlummertrunk zu kommen. Van der Beeck hatte recht. Der Alte war unerträglich, eine Belastung für alle. Ten Haeve fühlte, wie die Wut in ihm hochkochte.

»Prior, ich befehle Euch…« Ein neuer Hustenanfall unterbrach den Abt. Befehlen? schäumte ten Haeve innerlich, deine Befehle bringen dich noch mal ins Grab. Nun gut, du sollst deinen Schlummertrunk bekommen. Erst heute morgen habe ich mir eine Flasche geholt. Du wirst noch sehen, wohin der Schnaps dich bringt. Ich werde dir zu deiner Nachtruhe verhelfen. Und möge sie lange währen.

Ten Haeve machte sich auf den Weg, um die Flasche aus seiner Zelle zu holen, und malte sich wütend aus, wie er dem Abt Becher für Becher einflößte. Jeder Becher reines Gift für den geschwächten Körper. Als ten Haeve wieder die Kammer betrat, hatte der Abt sich selbst auf die Seite gewälzt und sah gierig zu, wie ten Haeve einen kleinen Becher bis zum Rand füllte.

»Ihr wißt, daß der Medicus Euch jeglichen Alkohol strengstens untersagt hat?«

»Ach, Landsberg, dieser Schwachkopf. Nun gebt schon her!«

»Wie Ihr wollt.« Ten Haeve setzte sich zu Athanasius ans Bett und flößte ihm langsam den Schnaps ein. Ten Haeve zögerte. Er brachte es nicht fertig, das Glas zum zweiten Mal zu füllen. Er konnte es nicht. Heute noch nicht. »Abt Athanasius, ich stelle die Flasche in den Schrank.« Wohlig seufzend glitt der Abt zurück in seine Kissen und schloß die Augen. »Recht so«, grunzte er und schaute verzückt der Flasche hinterher, die in dem Schrank verschwand. »Auf morgen früh, Prior.«

* * *

Immer noch erbost stürmte ten Haeve den Kreuzgang hinunter zu seiner Zelle. Er sah nicht, wie van der Beeck, der vom Lärm der schnellen Schritte geweckt worden war, seine Zellentüre ein wenig öffnete und neugierig seinen Kopf hinausstreckte. Ten Haeve riß seine Tür auf, betrat die Zelle und schmetterte die Tür ins Schloß. Zwischen den groben Holzplanken der Türe und dem doppelflügligen Fenster, unter dem ein großer Tisch mit kunstvoll gedrechselten Beinen als Schreibtisch diente, blieben reichlich fünf Schritte zu tun, um von einem zum anderen Ende des Raumes zu kommen. Immer wieder ging ten Haeve diese fünf Schritte hin und zurück, am Fenster kurz von fahlem Licht übergossen, in das der Vollmond die Abtei tauchte. Haß auf Athanasius brodelte in ihm. Immer wieder kehrten seine Gedanken zu Athanasius und seinen Erniedrigungen zurück.

Er gestand sich, daß er ihn haßte, ihn und seine Demütigungen. Ein wenig begann er sich vor sich selbst zu fürchten, vor der unkontrollierbaren Heftigkeit seiner Gefühle. Denn wozu hatte ihn sein Haß hingerissen? Er hatte mit dem Leben eines Menschen gespielt. Er hatte Athanasius in Gedanken nach dem Leben getrachtet, und damit nicht genug, er hatte ihm auch noch den verbotenen Schnaps gebracht. Er sank auf den Stuhl an seinem Tisch und preßte beide Hände an den Kopf. Wie konnte er sich nur so weit vergessen? Er erhob sich wieder, ging zu einer Holztruhe und nahm einen Krug mit Branntwein und einen Zinnbecher heraus. Nachdem er den ersten Becher hastig hinuntergestürzt hatte, ging er zum Fenster und genoß die entspannende Wirkung des Branntweines. Ten Haeve blickte hinaus auf das schneeglitzernde Dach des Refektoriums, über die Klostermauern bis hin zu einem kleinen Weiher, dessen Wasserfläche eine dünne Eisschicht zu einem kleinen, schwarzen Loch schrumpfen ließ. Das Kloster, einst voller Leben und tätiger Kraft, sollte durch den langsamen Tod Athanasius erstarren wie dieser Tümpel dort, dachte ten Haeve. Nein! Er würde das zu verhindern wissen.

Nach zwei weiteren Bechern des starken Gebräus taumelte ten Haeve zu seinem Bett, stieß die brokatenen Vorhänge zur Seite und ließ sich in die Kissen fallen. Seine Gedanken begannen sich zu verwirren. Es gab wohl nur einen Ausweg. Er sah den Becher am Mund des alten Abtes. Seinen spöttisch verzogenen Mund. Seine eigene Schmach, er sah wieder das Dunkel des Kreuzgangs vor sich und hörte schnelle Schritte...

* * *

Ein aufgeregtes Pochen an seiner Türe riß ten Haeve aus dem Schlaf. Der grauenhafte Kopfschmerz, der durch den

Lärm ausgelöst wurde, machte es ihm unmöglich, sofort zu reagieren.

»Prior, wacht auf!« Das Klopfen wurde noch heftiger.

»Ja doch! Ich komme, was gibt es denn?« Mühsam richtete ten Haeve sich auf und wankte zur Tür. Bevor er sie öffnete, versuchte er, sich so würdevoll wie möglich herzurichten, zog das um seinen Bauch geschlungene *cingulum* fest, rückte das in der Nacht verrutschte *scapulier*, das bis zum Boden reichende Brusttuch über der Soutane, zurecht und strich sich das verwühlte Haar glatt. Er hätte sich letzte Nacht nicht so gehen lassen dürfen.

Pater Melchior Diepenbrock, der Bibliothekar der Abtei, stapfte aufgeregt vor seiner Kammertüre auf und ab. »Endlich, Prior!« rief er, als dieser seine Türe geöffnet hatte. »Diese Nacht ist unser geliebter Vater Athanasius von uns gegangen. Gott hat ihn zu sich gerufen.«

Einen Moment lang sah ten Haeve den Überbringer dieser Nachricht nur verständnislos an. »Der Abt ist tot?«

»Ja, Bruder, er ist von uns gegangen«, bestätigte Diepenbrock, der mißbilligend feststellte, daß ten Haeves Atem nach Branntwein roch.

Langsam begriff ten Haeve: Athanasius war tot. Er war erlöst von seinen Leiden. Es war endlich vorbei. Aber woher sein plötzlicher Tod? Einen einzigen Becher Schnaps hatte er ihm verabreicht. Daran konnte er doch wohl nicht gestorben sein. Nein. Unmöglich. Erleichterung erfaßte ihn. Seine mörderischen Gedanken vom Vorabend waren nur eine kurze Entgleisung gewesen, die nichts weiter bedeutete. Er versuchte, seiner Stimme einen Ausdruck von Trauer zu verleihen. »Möge der Herr seiner Seele gnädig sein. Pater Diepenbrock, laßt uns gemeinsam in die Zelle des Abtes gehen. Ich möchte ihn noch einmal sehen.«

Mit schnellen Schritten eilten sie durch den Kreuzgang, auf dessen unregelmäßig behauenen Steinquadern sich die Morgenfeuchtigkeit zu glitzernden Eiskristallen formiert hatte.

Vor der Tür zur Prälatur, dem Arbeits- und Wohnbereich
des Abtes, warteten bereits die übrigen Brüder. Van der
Beeck hatte die Nachricht vom Tod des Abtes offenbar in
der Küche erreicht. Laurenz stand neben ihm, und beide
umgab wie eine Wolke der unvermeidliche Kohldunst. Auf
ein Zeichen des Priors betraten sie nun die Räume des
Abtes, durchschritten sie dem Anlaß gemäß ehrfurchtsvoll
und versammelten sich schließlich um das Bett. Wortlos
starrten sie in die weit aufgerissenen Augen des alten Mannes, dessen Blick aber durch die umstehende Trauerge-
meinde hindurchging und unverwandt an dem Eichenschrank haftete. In den Winkeln des leicht geöffneten
Mundes hingen eingetrocknete Speichelfäden, und seine
Hände waren über der Bettdecke wie zum Gebet gefaltet.
Melchior Diepenbrock schlug ein Kreuzzeichen, und Bruder Landsberg begann, eine Litanei zu murmeln. »Pater Diepenbrock«, unterbrach ten Haeve die Andacht, »Ihr habt
Athanasius gefunden. Erzählt uns, ich bitte Euch! War er
schon tot, als Ihr zu ihm kamt, oder habt Ihr ihn auf dem
letzten Stück seines Weges begleitet?«

»Da gibt es nicht viel zu erzählen, Prior. Als ich heute morgen nach dem Rechten sehen wollte, lag er so da, wie Ihr ihn
jetzt seht. Ich habe dann sofort Euch und die übrigen Brüder benachrichtigt.«

»Nach so vielen überstandenen Anschlägen auf Leib und
Leben ein um so überraschenderes Ende. Woran ist der
ehrwürdige Abt nun verstorben?«

»Nun, der letzte Anschlag war das Alter, und gegen dieses
war auch unser Ehrwürdiger nicht gefeit«, antwortete Diepenbrock salbungsvoll, obwohl er sich nicht ganz sicher
war, ob die Frage an ihn gerichtet war.

Van der Beeck sah den Prior einen Augenblick an. Ein

überraschender Tod? Er mußte unwillkürlich an die Prophezeiung vom anderen Morgen denken. Das hier war jedenfalls eine prompte Erfüllung. Gab es vielleicht noch andere Ursachen als das Alter? Van der Beeck trat unauffällig näher an das Bett des Toten heran.

»Prior«, nahm Diepenbrock wieder das Wort, »wenn es auch schwerfällt, so darf ich doch Euren Blick auf die Zukunft richten. Wir müssen jetzt rasch einen neuen Abt wählen. Wenn die Preußen schneller vom Tode Athanasius' erfahren als unsere Mutterabtei Steinfeld in der Eifel, bekommen wir von denen einen Abt vorgesetzt. Und dieser wird unsere Abtei völlig den Preußen ausliefern. Ihr seid der Prior. Ich bitte Euch, Ihr müßt jetzt schnell handeln.«

Ten Haeve blickte immer noch auf den Leichnam Athanasius'.

»Was sagt Ihr? Ach, ja, der Wahlmann aus Steinfeld«, sagte er tonlos. »Gewiß, Ihr habt recht. Wir müssen schnell handeln.« Er löste langsam seinen Blick vom Totenbett und ließ ihn über die Gesichter seiner Mitbrüder und durch den Raum wandern. »Pater Diepenbrock, vielleicht könntet Ihr das Kloster Steinfeld benachrichtigen, daß sie uns umgehend einen Wahlmann schicken mögen. Ich schreibe Euch sofort eine Mitteilung an den dortigen Abt.« Er ging entschlossen in den Empfangsraum am Eingang der Gemächer Athanasius', wo der Schreibtisch des alten Abtes stand, kehrte jedoch umgehend wieder zurück. »Der Schreibtisch ist abgeschlossen. Irgendwo muß der Schlüssel liegen. Hat ihn vielleicht einer meiner Mitbrüder hier irgendwo gesehen?«

Van der Beeck, der sich gerade über den Kopf Athanasius' gebeugt hatte, schnüffelnd und sich mit der Hand den Geruch zuwedelnd, der aus dem halbgeöffneten Mund entwich, richtete sich schnell auf und überzeugte sich durch einen schnellen Blick, daß der Schlüssel nirgendwo offen lag. »Nein, Prior, der Schlüssel muß entweder in der Kommode am Bett oder im Schrank liegen. Wartet, ich schaue nach.«

»Nein, das mache ich schon selber. Herzlichen Dank, Bruder van der Beeck.« Ten Haeve ging rasch zu dem Eichenschrank, und der Cellerer folgte ihm, obwohl ten Haeve sein Anerbieten abgelehnt hatte. Knackend drehte sich der Schlüssel, und leise knirschend gaben die schweren Eichentüren den Blick auf das Innere des Schranks frei. Da lag er, der Schlüssel, befestigt an einer goldenen Kette, direkt neben der Flasche mit Kräuterschnaps und dem Glas, das ten Haeve gestern dorthin gestellt hatte. Der Prior griff nach dem Schlüssel, als sein Blick auf die Flasche fiel. »Prior, was ist mit Euch, Ihr schwankt ja plötzlich!« Van der Beeck mußte den Prior stützen, und auch Pater Diepenbrock eilte herbei und faßte ihn von der anderen Seite unter. Ten Haeve hatten die Beine den Dienst versagt. Die Flasche war … *leer*. Aber wie war das möglich? Die Erinnerung an die Gedanken der Nacht zuvor schossen durch seinen Kopf. Doch alles war wie in Nebel getaucht. Was war geschehen? Narrte ihn der Teufel? Waren seine finstersten Gedanken Fleisch geworden? Hatte der Teufel die bösen Phantasien der vergangenen Nacht an seiner Statt in die Tat umgesetzt? Oder hatte er sich selbst getäuscht: Hatte er die Tat eigenhändig vollbracht, ohne es zu wissen, verführt von seinem tiefen Haß und der enthemmenden Macht des Alkohols? Schweißperlen standen auf der Stirn des Priors.

Die Brüder hatten ihre Plätze am Totenbett verlassen und stellten sich nun alle um den von beiden Seiten gestützten ten Haeve und äugten neugierig in den Schrank.

»Na, hoffentlich stand die Flasche schon länger leer in diesem Schrank«, ließ sich Pater Landsberg vernehmen, »sonst müßten wir doch Zweifel haben, ob sich Athanasius tatsächlich an das Alkoholverbot gehalten hat.«

»Ja, als Erinnerung an bessere Zeiten wahrscheinlich«, brummte van der Beeck respektlos in das Getuschel, das die

Worte des Medicus unter den Brüdern ausgelöst hatten. Er starrte ten Haeve an, dessen Blick langsam wieder klar wurde.

»Danke, Brüder, es war nur ein kurzer Moment der Schwäche. Der Tod Athanasius' hat mich doch mehr mitgenommen, als ich dachte. Und plötzlich die ganze Last der Verantwortung. Ich glaube aber, daß es jetzt vorbei ist.«

Ten Haeve hatte sich wieder in der Gewalt. Er blickte fest in die Gesichter seiner Mitbrüder. Er mußte jetzt sehr vorsichtig sein. Er durfte niemandem Anlaß geben, Verdacht zu schöpfen. Was auch immer geschehen war letzte Nacht, er durfte sich keine Blöße geben.

* * *

»Laurenz, laß Er jetzt das Zwiebelschneiden und setz' Er sich her zu mir auf die Bank.« Gehorsam ließ Laurenz von den Zwiebeln ab, trottete vom Tisch zur Bank am Herdfeuer und ließ sich neben van der Beeck nieder. Wieder erfüllte der Kohldunst die Küche.

»Was will Er mit dem Messer, Laurenz? Nein, bleib Er sitzen«, befahl van der Beeck, als Laurenz wieder aufstehen und das Messer zurück zum Tisch bringen wollte, »ich will mit Ihm reden. Ich muß nachdenken.«

»Hm.«

»Hat Er gehört, was die Brüder am Leichenbett unseres Athanasius gesagt haben?«

»Sie haben gesagt, daß Athanasius gestorben sei, Pater van der Beeck«, antwortete Laurenz vorsichtig. »Und dann haben sie gesagt, daß man jetzt schnell einen neuen Abt wählen müßte, damit die Preußen uns keinen neuen vorsetzen und...«

»Richtig, das haben sie gesagt«, unterbrach van der Beeck. »Haben sie denn auch gesagt, wie er gestorben ist?«

»Aber Ihr stellt ja jetzt die gleiche Frage wie ten Haeve.«

»Richtig, Laurenz. Es muß sich also um eine spannende Frage handeln, meint Er nicht?«

»Ja, aber wieso, Pater?« fragte Laurenz ratlos.

»Denk Er doch einmal nach«, antwortete van der Beeck.

»Er ist gestorben und...«

»Nein, Er fängt zu spät mit dem Nachdenken an. Woran ist er denn gestorben?«

»Na, an Altersschwäche doch.«

»Na, an Altersschwäche doch«, ahmte van der Beeck die langsame Sprechweise Laurenz' nach. »So einfach ist das nicht. Die erste Frage, hör Er gut zu, die erste Frage ist doch, warum Athanasius aus dem Mund nach Schnaps stank. Die zweite Frage ist, wie überhaupt eine Flasche Schnaps in seinen Schrank gekommen ist, und die dritte Frage dann, wie die Flasche, nachdem Athanasius davon getrunken hat, in den Schrank gekommen ist. Denn von alleine ist sie nicht hineingegangen, und Athanasius konnte, wie Er weiß, nicht mehr laufen. Er konnte sogar nicht einmal mehr selber trinken. Es muß ihm also auch noch jemand beim Trinken geholfen haben.«

»Ihr meint, er ist...« Laurenz stach heftig mit seinem Messer in die Luft, »...er ist zu Tode gebracht worden?«

Van der Beeck sah seinen Küchenjungen spöttisch an: »Er macht Fortschritte. Genau das wollte ich sagen. Die Todesursache aber steht außer Frage. Es war der Schnaps. Kein Messer.«

»Athanasius... getötet«, sagte Laurenz fassungslos.

»Das wäre ja entsetzlich. Das hieße ja, daß jemand aus diesem Kloster...«

»Ein Mörder ist«, vollendete van der Beeck seinen Satz.

»Das hieße es allerdings, Laurenz.«

»Aber wer um Gottes Willen soll denn bloß Vater Athanasius umgebracht haben, Pater van der Beeck, und warum?«

»Nun, nachdem Er aus der Tatsache, daß Athanasius ermordet worden ist, so messerscharf auf einen Mörder geschlossen hast, wird es Ihm sicher nicht schwer fallen, mir zu sagen, wer es getan hat.«

»Aber woher soll ich das denn wissen, Pater?« fragte Laurenz nach einiger Überlegung.

»Es hätte mich auch überrascht, wenn Er es gewußt hätte, Laurenz. Ich weiß es schließlich selbst noch nicht. Aber ich werde es schon herausbekommen. Ist Ihm denn aufgefallen, wie ten Haeve reagiert hat, als er die Flasche gesehen hat?«

»Ihr meint seinen Schwächeanfall?«

»Genau das meine ich, Laurenz.«

»Aber wenn ten Haeve den Abt mit Schnaps umgebracht hat, dann wäre er doch nicht so dumm gewesen und hätte die Flasche im Schrank stehen lassen. Und selbst wenn er so dumm gewesen wäre, dann hätte er sich doch nicht deshalb so erschreckt. Er hätte ja gewußt, daß in dem Schrank die Flasche steht.« Laurenz sah stolz zu van der Beeck und beobachtete die Wirkung seiner Schlußfolgerungen.

»Alle Achtung, Laurenz. Mein Umgang tut Seinem Denken offenbar sehr gut. Tatsächlich wäre die Reaktion von ten Haeve überhaupt nicht erklärlich, wenn er der Mörder wäre. Schade. Es wäre aber auch zu einfach gewesen. Doch warum hat er sich dann so erschreckt?« Er nahm Laurenz das Messer aus der Hand. »Laurenz, ist Ihm vielleicht heute morgen irgend etwas aufgefallen, was uns möglicherweise weiterbringen könnte?«

»Als ich heute morgen an den Gemächern des Abtes vorbei ging, um die Kirche vor dem Morgengebet auszufegen, habe ich nur Philip von Daum...«

»Ach, Er selber war heute morgen in den Räumen des Abtes?«

»Ich!? Nein, Pater. Ich nicht! Ich war nicht bei Athanasius, ich bin nur vorbeigegangen, ich war es nicht, glaubt mir doch, ich...« Flehentlich sah er van der Beeck an in der Hoffnung, daß dieser bloß wieder einen seiner skurrilen Späße mit ihm trieb. Van der Beeck begann zu grinsen, und

Laurenz seufzte erleichtert auf. »Ich dachte schon, Ihr meintet, ich sei der Mörder unseres ehrwürdigen Abtes, Pater.«

»Jetzt erzähle Er. Von Daum war also dort?«

»Ja. Ich glaube zumindest, daß es von Daum war. Er kam aus der Richtung der Prälatur und trug ein Bündel unter dem Arm. Er ging wohl, die Morgenglocke zu läuten, und ich habe kurze Zeit später die Glocke gehört.«

»Aber wenn von Daum die Morgenglocke hätte läuten wollen, dann hätte er doch gar nicht an den Räumen des Abtes vorbei gemußt. Er wäre doch direkt über den Hof gegangen und nicht erst einmal um den ganzen Kreuzgang herum. Sehr merkwürdig, Laurenz.«

Laurenz blickte stolz auf seinen Lehrmeister.

»Selbst Fegen hat manchmal etwas Gutes«, bemerkte van der Beeck und erhob sich von der Bank. »Ich sage das nur, damit Er in Zukunft seine Aufgaben noch gewissenhafter erfüllt.«

Van der Beeck schaute gedankenverloren in die Flammen unter dem schmiedeeisernen Topf. »Bruder Philip von Daum war an diesem Morgen beim Abt, und eine Stunde später wurde er tot aufgefunden. Hm. Laurenz«, wandte er sich wieder an den Küchengehilfen, »geh Er jetzt wieder an die Vorbereitungen für unser Mittagsmahl. Und kein Wort über unsere Unterhaltung.«

Laurenz nickte beflissen. Er würde schweigen wie ein Grab.

* * *

Frierend, die Köpfe zum Schutz vor den feinen Schneeschauern gesenkt, zog die Prozession der Patres langsam aus dem Hauptportal der Kirche zurück zur Abtei. Athanasius war in der Kirche unter der großen Grabplatte direkt vor dem Hauptaltar zur letzten Ruhe gebettet worden. Jetzt strebten alle nur noch zurück in die wärmende Geborgen-

heit des Klosters. Ten Haeve führte die Reihe der weißge-
kleideten Gestalten an. Hinter ihm wurden andächtig Gebete gemurmelt. Er starrte mit zusammengekniffenen Lippen
auf den Weg vor ihm. Jetzt war er Abt. Er betastete die Insi-
gnien seiner neuen Macht, das *pectoral*, die Kette mit dem
Kreuz auf seiner Brust, und seinen Ring. Der Wahlmann aus
der Mutterabtei Steinfeld in der Eifel hatte sich an seine Weisungen gehalten. Er war noch von Athanasius instruiert, und
dieser hatte seine Vorkehrungen über die Nachfolge nicht
mehr ändern können. Er hatte sein Ziel erreicht. Wenn
bloß nicht das quälende Dunkel seiner Erinnerung wäre.
Was war in jener Nacht geschehen? Vergeblich versuchte er,
sich zu erinnern. Vergangenes war vergangen. Damit mußte
er sich beruhigen. Wie Pater Diepenbrock gesagt hatte,
durfte er jetzt nur noch an die Zukunft des Klosters denken.

»Auf ein Wort, Abt ten Haeve«, schreckte ihn van der Beeck
aus seinen Gedanken.

»Ist das jetzt unbedingt nötig? Ich wäre lieber allein«, wehrte ten Haeve unwillig ab und wollte weitergehen. Doch van
der Beeck hielt ihn am Ärmel fest.

»Es gibt noch ein paar Fragen, die den Tod des alten Abtes
betreffen«, flüsterte er dem widerstrebenden ten Haeve zu.
Der versicherte sich mit einem schnellen Blick, daß niemand etwas mitbekommen hatte.

»Leise, Pater. Nun gut, kommt mit auf meine Zelle.« Zufrieden folgte van der Beeck ihm die Stufen zu seiner Zelle hinauf.

»Also? Pater van der Beeck, was gibt es über Athanasius'
Tod noch zu sprechen?«

»Es gibt zwei unbeantwortete Fragen, ten Haeve. Es wäre
möglich, daß Athanasius nicht eines natürlichen Todes
gestorben ist.« Der Cellerer schwieg einen Moment und
beobachtete ten Haeves Reaktion. Doch dieser schien nur
einem leichten Erstaunen Ausdruck zu geben. »Er hatte

getrunken. Er hatte viel getrunken. Wie aber hat er das tun können? Wie kam der Abt an eine Flasche, die einen Tag vor seinem Tod, als ich für den Abt das Siegel suchen mußte, noch nicht in seinem Schrank stand? Habt Ihr darauf eine Antwort?«

»Was wollt Ihr damit sagen?« fragte ten Haeve mit gut gespielter Gleichgültigkeit.

Van der Beeck blickte ihn mißtrauisch an.

»Ihr meint doch nicht etwa Mord, Pater? Das ist doch absurd.«

Van der Beeck ließ sich auf einem Stuhl nieder. »Also noch einmal, ten Haeve: Wie kam Athanasius an die Flasche? Wer hat ihm beim Trinken geholfen? Er konnte nicht selbst trinken. Ganz davon abgesehen, daß er sie ja unmöglich selber wieder in den Schrank hätte zurückstellen können. Es sind immerhin sieben Schritte bis zum Schrank. Sein Mörder kannte seine schwache Seite. Er hat ihm eine Flasche geholt, ihm das Zeug eingeflößt und die Flasche nachher wieder in den Schrank zurückgestellt.«

»Eine interessante Überlegung«, sagte ten Haeve.

»Und Euch durchaus nicht neu. Als Ihr die Flasche im Schrank gesehen habt, war Euch die Todesursache doch klar, oder?«

»Und? Habt Ihr eine Idee, wer ihm die Flasche gebracht hat?« fragte ten Haeve nach einer langen Pause. Van der Beeck lächelte siegessicher.

»Es gibt eigentlich nur drei Brüder, die außer dem Abt Zugang zur Kellerei haben. Der Braumeister, ich und Ihr selbst. Ich hole den Schnaps manchmal, wenn Laurenz etwas zur Verfeinerung des Essens benötigt, aber da es in letzter Zeit wenig Gelegenheiten gab, etwas zu verfeinern, habe ich auch keinen Schnaps besorgen müssen. Es bleiben also nur der Braumeister und Ihr übrig.«

»Habt Ihr den Braumeister schon gefragt?«

»Ja, er behauptet, er habe dem Abt keine Flasche gebracht.

Seit der Medicus Athanasius den Alkohol verbot und der Alte den Alkoholverzicht zu einer neuen Askeseübung für das ganze Kloster ausrief, hat überhaupt nur eine Person eine Flasche Kräuterschnaps aus den Kellern verlangt.« Van der Beeck machte eine Kunstpause. »Und das wart Ihr, ten Haeve.« Der Cellerer suchte den Blick des Abtes. »Ihr habt am Morgen seines Todestages eine Flasche Schnaps verlangt.« Ten Haeve wurde bleich. Er klammerte sich an seinen letzten Halt.

»Das will ich auch gar nicht bestreiten. Aber was wollt Ihr damit andeuten? Doch wohl nicht, daß ich Athanasius umgebracht habe? Woher wißt Ihr denn, daß es eine neue Flasche gewesen ist? Es könnte sich genausogut um eine Flasche handeln, die ein Bruder bereits seit längerer Zeit in seiner Zelle aufbewahrt hatte.«

»Das ist natürlich richtig«, gab van der Beeck widerwillig zu. Ten Haeve atmete erleichtert auf. Er spürte, daß der Cellerer nicht zufrieden war, aber er wußte jetzt, daß er keine Beweise gegen ihn in der Hand hatte.

»Eure Anregungen werde ich sorgfältig überdenken, van der Beeck. Gut, daß Ihr mit Euren Befürchtungen zu mir gekommen seid. Ich werde selbst nochmals mit dem Braumeister sprechen, ob er sich nicht erinnern kann, wer in den letzten… sagen wir zwei Monaten eine Flasche Kräuterschnaps von ihm erbeten hat. Alle neuen Erkenntnisse werde ich Euch selbstverständlich mitteilen. Und, van der Beeck, kein Wort davon zu irgend jemandem. Es würde dem Ruf unseres Klosters schweren Schaden zufügen, wenn sich ein solcher Verdacht herumspräche. Die Preußen würden herumschnüffeln und uns unter Druck setzen.«

»Natürlich, Abt«, wehrte van der Beeck ab. »Von mir erfährt niemand ein Sterbenswörtchen. Aber«, er wiegte den Kopf, »selbstverständlich muß die Wahrheit ans Tageslicht gebracht werden. Ihr stimmt mir doch zu?«

So einfach kommst du mir nicht davon, mein Lieber, warte.

»Abt, ich bin so durchgefroren. Ihr habt doch noch diese Flasche. Was haltet Ihr davon, mir einen kleinen Schnaps anzubieten?« Ten Haeve strauchelte, als er von seinem Stuhl aufstand und zögernd zum Schrank ging. Er suchte fieberhaft nach einer Ausrede.

»Ihr wollt jetzt etwas trinken?«

»Ja, warum nicht? Wir haben...«

Da klopfte es.

»Abt ten Haeve, kommt bitte ins Empfangszimmer. Der preußische Gesandte will sich verabschieden.«

»Ihr seht, Pater«, ten Haeve drehte sich schnell von seinem Schrank weg, »daß das nicht der richtige Zeitpunkt ist. Wir sehen uns zur Komplet.«

Enttäuscht erhob sich van der Beeck und verließ die Zelle durch die Tür, die ten Haeve ihm aufhielt. Fast hätte er Gewißheit in diesem Punkt gehabt. Zu dumm, daß er sich nicht davon überzeugen konnte, ob ten Haeve die Flasche noch besaß. Auf alle Fälle hatte er ihm ordentlich zugesetzt, und er hatte etwas mit dieser Sache zu tun. Es konnte sich von Vorteil erweisen, den Abt ein wenig in der Hand zu haben. Er hatte deutlich gespürt, daß ten Haeve Angst vor ihm hatte. Ein erhebendes Gefühl von Macht durchströmte ihn. Das war doch etwas anderes, als bloß das Gesinde herumzuscheuchen. Als nächstes würde er sich Philip von Daum vorknöpfen. Der war im Morgengrauen in der Nähe der Prälatur herumgeschlichen, wo er eigentlich nichts zu suchen hatte. Unverzüglich machte sich van der Beeck auf die Suche nach seinem nächsten Opfer.

* * *

»Ah, hier seid Ihr, Bruder von Daum, mein junger Freund«, rief van der Beeck mit seinem strahlendsten Lächeln. »Wie ich sehe, habt Ihr alle Hände voll zu tun, wartet, ich helfe Euch.« Er griff nach einem Federmesser. Er hatte den Novizen in der Bibliothek aufgespürt, wo er dabei war, ein Verzeichnis der Bücher zu erstellen. Von Daum hockte zusammengesunken auf einem Schemel und schnitt gerade einen Federkiel. In seiner üblichen, etwas unwirschen Art begrüßte er den Cellerer: »Gott zum Gruß, Bruder. Danke, ich kann das viel besser allein«, und nahm van der Beeck das Federmesser wieder aus der Hand.

Van der Beeck beschloß, diesem ungehobelten Burschen keine Schonfrist zu gönnen. »Es wird sich vieles ändern hier im Kloster, jetzt, wo Athanasius von uns gegangen ist.«

»Gewiß«, erwiderte von Daum gelangweilt.

»Für manchen ist die Lage der Dinge jetzt weit günstiger und angenehmer geworden, nicht wahr?«

Van der Beeck trat ganz dicht an den Jungen heran und wies mit seinem dicken Zeigefinger auf dessen Brust. »Für Euch zum Beispiel.«

Erschrocken wich von Daum zurück. »Was soll das heißen?«

»Abt Athanasius war Euch nicht gerade wohlgesonnen. Er hat Euch oft außerordentlich schlecht behandelt – unwürdig geradezu, hat Euch zum Gespött gemacht, der Lächerlichkeit preisgegeben und einem üblen Verdacht ausgesetzt. Da kann ein junger Mann schon aus der Haut fahren, das kann ihn zur Verzweiflung treiben. Und wer weiß, wozu so einer dann fähig ist?«

Er sah von Daum drohend an. Dieser war bleich geworden. Ängstlich brachte er hervor: »Ich weiß nicht, was Ihr da redet. Was wollt Ihr von mir? Athanasius ist tot und begraben, es war doch nichts – Seltsames an seinem Tod. Er war ein uralter Mann.«

Van der Beeck ließ ihn nicht aus den Augen. »Seltsam ist nur, daß Ihr in der Nacht seines Todes in der Nähe der Prälatur herumgeschlichen seid.«

»Das war schon am Morgen, ich war auf dem Weg, die Glocke zu läuten.«

»Ach ja? Und dazu habt Ihr den Umweg über den Westflügel in Kauf genommen? Und auch noch ein Bündel mit Euch herumgeschleppt?«

Fassungslos starrte von Daum ihn an. »Woher wißt Ihr das?« flüsterte er.

»Aha! Es stimmt also«, rief van der Beeck triumphierend. »Ihr wart es wirklich, den Laurenz gesehen hat. Er war sich nicht ganz sicher. Ihr habt Athanasius also auf dem Gewissen, Ihr habt ihm also die Flasche Schnaps...«

»Nein, nein, bestimmt nicht. Welche Flasche überhaupt?«, wehrte der Novize entsetzt ab. »Es war ganz anders, als Ihr denkt. Ja, es ist wahr, ich wollte ihn erschrecken, es ihm einmal heimzahlen, weil er mich immer schikaniert hat.« Von Daum stieg die Röte in die Wangen. »Es sollte nur ein Schabernak sein! Im Fundus, den Heinrich Kannegießer mitgebracht hat, habe ich ein Totentanzkostüm entdeckt. So einen schwarzen Umhang, auf den ein Gerippe gemalt war. Den wollte ich überstreifen und mich Athanasius damit zeigen.«

»Ihr wolltet ihn zu Tode erschrecken«, setzte van der Beeck nach. Gar nicht so dumm. Vor nichts hatte der Alte mehr Respekt als vor dem Sensemann.

»Aber in Wirklichkeit war ich es, der vor Angst fast gestorben ist.« Der Novize sah van der Beeck flehend an. »Glaubt mir. Ich öffnete die Tür. Auf das Bett fiel das Licht des Mondes, und er lag da, bleich, den Kopf nach hinten gebogen, die Augen weit aufgerissen. Er war bereits tot. Mir war, als hätte er auf mich gewartet. Er sah mich noch im Tod an.« Den Jungen überlief ein Schauder bei der Erinnerung.

Van der Beeck betrachtete sein Gegenüber mißtrauisch. Wußte er wirklich nichts von der Flasche?

»Ich war jedenfalls nicht der einzige, der einen Grund gehabt hätte, ihn umzubringen. Ihr hättet nur mal hören sollen, wie er sich noch am Tag vorher mit Heinrich Kannegießer gestritten hat.«

Van der Beeck wurde hellhörig. »Und worum ging es in dem Streit?«

»Oh, das weiß ich auch nicht. Ich hab' nur zufällig mitbekommen, daß Heinrich Kannegießer sich fürchterlich erregte und sehr laut wurde. Er brüllte unverständliches Zeug: ›Die Geschichte wird über Euch hinwegschreiten, und ich werde ihr Werkzeug sein‹ und ›Von Euresgleichen wird nichts mehr übrigbleiben‹. Lauter solche Sachen. Er war sehr aufgebracht und lief dann aus dem Raum. Er hat die Tür mit großem Krach zugeschlagen. Und Athanasius hörte ich hämisch kichern.«

Der Schauspieler? Van der Beeck konnte sich nicht vorstellen, daß Kannegießer, der sonst höchstens in Theaterblut schwelgte, zu so einer Tat fähig war. Andererseits, man konnte nie wissen. Er würde sicherheitshalber nachfragen. Wer weiß, was er noch entdecken würde. Langsam bekam er Freude daran, andere Menschen zu peinigen.

»Seid auf der Hut. Ich werde Euch in Zukunft genau beobachten!« sagte er noch drohend zu dem jungen Novizen und machte sich auf den Weg. Mit bitterer Miene sah von Daum ihm nach. Es schien, daß mit Athanasius' Tod noch längst nicht alle seine Probleme gelöst waren!

* * *

Es war nicht schwer gewesen, einen Vorwand für das Verlassen des Klosters zu finden. Ein Ausflug nach Duisburg war bestens gerechtfertigt durch die Notwendigkeit, Vorräte zu besorgen. Mühsam quälte sich van der Beeck die engen Stiegen des ärmlichen Hauses hinauf. Hier also logierte der Herr Schauspieler! Van der Beeck schnaufte verächtlich. Die Stufen waren so alt und abgetreten, daß man fast rückwärts wieder runterrutschte. Er klammerte sich an das Geländer, das auch nicht sehr vertrauenerweckend wirkte. Sein Blick glitt über die Wände, von denen der Putz blätterte, und über einzelne feuchte Stellen, in denen der Schimmel blühte. Es riecht nach Sauerkraut, dachte er und rümpfte die Nase. Aha, das war die Tür, die er suchte: »Heinrich Kannegießer« stand mit Kreide auf die Tür geschrieben. Er klopfte. Er war neugierig auf das Ergebnis dieses Besuches. Bisher konnte er mit sich zufrieden sein. Im Kloster fürchtete man ihn. Das hatten die letzten Tage deutlich gezeigt. Ten Haeve ging ihm möglichst aus dem Weg, mied es vor allem, mit ihm allein zu sein. Von Daum huschte aufgeschreckt weg, wenn er ihn nur von weitem sah. Er mußte jetzt seine Trümpfe nur gut ausspielen. Während er noch überlegte, wie er seinen Nutzen aus all dem ziehen sollte, wurde die Tür einen Spalt geöffnet. Mißtrauisch starrte eine ältere Frau den unerwarteten Besucher an. Eine überraschend elegante Leinenhaube schwebte über den wohlfrisierten, gepuderten Haaren. Wahrscheinlich die Hausfrau, vermutete van der Beeck.

»Gott zum Gruße, gute Frau. Ich komme aus dem Hamborner Prämonstratenserkloster und möchte Herrn Kannegießer sprechen.«

»Oh, Pater, Gott zum Gruß«, erwiderte die Frau nun freundlicher, »Ihr wollt zu meinem Mann? Kommt nur herein. Er wird sich freuen. Liebster«, rief sie, während sie den Pater in die Wohnstube führte, »es ist Besuch für dich!« Das Kosewort wirkte aus diesem ältlichen, von einem Gespinst feiner Fältchen umrahmten Mund etwas seltsam. Aber es schien ganz dem zärtlichen Umgangston der Eheleute zu entsprechen.

»Liebes Herz«, rief Heinrich Kannegießer, als er ins Zimmer trat und van der Beeck gewahrte, »darf ich Dir den ehrwürdigen Pater van der Beeck vorstellen, der mit seinen wohlschmeckenden Speisen dafür gesorgt hat, daß wir Leib und Seele zusammenhalten konnten. Und glaube mir, er hat – angesichts der traurigen Lage der Speisekammer – Großes geleistet!« Verschmitzt zwinkerte er van der Beeck zu, während er sich anmutig verbeugte. »Aber zunächst seid herzlichst gegrüßt. Setzt Euch doch.« Er führte van der Beeck zu dem runden Tisch, der in der Mitte des Wohnzimmers stand, und bot ihm einen der wackeligen Stühle mit zerschlissenen Polstern an. »Louise, Beste, bring doch einen Kaffee für unseren Gast!«

Kannegießers Frau brachte auf einem Tablett zwei Tassen dampfenden Kaffees und verschwand sofort wieder in der Küche. Van der Beeck sah ihr anerkennend nach. Eine einnehmende Erscheinung – trotz ihres Alters. Früher mochte sie sehr hübsch gewesen sein. Kein Wunder, daß Kannegießer sie anbetet, überlegte er flüchtig.

Van der Beeck wandte seine Aufmerksamkeit wieder dem Kaffee zu. Er wartete mit seiner Attacke noch so lange, bis er das braune exotische Getränk genüßlich zu Ende geschlürft hatte. Vorsichtig stellte er die an den Rändern bereits abgeschlagene Porzellantasse wieder auf den Tisch. »Nun, mein lieber Heinrich Kannegießer, zu dem Zweck meines Besuches. Ich interessiere mich für gewisse Vorgänge im Kloster, die mit dem Tod unseres Abtes zusammenhängen. Wie ich hörte, habt Ihr kurz vor seinem Tod mit dem Verstorbenen ein schweres Zerwürfnis gehabt. Ich würde gerne wissen, was es damit auf sich hatte.«

Van der Beeck beobachtete scharf die Wirkung seiner Worte, doch Heinrich Kannegießer zeigte keinerlei Verunsicherung: »Und wer behauptet das?«

»Einer meiner Mitbrüder hat Euch zufällig belauscht. Harte Worte seien dabei gefallen, ja drohende Worte sogar, vor allem aus Eurem Mund.«

»Es ist wahr«, räumte Kannegießer nach einer kleinen Pause ein, »mag sein, daß es nach einer großen Auseinandersetzung geklungen hat. Ich war in der Tat sehr wütend und aufgebracht.« Er lächelte. »Aber ich versichere Euch, wenn Ihr erfahrt, worum es ging, würdet Ihr dem keine große Bedeutung zumessen.« Er trank noch den letzten

Schluck Kaffee aus seiner Tasse, bevor er mit seiner näselnden Stimme fortfuhr: »Ich weiß nicht, wie weit Ihr mir darin überhaupt folgen könnt, aber es ging in unserem Disput um große geistige Dinge, die Kunst, die Philosophie und die Theologie. Euer Abt war – *de mortuis nil nisi bene* – aber er war, mit Verlaub, äußerst rückständig und traditionell. Ihm ging der Sinn für die schönen Künste, das Schöne überhaupt, gänzlich ab. Kunst sei nichts als die Dienerin der Religion, wie er sich ausdrückte. Am liebsten hätte er alles Neue, das geniale Schöpfer hervorgebracht haben, der Zensur ausgeliefert, verbieten und verbrennen lassen. Ha! Finsterstes Mittelalter. Inquisition!« Kannegießer war aufgesprungen und lief theatralisch im Zimmer auf und ab. »Die Poesie eines Gleim, eines Hagedorn, ja sogar eines Lessing, das alles hielt er für Teufelszeug, Auswurf von Häretikern. Shakespeare sah er als einen Gotteslästerer an, weil er nicht katholisch war.«

Van der Beeck konnte sich lebhaft vorstellen, daß solche Äußerungen Heinrich Kannegießer bis aufs Blut gereizt hatten.

»Natürlich bin ich ihm die Antwort nicht schuldig geblieben. Ich machte ihm klar, daß das Genie sich durch Regeln und Tradition nicht fesseln läßt. Und auch der Glaube braucht keine Priester. Es ist eine Sache des Herzens. ›Protestant‹ und ›Spion der Preußen‹ schrie er mir entgegen. Diese verdorrte alte Seele, dieser unbewegliche Klotz. Der Prozeß der Geschichte wird über alles Starre hinwegrollen, sagt Herder. Menschen wie ich, Künstler, Genies, sind Herolde dieser unaufhaltsamen Entwicklung.« Heinrich Kannegießer ließ sich wieder am Tisch nieder.

»Und macht es Euch zufrieden, daß die Geschichte nun tatsächlich über Athanasius hinweggerollt ist?« fragte van der Beeck und blickte aufmerksam auf den erregten Schauspieler.

Dessen Gesicht wirkte mit einem Mal fahl und eingefallen.

»Der Tod ist immer etwas Fürchterliches. Wer kann sich darüber freuen?« sagte er leise. »Glaubt Ihr etwa, ich würde
jemandem den Tod wünschen, nur weil er eine andere Meinung über Shakespeare hat?«

In diesem Augenblick betrat Louise wieder den Raum.
»Kann ich noch etwas Kaffee bringen?«

Kannegießers Gesicht hellte sich beim Anblick seiner Frau
wieder auf. Fragend blickte er seinen Gast an. Van der
Beeck lehnte dankend ab und ergriff die Gelegenheit, sich
von den zärtlichen Eheleuten zu verabschieden. Er hatte
erfahren, was er wissen wollte. Jetzt brauchte er Muße, um
alles genau zu durchdenken.

Von der treuherzigen Frage Kannegießers ließ er sich jedenfalls nicht so leicht täuschen. Wer wußte schon, ob der
Schauspieler nicht tief in seinem Herzen ein Fanatiker war,
der den Alten umgebracht hatte, weil er sein Idol beschimpft
hatte? Vielleicht gehörte er gar zu einer Freimaurerloge, in
deren Auftrag er den traditionsverhafteten Abt beseitigt
hatte? Vielleicht war Duisburg das Zentrum einer politischen Verschwörung? Und ten Haeve war möglicherweise
auch darin verwickelt! Auf seinem Weg über das Katzen-
kopfpflaster zur Kutsche, stapfend durch Schlamm und
Kot, formte sich in seinem Kopf eine Vision: Er selbst, gefeiert als Enthüller eines Anschlags gegen das Mönchtum.

* * *

Im Winterrefektorium hatten sich die Pater an drei gewaltigen Eichentischen zum Essen versammelt. In monotonem
Singsang las der Lektor Passagen aus dem Lob der Jung-
fräulichkeit des Ambrosius vor. Trotz der Wärme, die der
hohe Kachelofen verbreitete, herrschte eine unangenehme
Atmosphäre. An einem trüben und diesigen Tag wie diesem
drückte die Luft auf den Kamin, und der Rauch konnte
schlecht abziehen. Ab und zu zogen beißende Schwaden
durch den Raum.

Ten Haeve verzog angewidert das Gesicht. Ein scheußlicher Geruch. Wahrscheinlich war das Holz noch feucht gewesen und brannte nicht richtig. Er stocherte auf seinem Teller herum: weiße Bohnen mit Speck. Van der Beecks Gerichte hatten zur Zeit nichts Verlockendes für ihn. Warum konnte der ihn nicht in Ruhe lassen? Auf Dauer würde er ihm nicht ausweichen können. Ten Haeve warf van der Beeck einen finsteren Blick quer über den Tisch zu. Da saß dieser fette und lästige Kerl und schlug sich den Bauch voll. Wenn er sich nur daran erinnern könnte, was in jener Nacht geschehen war. Wenn er Gewißheit hätte, so oder so, dann würde ihm schon etwas einfallen, womit er den Cellerer zum Schweigen bringen könnte. Aber diese quälende Ungewißheit lähmte seine Entschlossenheit und Tatkraft. So konnte es jedenfalls nicht weitergehen. Zunehmend reagierte er zögerlich und unsicher. Den dringenden Geschäften des Klosters fühlte er sich in keiner Weise gewachsen. Versuch dich zu konzentrieren! befahl er sich. Wenn er nur wüßte… Gedankenverloren spießte er eine Bohne auf.

Van der Beeck war der feindselige Blick des neuen Abtes nicht entgangen. Es war allerdings eher die Hitze in seinem Rücken, die ihm den Schweiß auf die Stirn trieb. Oder war es das Essen? Es schmeckte ihm ausgezeichnet. Seit ihm niemand mehr mit törichten Anordnungen ins Handwerk pfuschte, füllte sich die Speisekammer durch sein geschicktes Wirtschaften allmählich wieder. Ein Schauer überlief ihn. Von hinten wird man hier gebraten, und vorne holt man sich Frostbeulen, weil es durch die Türe zieht, dachte er ärgerlich und rieb die eiskalten Waden aneinander. Den Abt plagte offenbar das schlechte Gewissen. Was genau dahinter steckte, würde sich schon noch zeigen. Die Erwähnung des Kräuterschnapses brachte ihn jedenfalls sofort aus der Fassung. Und da war noch jemand, der bei seiner bloßen Erscheinung das Gleichgewicht verlor: von Daum. Er beobachtete, wie der Junge wild auf einem Stück Speck herumkaute. In diesem Moment hob von Daum den Kopf. In seinen Augen stand der blanke Haß. Am liebsten würde er mich wohl zwischen seinen Zähnen zermalmen, dachte van der Beeck belustigt. Da konnte man ja Angst bekommen.

Van der Beeck fiel ein, daß der neue Abt noch diesen Nachmittag nach Huckingen fahren würde. Er sollte Pfarrer Haimon vertreten, den die Schwindsucht nun wohl endgültig aufs Krankenlager geworfen hatte. Vielleicht sollte er ihn vorher noch abpassen und um ein Gespräch unter vier Augen bitten? Vielleicht könnte er ja auch die Gelegenheit nutzen und die Zelle ten Haeves einmal gründlich inspizieren? Wenn er die Flasche fand... dann hatte er ihn eben zu Unrecht verdächtigt, aber wenn nicht, dann wüßte er endlich, was ten Haeve schlaflose Nächte bereitete. Dann war es seine Flasche gewesen. Aber warum hatte er sich erschreckt? Vielleicht hatten sie ihn gemeinsam umgebracht. Von Daum sollte den Plan vollenden, doch hatte er den Kopf verloren und die Flasche im Schrank gelassen. Von Daum verehrte ten Haeve schließlich seit jeher. Van der Beecks Augen glänzten, als er ein großes Stück aus dem Brotlaib brach und in den Mund schob.

* * *

Es war Abend geworden über Huckingen. Unruhig saß ten Haeve auf seinem Bänkchen im Beichtstuhl von St. Peter und Paul und hoffte, daß er diesen unbequemen Ort bald verlassen konnte. Die Kälte kroch unter der Soutane seine Beine hoch und hatte seine Füße bereits in fühllose Klumpen verwandelt. Vollständige Dunkelheit umfing ten Haeve. Einzig das Sprechgitter des Beichtstuhls schimmerte von Zeit zu Zeit als helles, von schwarzen Streifen durchzogenes Quadrat vor ihm auf, angeleuchtet von ein paar kümmerlichen Kerzen, die in der Kirche angezündet waren. Die Schwindsucht des Dorfpfarrers von Huckingen hatte ten

Haeve in diesen Beichtstuhl gebracht. Da heute die letzte Gelegenheit für die Gemeinde war, vor Weihnachten zur Beichte zu gehen, hatte der Sprengel das Kloster gebeten, eine Vertretung zu schicken. Ten Haeve hätte einen Mitbruder mit dieser Aufgabe betrauen können, aber er nahm den Hilferuf zum Anlaß, für einen Tag das Kloster verlassen zu können, um noch einmal über alles ruhig nachdenken zu können. Wenn er diese Pflicht erfüllt hatte, mußte er wieder ins Kloster zurückkehren, um die Aufgaben zu erledigen, die ihm als Abt nun zufielen. Vor allem mußte er seine Scheu überwinden, die Gemächer Athanasius' zu beziehen. Er hatte sich bisher noch nicht getraut, die Möbel des alten Abtes ausräumen zu lassen und durch seine eigenen zu ersetzen. Ihn schauderte bei dem Gedanken, in dem Raum zu schlafen, in dem Athanasius seinen letzten Atemzug getan hatte.

Zögernde Schritte auf den kalten Steinen erlösten ihn aus seinem Grübeln. Noch jemand, der sein Gewissen erleichtern wollte. Was mochten es diesmal für Sünden sein? Unzüchtige Gedanken? Drei Ave Maria. Gotteslästerliche Reden? Drei Ave Maria. Eine Lüge, mit der man seine Frau beschwichtigt hat? Einmal den Rosenkranz beten. Vielleicht ein kleiner Diebstahl der Nachbarsäpfel? Da müßte dann schon härter durchgegriffen werden: also vielleicht einen Tag fasten und fünf Ave Maria. Die Holztür des Beichtstuhls knarrte leise, und der reuige Sünder ließ sich ächzend auf die Knie nieder. Durch das Sprechgitter ließ sich nichts erkennen. Na wenn schon. Ihn interessierte auch nicht, wer es war. »Im Namen des Vaters, des Sohnes und des Heiligen Geistes. Gott, der unser Herz erleuchtet...« Ten Haeve verfiel wieder ins Grübeln. Er dachte an die Papiere, Urkunden, Verträge und alles andere, das er aus dem Schreibtisch Athanasius' holen und gründlich studieren mußte. Die Erinnerung an den Alten und an seine letzten Stunden würde sich so immer wieder erneuern. Er mußte sich davon befreien.

Plötzlich fiel ihm auf, daß sein Gegenüber noch gar nichts gesagt hatte. Nanu? Was dachte der sich denn? Er saß hier doch nicht einfach so herum. »Nun, willst du nicht sprechen? Dazu bist du doch wohl gekommen, oder?« Er vernahm ein Räuspern und dann ein kaum zu verstehendes Wispern.

»Sprich lauter, mein Sohn. Hier hören dich nur Gott und ich. Wir sollten doch wenigstens verstehen, was du sagst.«

»Pater«, kam es nun deutlicher, »Pater, ich habe gesündigt. Ich habe ein furchtbares Verbrechen begangen.« Ten Haeve hörte eine Weile nichts mehr, doch sein Interesse war erwacht.

»Sprich weiter, mein Sohn, der Herr...«

»Ich weiß nicht, ob der Herr mir vergeben wird«, unterbrach ihn der Mann auf der anderen Seite des Gitters mit dumpfer Stimme, »aber er hat auch nichts getan, um mich zurückzuhalten. Im Gegenteil: Meine Tat erschien mir wie eine Eingebung. Es war der einzige Weg, die richtige Lösung. Und...«, fügte er trotzig hinzu, »selbst wenn ich in der Hölle schmoren muß: Ich weiß doch, daß ich das Richtige getan habe!«

»Hör zu«, sagte ten Haeve ärgerlich, »zur Beichte hat nur der ein Recht, der reuig seine Sünden bekennen will. Gnade und Verzeihung kann nur der erwarten, der sich seiner Schuld und Fehlbarkeit bewußt ist. Wenn du keinen Funken von schlechtem Gewissen zeigst, solltest du besser gleich wieder gehen.«

»Nein, bitte«, kam es erschrocken von nebenan. »Schickt mich nicht weg. Ihr habt ja recht. Ich fühle meine Schuld wie ein glühendes Eisen, das meine Seele zusammenkneift. Pater, ich bekenne. Ich habe... Laßt es mich ausführlich erklären.«

»Gut, mein Sohn, fang an.«

»Ihr müßt wissen: Ich habe es nicht für mich getan«, sagte der Sünder mit unsicherer Stimme. »Es ging nicht um mich und um mein Wohl. Ich habe es für meine liebe Frau getan.

Ihr hatte ich zu unserer Hochzeit ein reiches und glanzvolles Leben versprochen.« Er holte tief Luft und stieß hervor: »Ja, reich wurde es dann auch. Reich an Sorgen und Elend. Wie ich mich auch buckelte und anbiederte bei den hohen Herren, am Ende bekam ich nur einen Tritt in den Hintern und ein paar Dukaten, und die fraßen dann noch die Steuern auf. Meine Frau litt unter unserer Armut, und obwohl ihre Schönheit keines künstlichen Putzes bedurfte, quälte sie tagein, tagaus das Verlangen nach Schmuck und schönen Kleidern. Sie war besessen von diesem Wunsch.«

Ten Haeve spürte, wie die Erinnerung an diese Episode seines Lebens den Beichtenden quälte. Aber warum erzählte er ihm das alles? »Dann geschah das Unglück. Meine Frau war zur Aushilfe bei einer Putzmacherin in Dienst. Sie trug die fertigen Hüte und Kleider zu den Damen und half bei der Anprobe. Bei einer dieser Anproben… nun, da stahl sie eine äußerst wertvolle Brosche. Es war der große Diebstahl zu Köln, von dem vielleicht sogar Ihr etwas gehört habt.«

»Ja, ich kann mich erinnern. Aber was hat das mit deinen Sünden zu tun, mein Sohn?«

»Ich erwischte sie dabei, wie sie vor dem Spiegel stand und sich damit bewunderte. Die Unselige! Ich wurde halb wahnsinnig vor Angst, daß man sie überführen und einsperren würde, vielleicht sogar noch Schlimmeres. Ich drängte sie dazu, zur Beichte zu gehen, um wenigstens ihr Gewissen vor Gott zu erleichtern. Der Beichtvater versuchte zwar, sie dazu zu bewegen, sich zu stellen, aber dazu konnten wir uns nicht durchringen. Wir waren schließlich froh, daß man meiner Frau bei der Untersuchung des Diebstahls nie auf die Spur kam.«

»Das ist alles schlimm genug«, sagte ten Haeve, »aber das sind die Sünden deiner Frau. Wenn sie der Beichtvater von ihren Sünden losgesprochen hat, hat ihr auch Gott diese Sünde verziehen. Was hast du damit zu tun?«

»Geduldet Euch noch ein wenig, Pater«, flüsterte der Mann

auf der anderen Seite des Sprechgitters mit belegter Stimme. »Fast dreißig Jahre lang hatten wir die Sache vergessen. Unangenehme Dinge vergißt der Mensch ja gerne. Doch dann, vor vier Wochen, begegnete ich dem Mann wieder, der damals meiner Frau die Beichte abgenommen hatte.«

»Aber wovor hast du dich denn gefürchtet? Das Beichtgeheimnis verschließt jedem Priester den Mund, niemals würde er etwas ausgeplaudert haben!«

»Das habe ich auch gedacht. Aber in diesem Fall standen die Dinge anders. Sein Gedächtnis ließ ihn im Stich. Er war bereits im letzten Akt seines Lebens, im Stadium der zweiten Kindheit. Ohne Augen, ohne Zähne. Nur noch Vergessen und nur noch Wollen.« Ten Haeve schwieg betroffen. Dieses Problem kam ihm bekannt vor.

»Er war außerdem ein richtig böser Mann geworden. Er hatte mich zu sich bestellt. An meine Frau konnte er sich nämlich sehr gut erinnern. Sie sei hübsch, sagte er. Auch an ihre Vorliebe, wie er sagte, für schönen Schmuck. Er wurde sehr deutlich. Er erpreßte mich. Ihr wißt, daß mit Dieben in Köln kurzer Prozeß gemacht wird.«

»Aber das Beichtgeheimnis…?« fragte ten Haeve.

»Gerade das hatte er leider vergessen. Er stritt es ab. Ich wolle ihn bloß zum Schweigen bringen, warf er mir vor. Ich wolle seine Vergeßlichkeit ausnutzen, aber damit käme ich bei ihm nicht weit. Von nun an bestellte er mich jeden Abend zu sich. Er hatte Freude daran, mich zu quälen und zu demütigen. Ich mußte mit ihm über meine Frau sprechen, über meine Arbeit, und er duldete keinen Widerspruch. Immer wieder drohte er, mich und meine Frau an die Behörden zu verraten. Es war die Hölle. Ich hatte Angst, und ich haßte ihn.«

Ten Haeve hörte, wie der Mann auf der anderen Seite des Sprechgitters anfing zu schluchzen. Eine kurze Pause entstand. Sein Gegenüber sammelte sich.

»Pater, ich habe ihn getötet.«

Ten Haeve hatte mehr als einmal an seine Gespräche mit Athanasius gedacht. Er wußte, was sein Gegenüber durchgemacht hatte und lauschte gebannt, wenn auch mit zunehmendem Unbehagen, auf die Fortsetzung der Beichte.

»Eines Abends hatte er sich eine neue Demütigung ausgedacht. Er wollte mit mir auf die Ereignisse anstoßen, die uns zusammengeführt hatten. Ich sollte auf meine eigene mißliche Situation trinken und zu diesem Zweck eine Flasche Kräuterlikör aus seinem Schrank holen. Ein boshafter Mensch.«

Athanasius! Es fiel ten Haeve wie Schuppen von den Augen. Sein ungutes Gefühl hatte ihn nicht getäuscht. Dieser Mann war der Mörder von Athanasius! Aber wer war er? Und wie hatte er Zugang zu Athanasius gefunden?

»Ich war außer mir. Ich wußte, daß der Alte keinen Schnaps trinken durfte. Aber ich schenkte ihm ein. Einmal, zweimal und noch einmal und noch einmal. Ich flößte ihm fast die ganze Flasche ein.«

Tatsächlich..., dachte ten Haeve.

»Dann stellte ich sie zurück in den Schrank und verließ den Raum.« Der Mann hielt inne.

In ten Haeves Kopf überschlugen sich die Gedanken. Ihm gegenüber saß der Mörder. Er selbst war also unschuldig. Aber hatte nicht er das Mordwerkzeug bereitgestellt? War es nicht auch seine Tat?

»Ich hatte keine Wahl. Ich konnte doch nicht zulassen, daß er meine Liebste in den Kerker brachte«, brach es verzweifelt aus dem Mann hervor. »Sie ist der strahlende Stern in meinem Leben, mein Trost und meine einzige Freude.«

Dann vernahm ten Haeve nur noch leises Schluchzen. Der Tumult in seinem Kopf legte sich allmählich. Wenn man es recht bedachte: Dieser bedauernswerte Mann hatte aus Not und Liebe gemordet. Die Gier und die Gemeinheit des Abtes hatten ihn zum Äußersten getrieben. Er verstand ihn. Ihm mußte vergeben werden.

»Keiner von uns ist ohne Schuld«, flüsterte ten Haeve mit heiserer Stimme seinem Gegenüber zu. »Die Versuchung des Bösen bedrängt uns von allen Seiten. Manchmal sind wir zu schwach zu widerstehen. Angst und Liebe haben dich schwach gemacht. Wir alle werden geprüft, und nicht jede Prüfung können wir bestehen.« Voller Inbrunst sprach ten Haeve die Worte jener Formel, mit der jede Sünde getilgt wurde: »Ich spreche dich von deinen Sünden los. *Ego te absolvo. In nomine patris et filii et spiritus sancti.*«

Der Mann weinte immer noch, doch ten Haeve fühlte sich leicht und frei. Der Mörder hatte sich ihm unter dem Siegel des Beichtgeheimnisses anvertraut. Jetzt mußte er in dieser Sache für immer schweigen. Er würde dafür sorgen, daß auch van der Beeck das verstehen würde.

Stockend kam es jetzt von der anderen Seite des Gitters: »Man is a giddy thing, der Mensch ist ein schwindlig Wesen, wie Shakespeare sagt.«

Shakespeare! Ten Haeve stutzte einen Augenblick. Dann nickte er und lehnte sich zurück.

Wolfgang Thon

DAS GEHEIMNIS DES KLOSTERS

Das ist es! Endlich! Der Reiter zügelte sein Maultier auf der kleinen Anhöhe, schob die Kapuze seines schlichten, braunen Umhangs zurück und rückte den gut sichtbaren Sack mit der Laute auf dem Rücken zurecht. Jeder, der ihn sah, erkannte sofort, was dieser zierliche Junge war: ein fahrender Sänger. Bis jetzt hatte diese Verkleidung gut funktioniert. Nun aber kam es darauf an. Er war am Ziel der Reise. Hoffentlich.

Das Kloster thronte vor dem Sänger auf einem Tafelberg und überblickte majestätisch das breite Tal an der Grenze zwischen Altkastilien und Galicien. Vermutlich konnte man von dort bei klarem Wetter sogar das Meer sehen. Es war nicht ungewöhnlich, daß Pilger hier Halt machten. Sie kamen aus allen Himmelsrichtungen, um am Grab des heiligen Jakobus in Santiago de Compostella Abbitte zu leisten und zu beten. Die Reise war ein nicht ganz ungefährliches Unternehmen, obwohl die Soldaten der Königin Isabella von Kastilien dafür sorgten, daß die Straßen sicherer waren als in den Jahren zuvor. Doch in diese unwegsamen Gebiete im Norden Kastiliens verirrten sich nur selten Soldaten. Der Musikant preßte grimmig die geschwungenen Lippen zusammen, als er an die verwesenden Leichen von Männern und Pferden dachte, an denen er vor zwei Tagen vorbeigeritten war. Das grauenvolle Bild des Todes erinnerte ihn an etwas anderes, und der Ausdruck seines Gesichtes, das selbst für einen sehr jungen Mann überraschend zart wirkte, wurde verbissen und traurig.

Ich werde dich rächen, Vater! Dein Mörder wird für seine Tat zahlen! Mit einer etwas eckig wirkenden Geste fuhr sich der Junge über das blonde Haar, das weich und seidig war und das er erst vor kurzem mit einem scharfen Messer wieder hatte stutzen müssen. Es sieht aus wie flüssiges Gold! Die erinnerten Worte riefen schmerzliche Trauer hervor, Tränen traten in seine klaren blauen Augen, die sich einen Moment lang vor widerstreitenden Gefühlen verdunkelten.

»Ich werde dich rächen!« Die helle Stimme des Musikanten klang belegt, und er blickte sich unwillkürlich um, ob jemand ihn gehört hatte. Aber außer ihm und seinem Maultier war kein anderes Lebewesen zu sehen. Ich muß aufpassen, dachte er. Meine Stimme. Vielleicht erkennt er sie wieder. Er würde sich einfach mit niemandem unterhalten und nur den Mönchen gegenüber Auskunft geben. Vielleicht konnte er ihnen ja sagen, daß seine Stimme durch das viele Singen gelitten hatte.

Genau, das war die Lösung. Unwillkürlich tastete der Junge unter der Kutte nach der Waffe, die er seit diesem schrecklichen Tag vor fast schon zwölf Monaten nicht mehr abgelegt hatte. Es war ein wertvoller, mit Diamanten und Perlen besetzter Dolch, der einst seinem Vater, Don Alonso de Caudrillac, gehört hatte. Für diese Waffe hätte der Mann, dem der Musikant jetzt schon seit fast einem Jahr auf der Spur war, ohne Skrupel getötet. Daß er des Mordes fähig war, hatte er ja hinlänglich bewiesen. Aber er hatte einen

270

Fehler gemacht. Er war hochfahrend gewesen und sich seiner Sache viel zu sicher. Die schlanken Finger des Musikanten umfaßten den wertvollen Griff des Dolches fester. Mit dem Daumen fuhr er unwillkürlich über den eingravierten Löwenkopf aus Gold, das Wappen der Familie Caudrillac. Er führte das mit einem seltsam verzweigten Goldrelief verzierte Medaillon an die Lippen und küßte es. Es hing an einer Halskette unter seinem Wams und war ebenfalls ein Erbstück der Familie, das sich schon seit Jahrhunderten im Besitz der Caudrillacs befand. Für den Jungen war es ungleich wertvoller als der Dolch, befand sich doch in seinem Inneren ein Bildnis des alten Conde und seiner jungen Frau. Außerden barg es ein Geheimnis, das man nur entschlüsseln konnte, wenn man wußte, wonach man suchte. Bald, Vater, dachte er. Er rief sich erneut – das wievielte Mal? – die Worte des alten Conde ins Gedächtnis, die er heiser geflüstert hatte, bevor er seine Augen für immer schloß. »Das Kloster San Roque im Norden Kastiliens. Entdecke sein verborgenes Rätsel.« Seine Faust hatte einen ledernen, leeren Zylinder umklammert, der Grund für den Mord an dem alten Mann. Der Junge wußte, was sich darin befunden hatte. Der alte Don Alonso hatte ihm das Geheimnis an seinem achtzehnten Geburtstag anvertraut. Sie hatten beide lange auf der Bank vor dem weitläufigen Anwesen gesessen und den Sonnenuntergang beobachtet. Der Musikant erinnerte sich noch schmerzlich genau an diesen Abend. Vor dem Zubettgehen hatte der alte Mann ihm durchs lange, blonde Haar gestrichen und mit sanfter, liebevoller Stimme dieses Kompliment gemacht, das immer wieder im Gedächtnis aufstieg. Wie flüssiges Gold. Es war der letzte innige Moment zwischen ihnen beiden gewesen. Eine Woche später war Alonso de Caudrillac tot, hinterrücks gemeuchelt von einem gemeinen Mörder.

Der Junge schüttelte diese traurigen Erinnerungen ab und schnalzte leise mit der Zunge. Das Maultier setzte sich wie-

der in Bewegung. Vorsichtig suchte sich das Tier seinen Weg
hinunter in die kleine Senke, von der aus sich ein Pfad zu
dem Kloster hinaufschlängelte. Das Ziel der Reise. Hier
würde sich der Schwur erfüllen, den der Pilger am Grab des
Alonso de Caudrillac getan hatte. Ich werde dich rächen,
Vater! dachte der Musikant. Schon bald. Und das Geheimnis lüften.

* * *

»Wie konnte das geschehen?« Abt Atavius sah seinen Prior
fragend an. Der massige Mann in dem schweren Ketten-
hemd unter der schlichten schwarzen Kutte zuckte mit den
Schultern.
»Ich weiß es nicht, Abt.« Der Prior schüttelte den Kopf. »Es
gibt keine Spuren, keinen Hinweis, nichts.« Er seufzte.
»Bruder Jobim war beliebt unter unseren Brüdern, und es
ist kaum vorstellbar, daß irgendeiner der Pilger…« Er
unterbrach sich und schüttelte erneut seinen quadratischen
Schädel. Das eisgraue Haar ließ den Mann älter erscheinen,
als er war, doch ein Blick in seine grauen Augen mußte
jedem klarmachen, daß er es hier mit einem ernstzuneh-
menden Gegner zu tun hatte. Im Moment allerdings strahlte der Blick dieser Augen nur Schmerz aus. Schmerz und
eine unbändige Wut. »Wer kann so etwas getan haben,
Abbad?« Mit der geballten Faust schlug sich der Prior gegen
die Stirn.
Der Abt hatte seinen Blick nicht von dem jungen Mönch
abgewandt. Atavius hatte sich gewundert, wo Bruder Jobim
geblieben war, denn er hatte noch nie eine Instruktions-
stunde versäumt. Er hatte ihn gesucht, und anscheinend
hatte ein höherer Wille seine Schritte gleich an die richtige
Stelle geführt. »Wer auch immer es war, Prior, es muß ein
gottloser Mensch sein.« Er schüttelte den Kopf. Der Mörder mußte pervers sein. Er hatte dem jungen Mönch die

Zunge herausgeschnitten und ihn mit der Kordel der Kutte so an einen der dicken Pfeiler gefesselt, die das Fundament des inneren Klosters bildeten, daß Bruder Jobim wie eine höhnische Karikatur des Gekreuzigten aussah.

Abt Atavius bekreuzigte sich bei diesem Gedanken unwillkürlich. »Verzeih ihm, Herr. Er wußte nicht, was er tat.« Die leise gemurmelten Worte ließen den Prior auffahren. »Verzeihen? Abbad! Das kann doch nicht...!«

»Nehmt Euch zusammen, Bruder Laecanus.« Die leisen, scharfen Worte des Abtes verfehlten ihre Wirkung nicht. Laecanus hatte der Abt seinen Klosterbruder und alten Freund nicht mehr genannt, seit er ihn zum Prior des Klosters gemacht hatte. »Gottes Gnade gilt auch für diejenigen unter uns, die sich am menschlichen Leben versündigen.« Der Abt warf noch einen langen Blick auf den Mönch, dessen blutverkrustetes Gesicht im Todeskampf einen erstaunten, ja fast schon friedlichen Ausdruck angenommen hatte. So, als habe er seinem Mörder noch im Tod ein Schnippchen geschlagen. »Das heißt jedoch nicht«, fuhr der Abt fort, als der Prior ihn ungläubig anstarrte, »daß die menschliche Gerichtsbarkeit ebenso gnädig sein muß. Wir werden den Schuldigen finden und ihn ohne Umschweife vor den Richterstuhl Gottes schicken.«

Der Prior nickte. Er wußte, was der Abt meinte. Und es war keineswegs das erste Mal, daß sie Ärger hatten. Das Kloster war nicht ohne Grund so gut befestigt. Es hatte früher einmal den Templern als Zuflucht gedient und war eine ihrer letzten Bastionen gewesen, kurz bevor der Orden vor mehr als zweihundert Jahren verboten und aufgelöst worden war. In den Jahrhunderten danach hatte das Kloster immer wieder Abenteurer angezogen, die von dem sagenhaften Schatz der Templer gehört hatten und von ihrer Gier nach Gold getrieben worden waren. Doch das Geheimnis des Klosters hatte allen getrotzt, seien es nun weltliche Fürsten oder geistliche Herren gewesen. Nur von Abt zu Abt war es weitergegeben worden. Mit Jobim hatte der Abt große Pläne gehabt. Der junge Mönch sollte der nächste *Eingeweihte* werden, der Hüter des Geheimnisses und der Nachfolger des Abtes. Der Abt fühlte sich zwar noch auf der Höhe seiner Kraft, aber darum ging es nicht. Nach der Zeremonie der Einweihung hätten lange Jahre des Lernens und der Demut auf Bruder Jobim gewartet, bis er schließlich soweit war, den Schlüssel für das Geheimnis zu übernehmen und sicher zu verwahren. Jemand hatte diese Pläne durchkreuzt, und zwar offenbar in der Absicht, dem jungen Mönch das Geheimnis zu entreißen. Noch nie jedoch war es in der Amtszeit eines Abtes deswegen zu einem Mord an dem auserwählten Bruder gekommen.

Die Zeiten werden härter, dachte der Abt und unterdrückte ein Seufzen. »Sprecht mit keinem der Pilger über die Einzelheiten des Mordes«, befahl er seinem Stellvertreter und obersten Mönchsoldaten. »Wir sollten den Mörder möglichst unauffällig suchen, sonst kommt womöglich noch jemand auf die Idee, sich zu fragen, warum Bruder Jobim eigentlich getötet wurde. Die Mönche sind auch so schon unruhig genug.«

»Aber wie sollen wir so den Mord aufklären?« widersprach Prior Laecanus. Er verstand seinen Abt nicht. War es nicht besser, alle dazu zu bringen, bei der Suche mitzuhelfen? Schließlich sahen hundert Augenpaare mehr als ihre beiden. Vielleicht hatte ja jemand eine Spur...

»Das werden wir auch so!« Die Stimme des Abtes duldete keinen Widerspruch. »Keine Sorge, Bruder«, setzte er hinzu, als er die zweifelnde Miene seines Priors sah. »Wir werden den Mörder finden. Nun geht und holt Bruder Absalom und Bruder Melchior. Ihnen können wir vertrauen. Sie sollen Bruder Jobim bestatten. Ich warte hier auf Euch.«

Er sah seinem Prior nach, der mit schweren Schritten den feuchten Gang entlangschritt, die blakende Fackel in der Hand. Das flackernde Licht warf gespenstische Schatten an die Wand, aber der Abt fürchtete sich nicht vor Geistern. Dieser Mord hier war von Menschenhand ausgeführt, und das allein war Grund zur Furcht. Der gute Bruder Laecanus war ein aufrechter Soldat Gottes und ein gläubiger Christ, aber er hatte keine Ahnung von den Geheimnissen dieses Klosters. Atavius seufzte. Schon so manches Mal hatte er sich gewünscht, der Herr hätte ihn für ein anderes Amt vorgesehen. Er sah sich um, und sein Blick ruhte einen Augenblick auf einer Bodenfliese, die heller war als die anderen und an einer Stelle eine kleine Mulde hatte. Sein Blick verdunkelte sich, als er wieder zu dem toten Mönch glitt, dessen friedliches Gesicht den Schmerz des Abtes nur noch vergrößerte.

»War es ein Fehler, Herr, daß ich deinen gläubigen Jünger zum Auserwählten gemacht habe und zum Hüter des Geheimnisses?« Er schüttelte den Kopf. Es hätte jeden anderen an Jobims Stelle ebenso getroffen. Der Mörder hatte Bruder Jobim hier aufgelauert. Der Täter hatte etwas gesucht und offenbar gewußt, daß Bruder Jobim als Vertrauter des Abtes ihn diesem Ziel einen Schritt näher bringen konnte. Das war der eigentliche Grund für die Sorge des Abtes und auch dafür, daß er den Vorfall geheimhalten wollte. Vielleicht verriet der Mörder sich, wenn er zum Handeln gezwungen wurde. Dann würden sie auf der Hut sein. Und der Mann mußte handeln. Denn übermorgen war Sonnenwende, der 21. Juni 1493. Nur an diesem Tag konnte der Mörder sein Ziel erreichen. Der Mord hatte es ihm schwerer gemacht. Bruder Jobims Opfer war bestimmt nicht umsonst gewesen. Allerdings stellte sich Atavius die Frage, was Bruder Jobim ausgerechnet an diesem Abend hier gewollt hatte.

Der Abt beugte sich vor. Der Mörder hatte dem Mönch nur die Zunge herausgeschnitten, ansonsten wies der Körper des jungen Mönchs keine sichtbaren Spuren von Folter auf. Aber warum hatte er das getan?

Atavius hatte sich vergewissert, daß Bruder Jobim sein Geheimnis mit in den Tod genommen hatte. Es war dem jungen Mönch offenbar gelungen, seinen Peiniger in die Irre zu führen. Vielleicht hatte der Mörder Jobim für seine Verschwiegenheit bestrafen wollen. Ob das Glück ihnen jedoch ein zweites Mal hold sein würde, wagte der Abt zu bezweifeln.

Denn wer auch immer der Mörder war, er war zielstrebig, wußte, wonach er suchte, und war immerhin bis hierher gekommen. Man durfte ihn nicht unterschätzen. Er würde es wieder versuchen. Und entweder hatte Jobim ihn in die Irre geleitet, oder der Mörder hatte keine Zeit gehabt, ihn weiter zu foltern, war gestört worden und hatte den jungen Mönch dann kurzerhand erdolcht, um keine Zeugen zu haben. Wohin aber war er geflohen, und wo war die Person, die ihn gestört hatte?

Der Abt blickte sich unwillkürlich um. Die Pechfackeln in dem unterirdischen Gewölbe flackerten im Luftzug und ließen die Schatten der Säulen und Rundbögen wie in einem gespenstischen Totentanz schwanken. Konnte es sein, daß der Mörder so kühn war, sich noch hier zu verbergen? Nein. Der Abt war überzeugt, daß er sich allein im Gewölbe befand.

Gerade wollte er den Leichnam des jungen Mönchs losbinden, da hörte er Schritte. Einen Augenblick wunderte sich Atavius sich, daß Prior Laecanus so schnell wieder zurück war; dann wurde ihm schlagartig klar, daß es nicht die schweren Schritte des massigen Priors waren. Außerdem fehlte das schlurfende Geräusch, mit dem Melchior sich gemeinhin ankündigte. Auch das etwas kurzatmige Keuchen des großen, dicken und absolut vertrauenswürdigen Bruders Absalom war nicht zu vernehmen. Dieser Mann – denn nur um einen Mann konnte es sich hier handeln, da das Kloster keine Frauen in seinen Mauern duldete – war jung und kräftig, was seine elastischen Schritte verrieten.

Und der steile Abstieg hatte ihn auch nicht aus dem Rhythmus gebracht, denn Atavius hörte den ruhigen Atem des Mannes, als er das unterirdische Gewölbe betrat und langsam auf die Stelle zukam, wo der Abt sich hinter einer Säule versteckte.

Es mußte sich zudem um einen sehr hartnäckigen und intelligenten Menschen halten, denn nur einem solchen würde sich der Zugang zu dem verborgenen Gewölbe des inneren Klosters erschließen. Atavius drehte sich nicht um, sondern hielt gespannt den Atem an, als die Schritte des Mannes plötzlich stockten. Offenbar hatte er jetzt erst den jungen Mönch erblickt. Der Anblick mußte den Mann überrascht und auch erschüttert haben, denn er stieß vernehmlich die Luft aus und flüsterte ein kurzes Gebet. Das bedeutete, daß er kaum der Mörder sein konnte. Den hätte dieser Anblick sicher nicht überrumpelt, und er war wohl auch kaum zu einer Gefühlsregung wie Mitleid fähig.

»Tretet näher, Bruder. Kein gewöhnlicher Anblick für einen Pilger, nicht wahr?« Der Abt trat hinter der Säule hervor und musterte den Neuangekommenen aufmerksam. »Wenn Ihr denn ein Pilger seid. Ihr kanntet Bruder Jobim doch auch, oder? Habe ich Euch nicht mit ihm plaudern sehen? Vielleicht fällt es Euch ja bei diesem Anblick leichter, mir Eure wahre Identität zu enthüllen, Bruder. Wer seid Ihr?«

* * *

Alberto da Silva konnte seine Erschütterung nur schlecht verbergen. Sein Blick wurde wie gebannt von dem Leichnam des jungen Mönchs angezogen. Er konnte ihn nicht von diesem entsetzlichen Anblick losreißen. Er sah die blutigen Lippen, das rote Loch des Mundes, aus dem offensichtlich die Zunge herausgeschnitten worden war. Aber auch Alberto bemerkte den friedlichen Ausdruck auf dem Gesicht des Mönchs, und er schöpfte Hoffnung. Vielleicht war es ja noch nicht zu spät. Anscheinend hatte Bruder Jobim nichts verraten. Seinem Mörder genausowenig wie ihm, dem sympathischen Pilger aus dem Geburtsort des jungen Mönchs, als der sich Alberto in das Vertrauen des Jungen geschlichen hatte. Er spürte einen Anflug von schlechtem Gewissen, aber es blieb ihm keine Zeit, darüber allzulange nachzugrübeln. Er hatte die Worte des Abtes gehört. Offenbar hatte er Atavius richtig eingeschätzt. Der Abt war klug und ein brillanter Menschenkenner obendrein.

Das hatte Alberto bereits bei ihrem ersten kurzen Zusammentreffen vor drei Tagen bemerkt, als der Abt sich für den jungen Pilger interessiert hatte, der angeblich die Architektur des Klosters studieren wollte. Das war nicht direkt eine Lüge gewesen. Alberto hatte allerdings gehofft, daß seine Tarnung noch etwas länger halten würde und er die unvermeidliche Aussprache mit Atavius auf einen späteren, für ihn, Alberto, günstigeren Zeitpunkt verschieben konnte, wenn er mehr in der Hand hatte. Und ganz gewiß hatte er sich nicht träumen lassen, daß ihr nächstes Gespräch unter derartig ungünstigen, ja tragischen Umständen stattfinden würde. Alberto erinnerte sich noch genau an das erste Gespräch mit dem Abt. Sie waren schnell auf die besondere Vergangenheit dieses Klosters zu sprechen gekommen, und Alberto hatte gemerkt, wie zögerlich der Abt über die Bauherren des Klosters, die Templer, gesprochen und wie scharf er ihn mit seinen dunklen, fast schwarzen Augen gemustert hatte. Alberto hatte es ratsam gefunden, das Gespräch rasch in andere Bahnen zu lenken. Es war zu früh gewesen, um mit der Wahrheit und dem eigentlichen Grund seines Besuches herauszurücken. Doch diesmal würde es ihm kaum gelingen, sich dem Verhör des mißtrauischen Abtes zu entziehen. Fand er erst einmal heraus, daß Alberto mit Jobim verabredet gewesen war, würde ihm, Alberto, nichts anderes übrigbleiben, als die ganze Wahrheit zu enthüllen. Oder fast die ganze.

»Ich bin Alberto da Silva, Abbad.« Er benutzte instinktiv

die respektvolle Anrede, aber diese Schmeichelei verfing nicht. Wenigstens scheint er mich nicht für den Mörder zu halten, dachte Alberto, während er den durchdringenden Blick des Abtes so gleichmütig und offen wie möglich erwiderte. »Ich bin...«

»Ich weiß, wer Ihr seid, Alberto da Silva. Der Name und der Ruf Eurer Familie sind mir nicht unbekannt.« Der strenge Blick des Abtes wurde etwas freundlicher, und er entspannte sich. Seine Hand glitt langsam unter der Kutte hervor. »Was sucht Ihr hier?« Alberto vermutete, daß sich unter der langen, schwarzen Kutte eine Waffe verbarg, und an der Haltung des Mannes sah er, daß er auch geschult und fähig war, damit umzugehen. Allerdings bereitete diese Bedrohung Alberto im Moment die wenigsten Sorgen.

»Meine Familie...« Albertos Stimme erstarb, als er an seine Familie dachte. Er war der letzte der da Silvas. Sein Vater war vor fast einem Jahr nach einer kurzen, fürchterlichen Krankheit gestorben. Seine Mutter hatte er schon als Vierzehnjähriger verloren, ein um so schmerzlicherer Verlust, als er sie in den letzten vier Jahren vor ihrem Tod kaum gesehen hatte, da sein Vater ihn zur Erziehung zuerst nach Granada und dann sogar nach Alessandria gesandt hatte. Der alte Bernardus da Silva hatte gewollt, daß sein Sohn im Geiste und in der Tradition aufwuchs, die die da Silvas seit Hunderten von Jahren pflegten. Sie waren unter den Tempelrittern gewesen, die im Jahr 1153 Askalon eingenommen hatten, die Stadt, die den Zugang der Küstenstraße nach Jaffa kontrollierte und so die Pilger schützte, die nach Jerusalem unterwegs waren. Allerdings war es unter Isabella von Kastilien nicht ratsam, auf seine Vergangenheit als Templer zu pochen. Wenngleich die Königin auch bewiesen hatte, daß sie den Mut besaß, unpopuläre und riskante Entscheidungen zu treffen. Hatte sie nicht erst neulich diesen verrückten Cristóbal Colón ausgeschickt, der davon phantasierte, einen direkten Seeweg nach Indien zu finden? So tollkühn Alberto dieses Unternehmen auch fand und so sehr er den Mut des Mannes bewunderte – er selbst baute nicht darauf, daß die Königin von Kastilien ihn bei seinem nicht weniger verrückten Unterfangen unterstützte. Immerhin war der gesamte Besitz des Templerordens in Kastilien an die Krone gefallen. Isabella hatte sicher kein Interesse daran, daß jemand anfing, in längst vergangenen Geschichten zu wühlen. Deshalb hatte Alberto nach dem Tod seines Vaters den Besitz in die treuen Hände seines alten Vasallen Sancho gegeben und sich auf die Suche nach dem sagenhaften Schatz der Templer gemacht, von dem sein Vater oft berichtet hatte. Den Beweis dafür, daß dieser sagenhafte Schatz existierte, trug Alberto immer mit sich herum. Aber ihn lockte nicht das Gold der Templer, das vermutlich längst den Königen Kastiliens und Navarras durch die Finger geglitten war. Ihn interessierte etwas ganz anderes.

»Conde?«

Die ruhige Stimme des Abtes riß Alberto wieder in die Gegenwart zurück. »Ich…« Er zögerte. Wieviel von der Wahrheit sollte er preisgeben, und wieviel hob er sich besser auf, damit er etwas anzubieten hatte, falls der Abt ihn später schärfer ins Gebet nahm? Was er sicherlich tun würde, jetzt, wo er Verdacht geschöpft hatte. »Ich wollte mit Bruder Jobim reden«, sagte er schließlich.

Der Abt nickte. »Und worüber?« Seine Einschätzung dieses »Pilgers« war richtig gewesen. Er war kein einfacher Gläubiger, der sich zufällig für Architektur interessierte. Aber was wollte er hier, und was wußte er?

Alberto ließ sich Zeit mit der Antwort. Schließlich fügte er sich ins Unvermeidliche. Doch in dem Moment, als er sich entschloß, die Wahrheit zu sagen, ertönte ein leises schabendes Geräusch am anderen Ende des Gewölbes, wo der dunkle Schlund eines Korridors noch tiefer in die Abgründe der Klosterfeste führte.

Der Abt fuhr herum. »Wer ist da?«

Seine gebieterische Stimme wurde von dem dumpfen Hall des Gewölbes verstärkt und zurückgeworfen. Der Abt faßte wieder unter seine Kutte, und diesmal sah Alberto das kurze, metallische Blinken einer Waffe. Er selbst griff ebenfalls nach seinem Kurzschwert, das er unter der Kutte verborgen trug, und machte einen kleinen Schritt nach links, um dem Abt die Flanke vor einem möglichen überraschenden Ausfall der versteckten Person zu decken. Der quittierte es mit einem kurzen, grimmigen Nicken und machte einen Schritt in Richtung des dunklen Koridors, der nur spärlich von einer einzigen Fackel erleuchtet wurde.

»Tretet vor!« rief der Abt, und diesmal klang seine dunkle Stimme noch ehrfurchteinflößender als zuvor. »Dieser Stollen führt nur in ein Labyrinth. Wenn Ihr nichts zu verbergen habt, dann braucht Ihr nichts zu befürchten. Solltet Ihr aber…«

Weiter kam er nicht. Ein kurzes Scharren und das hastige Trappeln von Schritten zeugte davon, daß sich tatsächlich jemand in dem dunklen Flur versteckt hatte.

Alberto glaubte nicht, daß es sich um den Mörder Bruder Jobims handelte. Er war sehr neugierig darauf, den unbekannten Lauscher kennenzulernen. Irgend etwas an den Schritten des Mannes war eigenartig. Unwillkürlich drängte sich Alberto das Bild von einem flüchtenden Reh auf. Gerade, als er weitergehen und die Verfolgung des Unbekannten aufnehmen wollte, ertönten eilige Schritte aus Richtung der schweren Eichentür, die den Zugang zu dem Gewölbe versperrte.

»Abt Atavius! Abbad, wo seid Ihr?« Melchiors Stimme war überraschend kräftig für einen alten Mönch. Er schlurfte neben einem kräftigen Mann mit Vollbart und einer Lederschürze über der Kutte die lange Steintreppe hinunter. Alberto bemerkte, daß die Kutte des Mönchs voller Sägespäne war und schloß daraus, daß es sich um den Schreiner des Klosters handelte.

Der Abt rief beide Mönche zu sich. Sie kamen heran und musterten Alberto mißtrauisch. Aber da der Abt keinerlei Anstalten machte, den Conde anzugreifen, kümmerten sie sich fürs erste nicht weiter um ihn, sondern widmeten sich dem dringlicheren Problem.

»Herr im Himmel!« Bruder Melchior hätte fast die Hände vor Verzweiflung zusammengeschlagen, als er den jungen Mönch am Pfeiler bemerkte. »Wer ist denn zu einer solchen Tat fähig?«

Anscheinend hatte der Prior die beiden Mönche darauf vorbereitet, daß sie hier unten auf eine Leiche stoßen würden. Aber er schien ihnen nicht gesagt zu haben, um wen es sich handelte und wie er zu Tode gekommen war.

Der stämmige Absalom war nicht weniger bewegt, schien sich aber besser im Griff zu haben. Er bekreuzigte sich, musterte nachdenklich den Leichnam und schüttelte dann langsam den Kopf. Während Melchior auf den Abt zuging, trat Absalom zu dem bedauernswerten Bruder Jobim und löste den Strick, der den Toten am Pfeiler hielt. Aus der ruhigen Geschicklichkeit, mit der er den so grausam gemeuchelten Mönch auf seine Arme hob, schloß Alberto – zu Recht, wie sich sofort herausstellen sollte –, daß Absalom anscheinend gewohnt war, mit Toten umzugehen.

»Ich werde Bruder Jobim einen feinen Sarg zimmern, in dem er würdig ruht.« Alberto zuckte zusammen, als der tiefe Baß des Bruders in dem düsteren Gewölbe widerhallte. Offenbar war Bruder Absalom nicht nur der Schreiner, sondern auch der Totengräber des Klosters. Während sich der Mönch mit dem toten Bruder Jobim auf den Armen entfernte, hatte sich der Abt Alberto genähert und stand jetzt direkt neben ihm.

»Ihr wißt nicht zufällig, um wen es sich bei der flüchtigen Person handeln könnte?« fragte der Abt und musterte Alberto eindringlich.

Alberto schüttelte den Kopf. »Ich bin genauso erschüttert

von Bruder Jobims Tod wie Ihr, Abbad«, sagte er. »Ihr nehmt doch nicht etwa an, daß ich etwas damit zu tun habe?«

Der Abt erwiderte nichts, sondern schien zu überlegen. Dann zuckte er mit den Schultern und wandte sich Melchior zu. »Vermutlich ist die Person ins Labyrinth geflohen.« Alberto wunderte sich, daß der Abt so gelassen blieb, und fragte, warum sie den Flüchtling nicht verfolgten.

»Das wäre sinnlos«, erwiderte der Abt. »Hinter der Gruft liegen eine Höhle und ein Labyrinth von Gängen. Es war früher ein Friedhof. Jemanden dort aufspüren zu wollen käme der Suche nach der Nadel im Heuhaufen gleich. Es ist einfacher zu warten, bis er vom Hunger herausgetrieben wird.« Der Abt lächelte. »Die Höhle hat keinen zweiten Ausgang.«

Alberto nickte. »Verstehe. Und Ihr stellt vor dem Eingang den Prior mit seinen Leuten auf.«

Der Abt lächelte. »Richtig.« Er blickte Melchior an. »Dieser ›Pilger‹ hier«, er betonte das Wort ironisch, »war mit Bruder Jobim verabredet. Hier unten.«

Melchior schaute Alberto an. Die wäßrigen grauen Augen des Alten verrieten die scharfe Intelligenz des Mannes. Mochte der Körper des Mönchs schon schwach sein, sein Geist war es keineswegs. Alberto wußte nicht, welche Rolle er spielte, aber er ahnte, daß er kein einfacher Bruder war, der über seinen Gebeten und seiner Arbeit im Kräutergarten ergraut war. Diese Annahme bestätigte sich mit den nächsten Worten des Mönchs.

»Ihr seid der junge da Silva, richtig?«

Alberto sah Bruder Melchior überrascht an. »Ja.« Hatte der Abt seine Tarnung schon von Anfang an durchschaut? Oder kannte Bruder Melchior ihn? Aber woher? Alberto war sicher, daß er den Mönch noch nie zuvor in seinem Leben gesehen hatte.

Melchior lächelte. Anscheinend erriet er Albertos Gedanken. »Ich kannte Euren Vater, Conde. Sehr gut sogar. Ich hatte eine Zeitlang das Vergnügen, sein Lehrer zu sein.« Melchiors Lächeln vertiefte sich, was seinem hageren Gesicht beinahe das Aussehen eines Totenschädels verlieh. »Euer Vater war ein gelehriger Schüler.« Er lachte hustend. »Und anscheinend hat er seine Neugier und Hartnäckigkeit seinem Sohn vererbt.«

Alberto blickte hilfesuchend zum Abt. »Abt Atavius, was bedeutet...?«

»Es ist wohl klar, daß Ihr kein einfacher Pilger seid, mein Sohn. Ihr habt meine Frage von vorhin noch nicht beantwortet. Was wollt Ihr hier wirklich?«

Alberto seufzte. Es sah nicht gut für ihn aus. Gar nicht gut. Vielleicht mußte er dem Abt und Melchior ja nicht alles erzählen, wenn er auch nach den scharfen Blicken, die die beiden ihm zuwarfen, nicht glaubte, daß es ihm gelingen würde, Atavius über die wahren Gründe für seinen Besuch dieses Klosters zu täuschen.

»Ihr wißt, was man von diesem Kloster sagt, Abt Atavius?« Der Abt sah Alberto nur schweigend an.

»Man sagt«, fuhr Alberto fort, »daß dieses Kloster ein Geheimnis birgt. Ein ungeheuerer Schatz soll hier seit Jahrhunderten im Verborgenen schlummern.«

Melchior stieß ein trockenes Husten aus. »Wenn es einen solchen Schatz gäbe, wüßten wir sicher davon. Und wenn wir davon wüßten, glaubt Ihr dann wirklich, daß wir lebten, wie wir es tun? Oder daß wir es dem Erstbesten auf die Nase binden?«

Mit einer gebieterischen Geste unterbrach der Abt das Gespräch. »Still. Prior Laecanus kommt mit seinen Leuten. Ich schlage vor, daß wir das Gespräch in meiner Kammer weiterführen.« Melchior schien noch etwas einwenden zu wollen, doch er fügte sich dem Gebot seines Abtes.

Alberto nickte. Er wußte, daß dies kein Wunsch, sondern ein Befehl gewesen war, und er sah der Unterredung mit gemischten Gefühlen entgegen. Nicht nur, daß seine Tarnung aufgeflogen war... Sie war zwar dürftig gewesen, aber er hatte doch erwartet, daß sie etwas länger halten und ihm so Zeit verschaffen würde, sich ungestört in dem Kloster umschauen zu können. Das war jetzt nicht mehr möglich. Der Abt würde gewiß jeden seiner Schritte kontrollieren, falls er ihn nicht ganz aus dem Kloster wies. Und zu allem Überfluß hatten sie jetzt auch noch einen Mörder hier. Ein Umstand, der Alberto nicht weniger beunruhigte als den Abt. Warum hatte der Mörder ausgerechnet Bruder Jobim ermordet? Hatte er gewußt, welche Aufgabe Jobim erfüllte? Daß er trotz seiner jungen Jahre der Wächter war, ein *Eingeweihter*? Wenn ja, dann war die Gefahr, die von diesem Mann ausging, kaum zu unterschätzen.

Alberto verzichtete darauf, sich die Anweisungen des Abtes an seinen Prior anzuhören und verließ das Gewölbe. Nicht zu vergessen, daß vielleicht noch jemand beteiligt war. Derjenige, der in den Gang geflohen war, falls es sich nicht um den Mörder gehandelt hatte. Alberto bezweifelte, daß der Abt Glück mit seinem Plan haben würde, den Flüchtigen zu erwischen. Die Frage war, wie war der Mann in das Gewölbe gekommen, und was hatte er dort gewollt? War er es vielleicht gewesen, der den Mörder gestört hatte?

* * *

Der Junge seufzte erleichtert auf. Gut. Sie verfolgten ihn nicht. Er zwängte sich aus dem schmalen Loch ins Freie, das offenbar als Belüftung für die unterirdischen Gewölbe diente, und blieb einen Moment im Schatten eines ausladenden Baumes hocken. Der verbarg das Loch und ihn vor den Blicken der Mönche, die auf den Feldern außerhalb der Klostermauern arbeiteten. Sobald er sicher war, daß niemand hinsah, schlüpfte er durch die kleine Tür ins Kloster. Als die Mönchssoldaten unter der Führung des bulligen

Priors herbeistürmten, drückte er sich in eine Mauernische und blieb zum Glück ungesehen.

Der Musikant konnte sich denken, wohin sie unterwegs waren. Er hatte wirklich Glück gehabt, daß er dort unten im Gewölbe den Feuersalamander gesehen hatte. Die Tiere brauchten die Sonne zum Leben, und er war dem hübschen, gelb-schwarzen Tier instinktiv nachgegangen. Es hatte ihn durch einen natürlichen Belüftungsschacht des unterirdischen Gewölbes nach draußen an die Sonne geführt. Jetzt, da er sicher war, nicht entdeckt zu werden, wandten sich seine Gedanken dem zu, was er eben belauscht hatte.

»Alberto da Silva«, sagte er leise. Der Name da Silva war ihm nicht unbekannt. Unwillkürlich griff er unter seine Kutte und berührte den Dolch, den die da Silvas seiner Familie zur Geburt der Tochter geschenkt hatten. Es war unwahrscheinlich, daß Alberto da Silva sich daran erinnerte. Genausowenig wie an die einzige Begegnung zwischen ihnen, die ihm selbst allerdings unauslöschlich ins Gedächtnis gebrannt war.

Den Dolch und dieses besondere Medaillon hatte der alte Caudrillac seinem einzigen Kind zu dessen achtzehntem Geburtstag feierlich überreicht. Kaum möglich, daß Alberto da Silva die derzeitige Verkleidung überhaupt durchschaute oder sich auch nur dieses Zusammentreffens erinnerte. Schließlich waren die Familien seit langer Zeit ihre eigenen Wege gegangen. Sie waren sich nur bei offiziellen Anlässen am königlichen Hof begegnet. Niemals würde Alberto vermuten, wer sich da in der Verkleidung eines fahrenden Spielmannes verbarg…

Aber welches Spiel trieb Alberto? Immerhin: Auch der junge da Silva hatte sich unter falschem Namen und verkleidet in das Kloster eingeschlichen. Auch er wollte nicht nach Santiago de Compostella. Was aber will er? Es gab einiges, das den jungen Conde verdächtig machte. Zum Beispiel war er mit Bruder Jobim verabredet gewesen, bevor dieser gestor-

ben war. Alberto weiß bestimmt auch von dem Templer-
schatz, der angeblich hier in dem Kloster verborgen ist und
der Vater das Leben gekostet hat.

Andererseits hatte der Anblick Albertos Erinnerungen wach-
gerufen, die schon nahezu verschüttet waren. Erinnerungen an eine unbeschwerte Kindheit, an Spiele auf grünem
Rasen und an einen Jungen, der ein kleines Kind neckte, es
auf dem Schoß wiegte und mit ihm herzte und lachte.

Alberto hatte ein Gefühl ausgelöst, das so wunderbar und
tief gewesen war, daß es selbst jetzt, nach all den Jahren,
die vergangen waren, ein Lächeln hervorrief. Doch das
Lächeln erstarb rasch bei der Erinnerung an die Dinge, die
das Kind hatte sehen müssen, später, als aus ihm schon…

Ich werde dich beobachten, Alberto. Ich werde dich nicht
aus den Augen lassen. Zweifellos war der Mord an dem
Mönch demselben Mann zuzurechnen wie der Mord an
Alonso de Caudrillac. Doch leider war von dem Mörder
Bruder Jobims nur noch der Zipfel der Kutte zu sehen
gewesen, als dieser weglief, und unter dieser Kutte hätte fast
jeder stecken können. Solange nicht absolut feststand, wer,
war äußerste Vorsicht geboten. Oftmals verbargen sich gerade in denen, die man am besten zu kennen glaubt, reißen-
de Raubtiere, und fast immer war die Gier nach Gold und
Macht die Triebfeder für Mord und Raub.

Es konnte nicht schaden, die Augen offenzuhalten. Vor
allem deshalb nicht, weil ohne Zweifel außer dem Mörder
auch Alberto wußte, wonach er suchte.

* * *

Alberto klopfte unruhig mit den Fingern auf den breiten,
rohen Holztisch, der dem Abt als Schreibtisch diente. Die
Kammer von Abt Atavius war spärlich möbliert, und die
Wände verschwanden fast ganz hinter rohgezimmerten
Buchregalen, die von Handschriften und Schriftrollen über-

287

quollen, die der Abt für seine Arbeit brauchte. Der Abt des Klosters war nicht nur ein guter Hirte für seine Schäfchen, sondern auch ein bedeutender Gelehrter. »Dieses Kloster war eine der letzten großen Bastionen der Templer«, wiederholte Alberto hartnäckig. »Und sie wurde nie geschleift. Sie fiel unversehrt lange nach Auflösung des Templerordens an den König von Kastilien. Das heißt, sie hatten Zeit genug, um...«

»...ihren sagenhaften Schatz in Sicherheit zu bringen?« Melchiors dünne Stimme unterbrach Albertos Erklärung. Der alte Mönch saß an der Seite des Tisches, neben dem Abt und gegenüber von Alberto. »Anscheinend ist der Sohn des Bernardus da Silva ein Glücksritter geworden, der weltlichen Reichtümern nachjagt, statt sich um die Pflichten zu kümmern, die dem einzigen Sproß eines alten, edlen Geschlechtes obliegen.«

»Keineswegs«, widersprach Alberto vehement. »Wie kann die Suche nach der Wahrheit etwas Schlechtes sein?«

Abt Atavius lächelte unmerklich, während er den jungen Adligen unauffällig unter seinen schweren Lidern musterte. Der junge Alberto hatte viel Ähnlichkeit mit seinem Vater, das war nicht zu leugnen. Ganz offensichtlich hatte er nicht nur die scharfe Intelligenz des alten Bernardus geerbt, sondern auch die Halsstarrigkeit des Conde, wofür dieser ebenso bekannt war wie für seine Gelehrsamkeit.

»Die Suche nach Wahrheit?« Melchior hustete heftig, und Alberto machte sich bereits Sorgen, daß der alte Mönch sich ernsthaft verschluckt hatte, bis er merkte, daß Melchiors Hustenanfall ein zynisches Lachen war. »Die Jagd nach Gold und Edelsteinen, meint Ihr wohl?« Er schüttelte den Kopf. »Ihr wärt nicht der erste, der vergeblich versucht, den sagenhaften Schatz der Templer zu finden.« Er verzog die Lippen zu einem höhnischen Grinsen. »Und Ihr wäret auch nicht der erste, der dafür ein Menschenleben...«

»Es ist genug, Bruder Melchior!« unterbrach Abt Atavius

seinen Ältesten barsch. »Ich glaube kaum, daß Alberto unseren Bruder Jobim getötet hat.«

»Aber er kann auch nicht beweisen, daß er es nicht getan hat.« Melchior gab sich nicht so leicht geschlagen. »Wenn er so unschuldig ist, wie er tut, was wollte er dann von Bruder Jobim?« fragte er listig. »Und wieso haben sie sich ausgerechnet im Gewölbe verabredet? Dort hat kein Fremder Zugang. Das wußte Jobim. Er hätte nie eingewilligt, sich dort mit ihm zu treffen.«

Atavius nickte und richtete seinen Blick wieder auf Alberto. »Nun?« Er legte seine kräftigen Hände auf die rohe Tischplatte und faltete sie. Alberto konnte sich vorstellen, daß sie ebenso geschickt mit der Monstranz wie mit einem Säbel umgehen konnten. Kein guter Vergleich, dachte er und schluckte.

»Ich versuche schon seit geraumer Weile, es Euch zu erklären, Abbad.« Er richtete seine Worte an den Abt und ignorierte Bruder Melchior vorsätzlich. Deshalb entging ihm auch das unmerkliche Lächeln, das die Lippen des alten Mönchs umspielte, und der fast schon anerkennende Blick, den er seinem Abt zuwarf. »Ich suche den geheimen Schatz des Templerordens, wie schon mein Vater vor mir. Und damit meine ich nicht nur den materiellen Schatz, das Gold und die Edelsteine der Templer.« Alberto warf Melchior einen vielsagenden Blick zu und machte eine kunstvolle Pause, bis er sicher war, die ungeteilte Aufmerksamkeit der beiden Mönche zu haben. »Ich meine vor allem den ungeheuren Schatz an Wissen, den die Templer bewahrten.«

Wenn Abt Atavius überrascht war, dann ließ er sich jedenfalls nichts anmerken. »Und um was für ein Wissen soll es sich da handeln, mein junger Conde?« Er lächelte, aber der Blick seiner fast schwarzen Augen hatte nichts von ihrer Schärfe verloren. Er ähnelte einem Raubtier, das seine Beute belauert.

Alberto zuckte mit den Schultern. »Mein Vater hat von vielen Dokumenten und wertvollen alten Manuskripten gesprochen, die die Templer vor dem Feuer und der Inqu...« Er stockte plötzlich, als ihm klar wurde, wo er hier war, »...gerettet haben«, beendete er dann den Satz.

»Ihr wolltet sagen, vor der heiligen Inquisition?« Der Abt sah Alberto streng an, und seine dunklen Augen funkelten. Melchior hustete wieder, diesmal länger und heftiger als zuvor, und Alberto war davon überzeugt, daß es diesmal kein Lachen war, das der alte Mönch damit kaschieren wollte.

Alberto schwitzte. »Ich...«

Doch Abt Atavius sprach bereits weiter. »Gleich werdet Ihr noch behaupten, daß wir unwürdigen Diener des Herrn in diesen ehrwürdigen alten Mauern die Bundeslade verstecken?« Seine Miene war unbewegt, aber seine Augen funkelten. »Oder daß dieses Kloster auf einer heiligen Stätte erbaut ist und sich in seinem Bauch eine Dolmenkammer befände, in der wir des nachts um einen Obelisken tanzen und ihn anbeten?«

Alberto tat das, was in seiner Situation das Beste war. Er schwieg.

Atavius schüttelte den Kopf. »Ich versichere Euch, junger Conde...« Ein Aufruhr an der Tür unterbrach ihn. Prior Laecanus stürmte herein und blieb schwer atmend und mit gerötetem Gesicht auf der Schwelle stehen, als er sah, wer da am Tisch seines Abtes saß.

»Verzeiht, Abbad! Ich wußte nicht...«

»Schon gut, Laecanus. Was wollt Ihr?«

»Ich... Wir... Er...« Laecanus' Blick glitt unsicher vom Abt zu Alberto, von diesem zu Melchior, der den Prior ansah, wie man ein Haustier betrachtet, das weniger Nutzen als Ärger bereitet und deshalb geschlachtet werden soll.

Laecanus sammelte sich, streifte Alberto mit einem raschen Blick und sah dann dem Abt in die Augen. »Wir haben ihn nicht gefunden, Abbad«, sagte er schließlich. »Anscheinend ist er mit dem Gehörnten im Bunde...«

»Laecanus!« donnerte Atavius.

»Bruder!« rief Melchior und bekreuzigte sich.

»Heiliger Himmel!« sagte Alberto und schüttelte den Kopf. Laecanus lief wieder über und über rot an. »Aber es gab zwei Fußspuren, Abbad, und...«

»Wir reden später weiter, Bruder Prior!« fiel Atavius ihm schnell ins Wort. »*Nachdem* ich mit diesem jungen Mann hier fertig bin!«

»Verstehe!« Laecanus nickte, verbeugte sich und verließ den Raum rückwärts, ohne den Blick vom Boden zu heben. »Wie schön«, knurrte Melchior gereizt und fixierte Laecanus mit einem bösen Blick, bis dieser die Tür hinter sich schloß. Dann richtete er den kalten Blick seiner blauen Augen auf Alberto. »Was machen wir mit ihm?« Alberto brauchte einen Moment, bis ihm klarwurde, daß der Mönch den Abt angesprochen hatte. »Er weiß viel, und er ist klug.« Er schüttelte den Kopf. »Das ist nicht gut. So jemand bringt nur Unruhe unter unsere Brüder, und die sind nach dem Mord an Bruder Jobim schon aufgeschreckt genug.«

Der Abt nickte.

»Zwei Spuren. Zwei verschiedene Spuren. Das macht drei, die...« Alberto war klar, daß es sinnlos war, dem Abt und Melchior den Ahnungslosen vorzuspielen oder darauf zu hoffen, daß sie ihn unbehelligt ließen. Sie würden ihn gewiß einsperren, oder, was noch schlimmer war, aus dem Kloster verjagen. Das durfte er nicht zulassen. Nicht, bevor er sich Gewißheit verschafft hatte. Alberto wußte, daß er nie wieder so nah daran sein würde, das Geheimnis wenigstens teilweise zu lüften, dessen Lösung er sich verschrieben hatte. Es mußte das geheime Wissen der Templer geben! Und auch ihren Schatz. Und in diesem Kloster befand sich der Schlüssel dazu! Es mußte so sein. Hätte er noch Zweifel gehabt, dann hätte der Mord an Bruder Jobim sie ausgeräumt. Die

Schwierigkeit war nur, Abt Atavius und Bruder Melchior davon zu überzeugen, daß es ihm, Alberto, um das Wissen der Templer ging, nicht um seine materielle Bereicherung. Aber gleichzeitig tauchte auch ein weiteres Problem auf, eins, das nicht nur seine Mission verhindern, sondern auch sein Leben und das vieler anderer Menschen gefährden konnte. Es gab offenbar noch jemanden, der Kenntnis von dem Geheimnis hatte. Wenn er den Worten des Priors Glauben schenken durfte, waren es sogar zwei Personen. Einer war der Mörder. Und wer war der andere?

Alberto blickte auf und sah, daß die beiden Mönche ihn forschend musterten. Sie warten darauf, daß du deinen Satz zu Ende sprichst, sagte er sich. Gut. Ihm blieb sowieso nur noch die Flucht nach vorn, wenn er nicht kläglich wie ein geprügelter Hund hinausgejagt werden wollte. »Drei, die es wissen.«

»Es wissen?« Bruder Melchior spie die Worte hervor. Er wollte offenbar nicht einfach kampflos aufgeben. »Was wissen? Hirngespinste, denen gewissenlose Glücksritter nachjagen...«

Aber Alberto ließ sich jetzt nicht mehr einschüchtern. Er spürte, daß er auf dem richtigen Weg war. »Und einer der drei scheint zu allem entschlossen zu sein.« Er erwiderte furchtlos den scharfen Blick des Abtes. »Ich werde mich nicht so leicht von meinem Ziel abbringen lassen, Abt Atavius, aber ich bin kein Mörder.« Er griff unter sein Wams – seine Kutte hatte er abgelegt, nachdem offenbar geworden war, daß seine Rolle als frommer Pilger zumindest vor Abt Atavius und Bruder Melchior ausgespielt war – und zog einen länglichen Gegenstand hervor, der sorgfältig in ein leinenes Tuch eingeschlagen war. Er wickelte es unter den aufmerksamen Blicken der beiden Mönche auf und legte dann den Gegenstand behutsam auf den Tisch.

Es handelte sich um eine Messingrolle, die so dünn war wie Papier und auf der Buchstaben in arabischer Schrift eingehämmert waren. Eine Seite war gewellt, als habe jemand die Rolle in der Mitte willkürlich durchgesägt.

»Dies ist das Vermächtnis meines Vaters«, fuhr Alberto fort. »Es befindet sich schon lange im Besitz unserer Familie. Leider weiß ich nichts über den Verbleib des Gegenstücks. Mein Großvater wurde getötet, bevor er meinen Vater ganz in die Geheimnisse dieser Schriftrolle einweihen konnte. Aber eins ist gewiß: wo sie herstammt.«

Alberto machte eine dramaturgisch überflüssige Pause, denn ihm war auch so die ungeteilte Aufmerksamkeit der beiden Mönche gewiß. »Aus diesem Kloster. Sie wurde von den Templern hergestellt. Und auf ihr ist die Rede von einem Schatz, den die Herren des Tempels Salomons vor den gierigen Fingern der Unwissenden versteckten. Hier. In diesem Kloster.«

* * *

Alberto ließ seinen Blick aufmerksam durch das Refektorium gleiten. Er war sicher, daß hier irgendwo unter all den Speisenden der Mörder Bruder Jobims saß und sich den Wanst vollschlug. Hier, an diesem heiligen Ort. Alberto unterdrückte ein Erschauern, als er sich vorstellte, wie kaltblütig dieser Mann sein mußte. Wie konnte er sich seelenruhig an dem gemeinsamen Mahl beteiligen, während er den Mord an einem Mönch auf dem Gewissen hatte?

Und es könnte jeder der Pilger sein, die an den langen Eßtischen saßen und sich mit gedämpfter Stimme unterhielten. Dieser Hagere mit der Halbglatze, der seinen Blick gesenkt hielt und schweigend sein Essen in sich hineinlöffelte. Ab und zu sah er kurz hoch, verzog sein Gesicht zu einer mürrischen Grimasse und blickte dann wieder auf die Schüssel mit dem Eintopf.

Oder sein Nachbar, der dicke Pilger, dessen rotwangiges Gesicht und wäßrigen Augen kein Arg zu verbergen schienen. Aber man konnte nie sicher sein. Alberto seufzte und spürte plötzlich ein Kribbeln im Nacken. Rasch drehte er sich um und begegnete dem Blick zweier blauer Augen, deren Besitzer errötete und sofort hinunter sah auf seine Schüssel. Alberto lächelte, als er den Spielmann erkannte. Er war vor zwei Tagen in dem Kloster eingetroffen. Ein Junge noch, mit einer überraschend hellen Stimme. Alberto war gestern mittag an dem leeren Schlafsaal vorbeigegangen und hatte den leisen, schmeichelnden Gesang des Musikanten gehört. Als er eingetreten war, hatte der Junge sofort aufgehört und war trotz Albertos Lob nicht dazu zu bewegen gewesen, weiterzusingen. Er hatte kaum etwas gesagt, war nur rot geworden und hatte die ganze Zeit zu Boden gesehen. Irgend etwas an dem Jungen ist eigenartig, grübelte Alberto, doch ehe er zu einem Schluß kam, wurde seine Aufmerksamkeit abgelenkt.

Ein großer, kräftiger Pilger mit seltsam gelblich-braunen Augen hatte die ganze Zeit die Pilger an dem langen Tisch gemustert. Jetzt knurrte er, als ihn sein Tischnachbar, der Dicke mit dem geröteten Gesicht, versehentlich anstieß, und machte sich breiter. Der Dicke, ein freundlicher, jovialer Kerl, zuckte unter dem scharfen Blick des großen Pilgers zurück und bekreuzigte sich unwillkürlich.

Alberto bemerkte, daß der kräftige Pilger nun ihn fixierte. Er erschauerte unter dem Blick des Mannes. Der Pilger bemühte sich nicht einmal um ein Lächeln. Er musterte Alberto nur kalt und unbewegt einige Sekunden lang, dann wandte er den Blick wieder ab. Alberto geriet in Aufregung. Er wußte nicht, woher der Gedanke kam, aber er war davon überzeugt, den Mörder vor sich zu haben. Dieser Mann hatte keine Seele!

Der Pilger wartete einen Augenblick und aß dann weiter. Anscheinend spürte er jedoch, daß Alberto ihn musterte, denn er drehte sich unvermittelt zur Seite um und... starrte seinem fetten Nachbarn, der sich gerade vorgebeugt hatte, direkt ins Gesicht.

Der Dicke verschluckte sich vor Schreck und preßte die Hände auf den Mund, um zu verhindern, daß das Essen, das er sich soeben in den Mund geschoben hatte, herausflog. Damit machte er es aber nur noch schlimmer. Er hustete und prustete, als ihm die Speise auch noch in die Nase geriet, und die Hirse spritzte wie von einer Fontäne geschleudert zwischen seinen dicken Fingern hindurch. Ein Teil landete auf der Kutte des Pilgers.

Einen Augenblick sah es so aus, als wollte der Mann den Dicken auf dem schnellsten Weg zu seinem Gott befördern, so wütend starrte er ihn an. Doch dann faßte er sich und klopfte sich mit kantigen, verkrampft wirkenden Bewegungen die Speisereste von der Kutte, während der Dicke unter Keuchen und Husten eine Entschuldigung hervorstammelte und unbeholfen versuchte, einige Hirseklumpen von der Kleidung seines Nachbarn zu wischen. Der schlug knurrend die Hand des Pilgers weg.

Einen Tisch weiter senkte der Musikant rasch den Blick und schluckte, während einige andere Pilger laut lachten und sich auf die Schenkel klopften. Ihm war der stechende Blick nicht entgangen, und etwas an der Art des Mannes sich zu bewegen, hatte seine Aufmerksamkeit erregt. Der Mörder im Gewölbe hatte sich ähnlich bewegt. Aber er war sich nicht sicher.

»Seht ihn Euch an, ein wahrer Vielfraß!« rief einer.

»Es mag ja gottgefällig sein, zu teilen, aber gemeint ist: bevor Ihr es Euch in den Schlund schiebt.«

Die Pilger lachten und wollten dem Bespuckten helfen. Doch der lehnte ihre Freundlichkeiten barsch ab, erhob sich, warf dem unseligen Dicken noch einen flammenden Blick zu und verließ den Tisch.

Der dicke Pilger bekreuzigte sich rasch. »Habt Ihr das gesehen?« fragte er die anderen, die ihm gutmütig den Rücken klopften. »Er hat den bösen Blick! Wie er mich angesehen hat. Mir ist fast das Blut in den Adern gefroren.«

»Ach, das habt Ihr nur in die falsche Kehle bekommen«, meinte ein anderer Pilger und lachte.

»Ich hätte Euch sicher auch böse angesehen, wenn Ihr mich so angespuckt hättet.«

»Nein«, widersprach der Dicke hartnäckig und sah der hohen Gestalt des Mannes nach, die gerade durch die geöffnete Tür des Refektoriums verschwand. »Er hat mich schon vorher so angeschaut.«

Aber die Pilger achteten nicht mehr auf ihn, sondern setzten sich wieder auf ihre Plätze und widmeten sich ihrem Mahl, wobei sie ab und zu einen belustigten Blick zu ihrem dicken Gefährten hinüberwarfen, der noch immer starr vor Schreck war.

Natürlich, alle waren von dem grausamen Ende Bruder Jobims mitgenommen, aber der hier übertrieb wirklich. Nur weil er jemanden mit Essen bespuckt hatte, würde der ihn doch nicht gleich umbringen.

Alberto hatte diese kleine Szene aufmerksam beobachtet. Ihm war nicht nur die heftige Reaktion des hochgewachsenen, dunklen Fremden aufgefallen, sondern er hatte auch den Blick des jungen Spielmanns bemerkt, der sich geradezu in den Rücken des Mannes gebohrt hatte. Alberto lächelte, als er sich fragte, ob der Spielmann wohl auch mit seiner großen breitrandigen Kappe schlief. Er schien sie nie abzusetzen. Vielleicht hatte er ja einen unangenehmen Ausschlag auf dem Kopf oder so etwas. Gestern hatte er den Jungen auf dem Klosterhof gesehen. War er da nicht aus Richtung der Klosterkirche gekommen? Er erinnerte sich daran, weil der Junge seltsam unruhig gewirkt hatte und sich immer wieder verstohlen umgesehen hatte. Außerdem waren sein Wams und seine Hose ziemlich verdreckt gewesen. Alberto war gerade zum Zimmer des Abtes gegangen. Die anderen Mönche waren ihm aufgeregt entgegengekommen, nachdem sich die Nachricht von Jobims Tod wie ein Lauffeuer verbreitet hatte. Dieser Junge jedoch hatte sich von der ganzen

Aufregung nicht anstecken lassen. Interessierte es ihn nicht, oder wußte er etwas, was die anderen nicht wußten, überlegte Alberto. Eine interessante Frage, der er auf jeden Fall nachgehen würde. Und diese blauen Augen... Ihm war so, als hätte er sie schon einmal gesehen. Er hatte ihren Blick auf sich ruhen fühlen, als er gestern abend nach dem langen und überraschend offenen Gespräch mit Atavius und Melchior aus dem Zimmer des Abtes gekommen war. Er war zu erschöpft gewesen, um dem jungen Musikanten viel Bedeutung beizumessen, aber diese blauen Augen waren ihm doch aufgefallen.

Jetzt jedoch beschäftigte Alberto etwas anderes. Als der Dicke versucht hatte, sein Ungeschick gutzumachen und die Kutte des kräftigen Pilgers abgeklopft hatte, war Albertos Blick auf einen zylindrischen Gegenstand gefallen, den er an einer Kette um den Hals trug und an der Brust verborgen hatte. Der Gegenstand hatte der Messingrolle verdächtig ähnlich gesehen, die sein Vater ihm in der Stunde seines Todes anvertraut hatte, und er wußte, daß es seine zweite Hälfte gab. Aber wenn sie es war, wie war sie diesem Mann in die Hände gefallen? Alberto wartete, bis der Pilger den Speisesaal verließ, und schob dann seine Schüssel zurück. Er würde ihn nicht mehr aus den Augen lassen. War er der Mörder, besaß er vermutlich auch die Schriftrolle, auf der sich der zweite Teil der Lösung des Rätsels befand. Wenn er, Alberto, das Geheimnis lüften wollte, durfte er den Mann keine Sekunde mehr aus den Augen verlieren.

Alberto stand auf und warf dabei einen verstohlenen Blick in Richtung des Jungen. Aber... Sein Kopf ruckte hoch. Wo war er? Der Platz, auf dem der Junge noch Sekunden zuvor gesessen hatte, war leer. Alberto sah sich so unauffällig wie möglich um. Sollte er ihn wieder beobachten, würde ihm Albertos Interesse gewiß sofort auffallen, und das wollte er vermeiden. Jedenfalls so lange, wie er nicht wußte, was er von dem Jungen halten sollte.

Die Pilger saßen nach der kurzen Neckerei wieder schweigend da und löffelten ihr Essen. Nach Jobims Tod war die Stimmung unter den Mönchen gedrückt, und auch die Pilger waren verunsichert. Bruder Prior und seine Leute verdächtigten jeden, der zur Zeit des Mordes in der Nähe der Bibliothek gewesen war, von der aus der Geheimgang in die Grotte führte, und natürlich belauerten sich die Pilger auch gegenseitig.

Im selben Moment erblickte Alberto den Jungen, der sich betont unauffällig durch die Tür des Refektoriums drückte. Alberto schaute sich rasch um, aber anscheinend hatte keiner der anderen Mönche und Pilger etwas bemerkt. Er wartete, bis die kleine Gestalt verschwunden war, stand auf und ging zielstrebig zur Tür des Speisesaals.

Es könnte zwar interessant sein, dem Jungen zu folgen, aber im Moment hatte Alberto Wichtigeres zu tun. Obwohl das verstohlene Verhalten des jungen Musikanten verdächtig war. Allerdings konnte Alberto sich nicht vorstellen, daß der Junge der Mörder Bruder Jobims gewesen sein sollte. Atavius war wie er der Meinung gewesen, daß nur ein kräftiger Mann Jobim so hatte zurichten können und dann auch noch die Kühnheit besessen haben konnte, ins Labyrinth hinunterzulaufen und mit seinen Häschern Katz und Maus zu spielen.

Er sah sich nach dem Abt und dem alten Bibliothekar um, aber keiner der beiden war zu sehen. Auch von Bruder Laecanus, dem Prior, gab es nirgendwo ein Zeichen, also mußte Alberto seine Verfolgung wohl oder übel auf eigene Faust durchführen.

Soll mir recht sein, sagte er sich, stand auf und ging langsam zur Tür, wobei er an das Gespräch mit dem Abt dachte. Atavius hatte zwar keinen Hehl daraus gemacht, daß er den jungen Adligen mochte, aber war den Fragen, die Alberto gestellt hatte, trotzdem ausgewichen.

Immerhin hatte auch der Abt eingesehen, daß sie schnell

handeln mußten, um dem Mörder keine Zeit zu lassen, seine Pläne in die Tat umzusetzen. Bruder Jobim war offensichtlich ein ahnungsloser Hüter des Geheimnisses gewesen, das sich hier verbarg. Jedenfalls war er noch kein Eingeweihter gewesen, sonst hätte der Mörder sein Ziel schneller erreicht. Es erschwerte Albertos Suche, daß er nicht wußte, was genau der Mörder von Bruder Jobim gewollt und was der Mönch ihm verraten hatte. Der Abt hatte Alberto natürlich nicht weitergeholfen, und Albertos unverblümt geäußerte Vermutung, daß es sich um den Schatz der Templer handelte, hatte Atavius mit beißenden Worten zurückgewiesen. Aber Alberto war die Besorgnis in der Miene des Abtes nicht entgangen, daß ein Außenstehender überhaupt davon wußte. Und es hatte den Abt auch nicht beruhigt, als er erfuhr, daß es noch einen zweiten Teil dieser Messingrolle gab, deren Besitzer ebenfalls auf die Spur des sagenhaften Schatzes gelenkt worden war. Wenigstens wollte Atavius Alberto zunächst freie Hand lassen, falls er das Kloster bei der Suche nach dem Mörder unterstützen wollte. Der Abt glaubte Alberto, daß der nur daran interessiert war, das ungeheure geheime Wissen, das die Tempelherren zusammengetragen hatten, vor den gierigen Händen eines Mörders zu retten. Alberto trat hinaus in die strahlende Sonne und blinzelte. Unwillkürlich hielt er sich dicht an den dicken Mauern des Refektoriums, während er sich suchend umsah. Er wollte schon aufgeben, als er plötzlich die große, kräftige Gestalt bemerkte, die sich schnell entfernte.

Alberto lächelte grimmig. Hab' ich's doch gewußt, dachte er. Aber so leicht entkommst du mir nicht, Bursche. Er duckte sich und lief dicht an der Mauer entlang, immer darauf bedacht, den Pilger nicht aus den Augen zu verlieren, der zielstrebig auf das Gebäude der Bibliothek zuging.

Abt Atavius drehte sich zu Melchior um.

»Der junge Conde gerät wirklich sehr nach seinem Vater, findet Ihr nicht, Bruder Melchior?« Er seufzte.

Melchior wischte ungeduldig mit der Hand durch die Luft.
»Was soll das, mein Abt? Werdet Ihr jetzt sentimental? Auch wenn er der Sohn des alten da Silva sein mag, und auch wenn er, das bestreite ich gar nicht, aufgeweckt ist und einen scharfen Verstand hat... Er bleibt gefährlich für uns, solange er hier herumschnüffelt. Verzeiht meine offenen Worte, Abt, aber vergeßt unsere Sendung nicht.«

Atavius schüttelte leicht den Kopf. »Natürlich nicht, Melchior. Ihr wißt, daß ich Eure Direktheit und Euren Rat zu schätzen weiß. Aber ich glaube, diesmal irrt Ihr Euch. Alberto da Silva geht es um das Wissen, nicht um materielle Güter...«

Melchior stieß wieder sein trockenes Husten aus, das ein Lachen sein sollte. »Und wenn der Irrtum bei Euch liegt, Abt? Wenn dieser Wolf sich nur einfach einen gutsitzenden Schafpelz übergezogen hat?«

Atavius lächelte unmerklich über den phantasievollen Vergleich des ewig mißtrauischen alten Mönchs. »Nun ja, als Schaf würde ich Alberto da Silva nicht bezeichnen. Er ist alles andere als dumm.«

»Gott liebt die Dummen, denn ihrer ist das Himmelreich«, knurrte Melchior gereizt.

Der Abt lachte. »Ihr wollt sagen, Ihr liebt die Dummen, denn sie stellen keine unbequemen Fragen, mein lieber Melchior.«

Melchiors Blick schoß zu seinem Abt hinüber, und der alte Mönch zeigte ein kleines Lächeln. »Vielleicht habt Ihr recht, Atavius. Jedenfalls habt Ihr den jungen da Silva gut abgelenkt, als Ihr anfingt, mit ihm über das geheime Wissen der Templer zu debattieren. Ich muß zugeben, daß der Bursche für sein Alter sehr gewitzt ist. Außerdem, wir können jeden brauchen, der uns bei der Suche nach Jobims Mörder unterstützt.« Melchior machte eine Pause. »Vor allem, solange er das wahre Geheimnis unserer Abtei nicht entschlüsseln kann. Und das wird er nicht. Dafür reicht die Schriftrolle allein nicht aus.«

Der Abt nickte. »Wohl wahr. Aber was, wenn der Mörder Jobims mehr weiß als da Silva? Ich habe das ungute Gefühl, daß wir nicht lange nach ihm suchen müssen. Der Mörder verfolgt ein ganz bestimmtes Ziel, und er wußte, daß Jobim ihm helfen konnte, es zu erreichen.«

Melchior schüttelte den Kopf. »Ein Glück, daß Bruder Jobim selbst nicht klar war, wieviel er wußte, was von seinem Wissen wichtig und was unwichtig und nur verwirrend war.«

»Wir müssen trotzdem sehr wachsam sein«, erklärte der Abt. »Vielleicht hat der Mörder ja die richtigen Schlüsse gezogen. Wenn ja, wird er es heute versuchen. Die Zeit ist reif.« Er blickte aus dem Fenster. »Heute ist Sommersonnenwende. Weiß unser Mörder, was wir vermuten, dann wird er heute handeln.«

Melchior nickte. »Wir sollten den Zugang von den Leuten des Priors abriegeln lassen.«

Der Abt schüttelte den Kopf. »Ihr wißt, daß das nicht geht, Bruder Melchior. Es wäre zu auffällig. Der Mörder würde gewarnt und versucht es dann vielleicht auf einem neuen Weg. Ich habe einen anderen Plan. Hört zu.«

Der Abt beugte sich vor und flüsterte Melchior etwas zu. Dieser schüttelte zunächst heftig den Kopf, doch Atavius blieb hartnäckig. Schließlich seufzte Melchior und zuckte mit den Schultern. »Wie Ihr wollt, mein Abt. Aber es ist riskant.«

»Ihr habt die Messingrolle gesehen, die Alberto uns gezeigt hat, und Ihr habt gehört, was er darüber sagte. Er weiß genug, um sich ausrechnen zu können, wo er suchen muß. Befriedigen wir seine Neugier nicht, könnte das viel schlimmere Folgen haben.« Atavius machte eine Pause und legte nachdenklich die Fingerspitzen seiner beiden Hände aneinander. »Außerdem... vergeßt nicht die Vermutungen, die er über den Verbleib der anderen Hälfte dieser Schriftrolle anstellte. Das heißt, er ist noch nicht ganz in das Geheimnis des Labyrinths eingeweiht.« Melchior nickte.

Der Abt seufzte. »Ich habe eine Ahnung, daß diese Rolle nicht weit weg ist. Ja, vielleicht ist sie sogar der Grund dafür, daß Bruder Jobim sterben mußte.«

Melchior dachte einen Augenblick nach und nickte. »Ihr habt wie immer recht, Abt. Wir tun, was Ihr anordnet.«

Der Abt lächelte. Er hielt es nicht für nötig, den alten Bibliothekar zurechtzuweisen. Melchior wollte sich nicht gegen seinen Abt stellen, das wußte Atavius. Er war einfach nur erfüllt von seiner Aufgabe, und es gab nichts und niemanden auf der Welt, das oder den er darübergestellt hätte. Außer seinen Gott, selbstverständlich. Atavius seufzte. Zum Glück hatte die heilige Inquisition ihr Kloster verschont.

Er stand auf. »Gehen wir, Bruder Melchior. Unsere Brüder warten sicherlich schon auf die Predigt.« Die Mönche waren durch Bruder Jobims Tod aufgewühlt und begierig, klärende Worte des Abts zu hören und sich beruhigen zu lassen. Gestern hatte er es vermieden, mehr als nötig über Jobims Tod zu sprechen. Um so mehr, weil er nicht gewußt hatte, wer der Mörder war und was er wollte. Zumindest letzteres war jetzt anders, und Atavius hoffte, daß er auch bald die erste Frage beantworten konnte.

Alberto blieb einen Augenblick verblüfft stehen, als der Pilger am Haupteingang der Bibliothek vorbeiging und um die Ecke des mächtigen Gebäudes bog. Er glaubte zuerst an eine Finte, doch dann schlich er vorsichtig weiter, an die roh behauenen Felsquader gepreßt, aus denen das mächtige Gebäude erbaut worden war, und lugte um die Ecke. Der Pilger war weg!

Alberto brauchte eine Sekunde, bis er sich von seiner Überraschung erholt hatte. Das konnte doch nicht sein! Er trat ein paar Schritte auf den staubigen Weg hinaus und legte seine Hand an die Stirn, um seine Augen vor der hochstehenden Sommersonne zu schützen. Die Wände der Bibliothek wiesen auf dieser Südseite keinerlei Nischen oder Bögen auf, hinter denen man eine Geheimtür hätte verstecken können, und die wuchtigen Stützpfeiler, die in regelmäßigen Abständen vorsprangen, waren massiv. Hier verbarg sich mit Sicherheit kein Geheimgang! Aber wo war der Pilger geblieben?

Alberto schüttelte den Kopf. Er war sicherlich nicht in den Himmel aufgefahren, also mußte er irgendwo auf einem logischen Weg verschwunden sein. Aber wie? Und wohin? Alberto zweifelte nicht mehr daran, daß der Pilger der Mörder Bruder Jobims war. Aber was war mit dem anderen, dem Jungen? War er ein Komplize? Das mochte Alberto nicht glauben. Er hatte den Blick des Jungen aufgefangen, bevor dieser die Augen niedergeschlagen und sein Gesicht einen verschlossenen Ausdruck angenommen hatte. Es war ein schönes Gesicht gewesen, aber von Haß verzerrt. Welche Geschichte sich auch hinter diesem Blick verbergen mochte, der Junge hegte sicherlich keine freundlichen Gefühle für den Pilger. Doch er verbarg noch ein Geheimnis, dessen war sich Alberto sicher. Ein Geheimnis, das nichts mit dem Schatz der Templer zu tun hatte...

Wohin war der Pilger verschwunden? Alberto ging weiter, den Blick starr zu Boden gerichtet. Da er wußte, daß er vom Abt im Augenblick nichts zu befürchten hatte, konnte er sich einigermaßen sicher bewegen, ohne Sorge haben zu müssen, von den Mönchsoldaten des Priors gefangen und in Ketten geschlagen zu werden. Aber was nützte das, wenn er sich wie ein Trottel anstellte und die Spur... Da! Im Staub des wenig benutzten Weges zeichneten sich deutlich Spuren ab. Anscheinend gab es doch einen Geheimeingang in das alte Gemäuer. Alberto lächelte, als er den Spuren in eine düstere Ecke folgte, wo sie sich plötzlich in Luft aufzulösen schienen. Hatte der Pilger Flügel? Er blickte hinauf. Die Wand war glatt und wies nirgendwo Vorsprünge oder Risse auf, an denen man hätte emporklettern können. Geflogen war er nicht. Aber er war auch nicht weitergegangen. Dafür schien er jedoch etwas Schweres bewegt zu haben, denn Alberto sah im aufgewühlten Staub Spuren, wie sie jemand verursacht, der sich gegen etwas gestemmt oder etwas Schweres gehoben hatte. Warum? Was sollte...

Er tastete behutsam die Mauern ab. Die schweren Quader waren aus unverfugtem, rohen Stein gehauen und hier in dieser dunklen Ecke, in die nur selten ein Lichtstrahl fiel, von Moos bedeckt. Er tastete den Rand jedes Quaders ab, fand aber zunächst nichts.

Dann plötzlich hielt er inne. Deutlich spürte er den Luftzug, der durch die Ritzen um einen schmalen Quader drang. Hier war es! Er stemmte sich gegen den Quader. Vergeblich. Alberto wollte nicht aufgeben. Erneut versuchte er es... wieder ohne Erfolg. Enttäuscht wollte er aufgeben, als ihm etwas anderes einfiel. Er drückte gegen die anderen Quader, die an der Ritze lagen, durch die der Luftzug drang, und bei einem besonders großen Stein fast in Kopfhöhe hatte er Erfolg. Als er sich mit seinem ganzen Gewicht dagegenlehnte, schob sich der Stein beinah lautlos nach innen. Es war kein einfacher Quader, sondern ein glatt geschliffener Marmorblock, der auf einem entsprechenden Gegenstück ruhte. Alberto unterdrückte einen triumphierenden Schrei. Das mußte er sein! Der Geheimgang in das unterirdische Gewölbe. Er sah sich rasch um, aber niemand schien ihm in diese abgelegene Ecke gefolgt zu sein. Zögernd steckte er seinen Kopf durch das Loch, das sich oberhalb des Quaders aufgetan hatte. Es war stockfinster, aber Alberto blieb nichts anderes übrig, als sein Glück zu versuchen. Wenn der Mörder es geschafft hatte, sollte es ihm mit Gottes gütiger Hilfe auch gelingen. Wenn nicht...

Daran wollte er nicht denken. Alberto stieg kurzentschlossen in das finstere Loch und erkannte in dem einfallenden Licht einen schmalen Gang, der offenbar an der inneren Mauer der Bibliothek entlangführte. Er schluckte, schob den schweren Block zurück, der leise wieder in sein Lager glitt, und machte sich auf den Weg ins Ungewisse.

* * *

Trotz aller Vorsicht hatte Alberto nicht bemerkt, daß sein Vorgehen beobachtet wurde. Der junge Musikant tastete nach seinem Dolch, als er sah, wohin Alberto seine Schritte lenkte. Anscheinend hatten sie beide dasselbe Ziel: die unterirdischen Gewölbe, wo sie unzweifelhaft auf den Mörder treffen würden. »Ich werde auch da sein. Der Mörder meines Vaters gehört mir. Wage ja nicht, mir zuvorzukommen!«

Sollte der Sohn des alten Bernardus da Silva richtig liegen und den Mörder Bruder Jobims verfolgen, dann waren sie beide auch hinter dem Mörder Alonso de Caudrillacs her. Rasch lief er zu einer Stelle an der Klostermauer, vor der im wilden Gestrüpp ein markanter Baum aufragte, dessen knorrige Äste wie ausgebreitete Arme wirkten. Er nahm die Kappe ab, so daß sein hellblondes Haar in der Mittagssonne leuchtete, blickte sich rasch nach allen Seiten um und kroch dann auf allen vieren in das Gestrüpp hinein. Der Stein lag immer noch an derselben Stelle. Er wuchtete den Brocken mit Mühe weg und ließ sich ohne zu zögern in das dunkle finstere Loch hinein, das sich nun darbot. Dabei achtete er darauf, nicht abzurutschen und sich zu verletzen. Das hätte gerade noch gefehlt. Die Vorstellung, in die Krankenstube gebracht zu werden und den guten Bruder zu schockieren, wenn das Wams abgelegt werden mußte, war schon komisch. Doch dieses Abenteuer war keineswegs zum Lachen, und vielleicht konnte man noch froh sein, den Bruder Medicus aus eigener Kraft zu erreichen.

Nach einigen Metern stieg der Gang leicht an und führte zu einem Vorsprung. Auf dem Bauch zum Rand des Vorsprungs zu kriechen und ganz vorsichtig zu spähen war ein Gebot der Vernunft. Der Anblick, der sich bot, verschlug einem den Atem. Eine finstere Gestalt hockte auf dem Boden des Gewölbes, eine Fackel in der Faust. Daneben lag ausgestreckt und reglos... Es war Alberto! Er lag mit dem Kopf direkt neben einem helleren Stein. Ein gebündelter Sonnenstrahl schien durch eine versteckte Öffnung direkt auf diesen Stein mit der seltsamen Mulde. Es war der, den der Abt so merkwürdig gemustert hatte, gestern, als man Jobim gefunden hatte. Irgend etwas Besonderes mußte daran sein. Nun jedoch ging es zunächst einmal um rasche Hilfe für Alberto. Der kräftige Pilger, zweifellos der Mörder Jobims und auch der von Alonso de Caudrillac, hatte Alberto gefesselt und geknebelt. Er hielt etwas in der Hand, das im Licht des Sonnenstrahls golden glänzte.

Es war die Messingrolle – und zwar beide Teile! Das darf nicht sein. Wenn der Mörder hat, was er will, wird er nicht zögern, Alberto zu töten. Nimm dich zusammen! Es geht nicht nur um Alberto. Es geht auch um die Rache für Vater. Nun erwies es sich als doppelter Vorteil, den Leuten des Priors auf dem geheimen Pfad schon einmal entkommen zu sein. Anscheinend war dieser Geheimgang den Männern des Priors unbekannt, sonst hätte der Mörder nicht entkommen können. Vielleicht war der Gang ja nur auf der Messingrolle verzeichnet, die jetzt der Mörder in den Händen hielt.

Beeile dich! Rutsch zurück und lauf. Noch lebt Alberto, und das Geheimnis ist noch unangetastet. Solange der Mörder nicht weiterkommt, hat Alberto eine Galgenfrist. Die mußte genutzt werden.

Alberto stöhnte auf, als der Mann ihm kräftig in die Seite trat.

»Was bedeutet das?« zischte der Mann leise, sah sich vorsichtig um und ging dann in die Hocke. »Was ist das für ein Geschwätz über ein Labyrinth? Wo ist der Plan des Labyrinths?«

Die Frage mußte rhetorisch gemeint sein, denn Alberto konnte nicht antworten. Im Moment bereitete es ihm größte Mühe, sich nicht zu erbrechen, so weit hatte der Pilger ihm das schmutzige, stinkende Stück Tuch in den Rachen gestopft. Der Mörder war gewiefter gewesen, als Alberto vermutet hatte. Er hatte mit ihm gespielt. Wahrscheinlich hatte er schon von Anfang an bemerkt, daß Alberto ihm gefolgt war. Jedenfalls mußte er gewußt haben, daß er den zweiten Teil der Rolle besaß, denn anders war die Zielstrebigkeit nicht zu erklären, mit der er den jungen Conde durchsuchte, nachdem er ihn niedergeschlagen hatte.

Alberto verwünschte sich noch einmal für seine Dummheit. Wieso hatte er nicht mit der Möglichkeit gerechnet, daß ein Mörder, der so viele Menschen auf dem Gewissen hatte, auch ihn übertölpeln würde? Er hatte es anscheinend darauf angelegt, daß Alberto ihm folgte. Weil er den zweiten Teil der Rolle brauchte.

Alberto wunderte sich, daß der Mann ihn nicht einfach umbrachte, nachdem er die Rolle in seinen Besitz gebracht hatte. Offenbar hatte er auch Bruder Jobim getötet und auch die ganze Familie des alten Alonso de Caudrillac. Davon hatte Alberto gehört. Es war ungefähr zu der Zeit geschehen, als auch sein Vater starb.

Sei's drum, noch lebte er, und wenn er sich geschickt anstellte und weiterhin an den flüchtig geschürzten Knoten seiner Fessel nestelte… Solange der Mörder nicht wußte, was er mit den Messingrollen anfangen sollte, hatte er, Alberto, noch eine Chance. Der Mann studierte die Rolle und schüttelte wütend und ratlos zugleich den Kopf. Alberto war erstaunt, weil er angenommen hatte, daß die Rolle, einmal zusammengefügt, auch den Schlüssel zu dem Geheimnis preisgab.

Plötzlich nahm Alberto aus dem Augenwinkel eine winzige Bewegung wahr. Er hielt die Luft an. Hinter dem Mörder tauchte eine kleine Gestalt auf, die im blakenden Licht der Fackel an der entlegenen Wand des Gewölbes lange Schatten warf. Es war der Junge. Alberto blieb keine Zeit sich zu wundern, wie der kleine Spielmann es geschafft hatte, hier einzudringen und was er hier wollte. Hoffentlich bemerkte der Mann ihn nicht. Zwar war er vollkommen in die Betrachtung der Rollen vertieft, aber er war gewieft, sonst wäre er nicht so weit mit seinen teuflischen Plänen gekommen.

Alberto beobachtete, wie der Junge sich ihm stetig näherte und die Hand hob, in der ein Dolch aufblitzte. Sein hellblondes Haar, das er zum ersten Mal ohne Kopfbedeckung sah, schimmerte wie flüssiges Gold im Licht der Fackel, und... Plötzlich stieg ein Bild in Albertos Erinnerung hoch, aber er kam nicht dazu, dem weiter nachzugehen.

Der Mörder blickte auf. »Was soll das heißen: ›Die Sonne, die zur rechten Zeit das Ei ausbrütet, aus dem die Wahrheit ans Licht schlüpft, auf der Säule, auf der alles ruht...?‹

Ein Lichtreflex tanzte plötzlich auf dem Boden neben dem Stein. Der Mörder brach ab, wirbelte herum und riß die Hand hoch. Gerade noch rechtzeitig, um den Stoß abzufangen, mit dem der Junge ihn hatte erdolchen wollen.

Gegen die Kraft des Mannes hatte der Spielmann keine Chance. Der Mörder entriß ihm den Dolch und stieß ihn zurück.

»Was zum Teu...?« Er brach ab, als plötzliches Erkennen in ihm aufflammte. Dann lachte er laut auf. »Sieh an, sieh an. Hab' ich dich übersehen?« Seine Augen funkelten drohend, als er sich zu der Gestalt herabbeugte, die am Boden hockte und ihn im sicheren Wissen des Unabwendbaren anblickte. »Stolz noch im Angesicht des sicheren Todes«, knurrte der Mörder. »Und ich dachte, ich hätte euch alle erwischt. Nun«, er hob den Dolch, »diesmal werde ich dich nicht übersehen...«

Weiter kam er nicht. Mit einem lauten Krachen knallte die Fackel gegen seinen Schädel. Etwas Pech blieb an seinem Haar kleben und setzte es in Brand. Er schrie laut auf und sank, von der Wucht des Schlages betäubt, zu Boden. Der Dolch flog in hohem Bogen und klirrte, als er auf die Steine traf. Alberto, an dessen linkem Handgelenk noch die Fessel baumelte, blieb einen Augenblick schwer atmend hinter dem Mann stehen, trat dann vor und löschte mit der Kapuze der Kutte das brennende Haar des Mörders.

»Danke, daß Ihr ihn aufgehoben habt, Alberto da Silva! Ich nehme Rache für meinen...«

»Nein!« rief Alberto und warf sich der mit gezücktem Dolch heranstürmenden Gestalt des Spielmanns in den Weg. »Nicht! Er wird der Gerichtsbarkeit des Klosters unterstellt. Ihr habt nicht das Recht...«

Er packte ihn energisch am Wams, und unter seinem festen Griff zerriß der Stoff. Einen Augenblick standen sich die beiden wie erstarrt gegenüber. Alberto schaute auf die festen, runden Brüste, die unter dem dünnen Hemd sichtbar waren. Sein Verdacht wurde zur Gewißheit.

»Dolcina de Caudrillac«, flüsterte er, als es ihm endlich gelang, den Blick von ihnen abzuwenden und der jungen Frau ins Gesicht zu sehen. »Wir dachten, Ihr wärt verschleppt worden, als man Eure Familie...«

Die Wangen des Mädchens waren gerötet, vor Scham, vor Wut oder vielleicht aus einem anderen Gefühl. Sie atmete schwer. Ihre blauen Augen sprühten Funken und schienen Alberto zu warnen, etwa eine spöttische oder abfällige Bemerkung zu machen. »Spart Euch Eure Worte«, spie sie hervor und zerrte ungeduldig an ihrem Wams. Doch Alberto ließ nicht los, und es riß noch ein Stück weiter auf. Dolcinas Verlegenheit und Wut wuchsen, als sie Albertos Blick bemerkte, der zwischen ihrem Gesicht und ihrem Oberkörper hin- und herirrte. Doch jetzt ruhte sein Blick auf dem eiförmigen Medaillon, das zwischen ihren Brüsten baumelte.

»Ich verdanke Euch mein Leben«, sagte er etwas heiser. »Aber trotzdem kann ich es nicht zulassen, daß Ihr Eure Seele durch einen Mord an diesem Kerl der Verdammnis preisgebt.« Er warf einen Blick auf den Mann, der immer noch bewußtlos war. »Außerdem haben wir vielleicht keine Zeit mehr, das Geheimnis der Abtei zu lüften, wenn wir uns weiter streiten.« Er deutete auf das Medaillon. »Woher habt Ihr das?«

Dolcina sah an sich herunter und errötete. »Wenn Ihr mich loslaßt, dann sage ich es Euch.« Sie zitterte, als Albertos Finger ihre Haut streiften.

»Sicher. Entschuldigt.« Er lächelte unvermittelt. »Ihr seid ziemlich gewachsen, seit ich Euch das letzte Mal sah.«

»Allerdings. Was nach all den Jahren auch nicht so ungewöhnlich ist«, erwiderte Dolcina schlagfertig, doch ihre heisere Stimme und die Röte in ihren Wangen straften ihre barschen Worte Lügen. »Es ist ein Geschenk meines Vaters zu meinem achtzehnten Geburtstag. Ich…« Sie zog das Wams zusammen.

»Die Sonne, die zur rechten Zeit das Ei ausbrütet, aus dem die Wahrheit ans Licht schlüpft, auf der Säule, auf der alles ruht…«, zitierte Alberto die Worte des Mörders, die er von der Schriftrolle abgelesen hatte. »Folge dem Labyrinth an der Wand«, fügte er hinzu. Diese Inschrift auf seinem Teil der Messingrolle war ihm immer unklar gewesen, und danach hatte er auch Jobim gefragt. Doch der hatte ihm nicht weiterhelfen können. Jetzt allerdings…

Alberto streckte die Hand aus und berührte das Medaillon, das zwischen den Brüsten der jungen Frau ruhte.

Sie sog unwillkürlich die Luft ein, wich aber nicht zurück, sondern musterte ihn mit ihren blauen Augen.

»Darf ich?«

»Was denn?«

Er lächelte und nahm ihr sanft das Medaillon ab. »Ich glaube, wir haben die Lösung des Rätsels gefunden.«

Er ging zu dem Stein mit der Mulde, und Dolcina folgte ihm gespannt. »Deshalb mußte sich der Mörder so beeilen«, sagte er. »In der Schrift ist die Rede vom 21. Juni, dem Tag der Sommersonnenwende. Die Templer waren großartige Wissenschaftler und hervorragende Architekten.« Er legte das Medaillon mit der seltsam verschlungenen Verzierung nach oben in die Mulde des Steins. Es paßte genau hinein, und der Sonnenstrahl fiel direkt darauf.

»Und?« Dolcina sah Alberto ratlos an. »Was erklärt das?« Alberto lächelte und deutete zu einem riesigen Pfeiler mitten in dem Gewölbe. »Seht selbst.«

Dolcina drehte sich um und stieß einen überraschten Schrei aus. Die blanken, goldenen Verzierungen auf dem Medaillon, die von schwarzem Samt unterfüttert waren, warfen ein schimmerndes Muster auf den Stein. Ein Labyrinth.

»Aber...« begann Dolcina, doch Alberto umfaßte ihre Hand und brachte sie zum Schweigen.

»Jetzt brauchen wir nur noch die Rolle zu lesen, dann wissen wir, was das Labyrinth bedeutet, und finden...«

»Den Schatz der Templer?« fragte Dolcina ehrfürchtig.

»Wenigstens diese Mühe darf ich Euch abnehmen, meine Kinder«, ertönte plötzlich eine tiefe, ruhige Stimme. Alberto und Dolcina fuhren herum. »Abt Atavius!« riefen beide wie aus einem Mund.

»Ja, ja, und Bruder Melchior«, knurrte der alte Mönch, der neben dem Abt in den Lichtschein der Fackel trat.

Der Abt musterte den am Boden liegenden Mann und hob die rechte Hand.

Sofort traten zwei grimmig wirkende Mönchssoldaten neben ihn. »Schafft ihn ins Verlies«, befahl der Abt. »Wir werden später über ihn richten.«

Dann blickte er Alberto und Dolcina an. »Ich muß Euch danken, Alberto da Silva. Ihr habt den Mörder Bruder Jobims gefangen. Mit Hilfe Eures...« Er machte eine Pause und ließ seinen Blick über Dolcinas Gestalt gleiten.

Alberto schluckte. »Ich… Sie… Er…«

»Mit Hilfe Eures tapferen Gefährten«, fuhr der Abt fort, ohne sich um Albertos Verlegenheit und Dolcinas Zittern zu kümmern. »Ihr habt Euch gewiß verdient, in das Geheimnis der Abtei eingeweiht zu werden.« Er lächelte unmerklich. »Ihr beide.« Er drehte sich um, warf Bruder Melchior einen gebieterischen Blick zu, der jeden Widerspruch des alten Mönchs im Keim erstickte, und ging zu dem von der Sonne beschienenen Stein. Dort bückte er sich, hob das Medaillon auf und wog es einen Augenblick in der Hand.

»Ihr werdet sicher verstehen«, sagte er mit einem leicht ironischen Unterton, »daß ich Euch dieses Schmuckstück nicht wiedergeben kann.« Er öffnete das Medaillon und zuckte zusammen. Sein Blick flog von dem Bild des Paares zu Dolcina, dann zu Alberto und wieder zurück zu dem jungen Mädchen, das seinen Blick trotzig erwiderte.

»Verstehe«, murmelte er. »Vielleicht hat das Schicksal es ja so vorherbestimmt.« Mit geschickten Fingern löste er die Verzierung von dem Medaillon und warf dann das nunmehr nur noch dekorative Schmuckstück dem Mädchen zu. Sie fing es auf, wobei sie ihr Wams losließ, das kurz auseinanderklaffte.

Bruder Melchior erlitt prompt einen seiner Hustenanfälle, den der Abt trocken mit »Gesundheit« kommentierte. »Ich würde Euch raten, Euer Wams zu nähen, Spielmann. Und zwar schnellstens.« Seiner Stimme war nichts anzumerken, aber seine dunklen Augen funkelten, als er vor den beiden den langen dunklen Gang zum Labyrinth entlangging.

Vor einer finsteren Mauer mit seltsamen Figuren an regelmäßig hervorspringenden Pfeilern blieb er stehen. »Hier sind wir.«

Alberto leckte sich nervös die Lippen, und selbst Dolcina war aufgeregt. Sie tastete unwillkürlich nach der Hand Albertos, was den Abt veranlaßte, seinem Ältesten einen wissenden Blick zuzuwerfen.

Bruder Melchior verzog mißbilligend die Lippen, sagte aber nichts. Der Abt betätigte einen geheimen Mechanismus an einer Statue ohne Mund, und eine von außen nicht sichtbare Tür schwang auf.

Alberto und Dolcina betraten staunend nach dem Abt den riesigen Raum, gefolgt von Bruder Melchior, der mit einem leichten Druck auf den verborgenen Mechanismus die Tür wieder schloß.

»Glaubt Ihr, Ihr habt sie täuschen können?« Bruder Melchior trat vom Fenster zurück, als die beiden Gestalten auf ihren Pferden kaum noch zu erkennen waren.

Abt Atavius zuckte mit den Schultern. »Ich bin mir nicht sicher. Vielleicht den jungen Conde. Er hätte sich ja am liebsten in der geheimen Bibliothek eingegraben. Ihm ging es wirklich nur um das Wissen, wie es scheint.«

Melchior nickte. »Ihr wart großzügig, Abbad. Die Handschrift von Ovid ist...«

»Eine Abschrift«, unterbrach ihn der Abt. »Genauso wie die Schriften der alten Phönizier über Nautik und die der Ägypter über Architektur.« Er schwieg. »Ich bin sicher, daß sie bei dem Conde in guten Händen sind.«

Melchior nickte. »Schon, aber...«

»Ich weiß, was Ihr sagen wollt, Bruder.« Der Abt lächelte, während sie zusammen eine steile Treppe hinuntergingen, die von dem obersten Geschoß des Turms bis hinunter in seine Grundmauern führte. Dort betätigte der Abt einen verborgenen Hebel, der eine Tür öffnete, hinter der eine Wendeltreppe lag, die tief hinunter in den Bauch des Klosters führte.

»Die junge Caudrillac hatte kein Interesse an den materiellen Schätzen der Templer. Und sie hatte ganz offensichtlich nur einen Schatz im Sinn...«

Melchior hustete, und der Abt lächelte. Dem alten Mönch war die Spannung zwischen den beiden jungen Leuten nicht

entgangen. Bestimmt würde die totgeglaubte Tochter des
alten Alonso de Caudrillac dafür sorgen, daß sich zwei einstmals mächtige Familien der Templer vereinten und etwas
Neues gebaren. Jedenfalls hatte sie nur Augen für Alberto
gehabt, nachdem sie den geheimen Raum, die Schatzkammer der Templer, wie der Abt Alberto versichert hatte, verlassen hatten.

»Sicher, sie hat dem guten Alberto schöne Augen gemacht,
mein Abt, aber...«

»Sie hat mir nicht geglaubt, daß dies der Schatz der Templer war?« Abt Atavius neigte den Kopf von einer Seite zur
anderen. »Mag sein. Aber sie wird nichts auf eigene Faust
unternehmen. Ihr Vater ist gerächt, und ihr Glück reitet
neben ihr nach Hause. Wenn sie es sich doch anders überlegt...« Er lächelte, als er mit einem Federmechanismus
eine Klappe in dem Steinboden öffnete und eine steile Treppe hinunterstieg. Melchior blieb oben stehen und sah zu, wie
der Abt das goldene Labyrinth des Medaillons auf einen
kleinen Tisch legte, der sich unter der Last der Schmuck-
stücke, die auf ihm lagen, bog. »Ohne dieses Schmuckstück
werden die beiden kaum eine Chance haben, selbst wenn sie
der Versuchung nachgeben wollten.«

Der Abt sah sich in dem riesigen, unterirdischen Raum um,
der von Gold und Juwelen überquoll. Auf einem anderen
Tisch stand ein prachtvoller Falke aus Gold, mit kostbarsten Edelsteinen besetzt. Der Abt strich ihm sanft über den
Kopf, bevor er die Leiter wieder hinaufstieg und die Tür ver-
schloß.

»Der Schatz der Templer bedeutet für jeden etwas anderes,
Bruder Melchior. Unsere beiden Freunde haben den ihren
gefunden. Und ich bin sicher, daß er für sie reiche Früchte
trägt.«

Bernhard Hennen, Jahrgang 1966, studierte Germanistik, Geschichte und Vorderasiatische Altertumskunde. Er lebt und arbeitet in Köln. Erzählungen von ihm sind außerdem enthalten in den ECON-Taschenbüchern »Von Mönchen, Mägden und Gesindel. Mittelalterliche Kriminalgeschichten« und »Götter, Sklaven und Orakel. Antike Kriminalgeschichten«. Sein historischer Roman »Der Flötenspieler. Ein Krimi aus dem alten Ägypten« ist im Sommer 1996 im ECON Taschenbuchverlag erschienen, eine Fortsetzung ist in Vorbereitung. Überdies schreibt Bernhard Hennen phantastische Romane.

Gerhard Herm, Jahrgang 1931, war zunächst Journalist und Fernsehredakteur, arbeitete dann frei für Fernsehen und Hörfunk, wo er sich einen Namen als Autor historischer Essays machte. Viele seiner sehr erfolgreichen historischen Sachbücher und Romane sind bei ECON erschienen.

Karr & Wehner: Geboren 1955 in Saalfeld/Thüringen (Karr) und 1949 in Werdohl (Wehner), leben und arbeiten im Ruhrgebiet. Einzeln arbeiten sie als Reporter, Redakteur, Ghostwriter und Übersetzer (Karr) sowie in der Erwachsenenbildung (Wehner). Gemeinsam schreiben sie seit ein paar Jahren gelegentlich Stories, Hörspiele und Romane. Bisher sind sie vor allem mit harten Ruhrpott-Krimis in Erscheinung getreten, deren Held der kaltschnäuzige Videokameramann Gonzo Gonschorek ist. Für den letzten Gonzo-Roman »Rattensommer« haben sie 1996 den Glauser-Autorenpreis für den besten deutschen Kriminalroman erhalten. »Bruder Albus« ist ihr erster – und sicherlich nicht letzter – historischer Krimi.

Susanne Thal, geboren 1956, studierte Germanistik und Geschichte. Sie ist als freie Mitarbeiterin für verschiedene Verlage tätig. Historische Kriminalstories sind von ihr auch in den ECON-Taschenbüchern »Von Mönchen, Mägden und Gesindel. Mittelalterliche Kriminalgeschichten« und »Götter, Sklaven und Orakel. Antike Kriminalgeschichten« vertreten. An dieser – zugegebenermaßen etwas verborgenen – Stelle gilt ihr Dank Pater Abt Albert Dölken für seine freundlichen Auskünfte über das Kloster St. Johann, Abtei Hamborn.

Johannes Thiele, 1954 geboren, arbeitet seit Abschluß seines Universitätsstudiums als freier Autor und Publizist. 1984 bis 1991 war er als Lektor in Zürich und Stuttgart tätig, 1991 bis 1995 als Cheflektor im Verlag Hoffmann und Campe, Hamburg. Seit 1995 ist er Programmleiter des List Verlags in München. Seine Forschungsschwerpunkte sind vor allem Kultur- und Mentalitätsgeschichte, Österreich und Wien, Musiktheater.

Wolfgang Thon, lebt und arbeitet in Hamburg. Er ist als Übersetzer für verschiedene Verlage tätig und schreibt gelegentlich Geschichten.

Christa-Maria Zimmermann, geboren in Wels, Oberösterreich, studierte Kunstgeschichte und Geschichte. Sie war Redakteurin einer Düsseldorfer Tageszeitung, hat einige Bücher zum historischen Düsseldorf verfaßt sowie Quellen zur Alltagsgeschichte von Kaiserswerth und Düsseldorf herausgegeben. Bei ECON ist von ihr erschienen »Die gekaufte Braut. Ein Kriminalroman aus dem 19. Jahrhundert«; für die ECON Taschenbücher »Von Mönchen, Mägden und Gesindel. Mittelalterliche Kriminalgeschichten« und »Götter, Sklaven und Orakel. Antike Kriminalgeschichten« hat sie ebenfalls geschrieben. Sie lebt in Düsseldorf und ist Mutter von vier Kindern.

Quellennachweis

Alle Geschichten sind Originalbeiträge, die für diesen Band geschrieben wurden.